INTRODUCTION TO DIGITAL COURT

数字法院概论

贾宇　著

人民法院出版社

图书在版编目（C I P）数据

数字法院概论 / 贾宇著 . -- 北京 : 人民法院出版社 , 2025.4. -- ISBN 978-7-5109-4442-0

Ⅰ . D926.2-39

中国国家版本馆 CIP 数据核字第 2025ZW5277 号

数字法院概论

贾　宇　著

责任编辑：陈　思
出版发行：人民法院出版社
地　　址：北京市东城区东交民巷 27 号（100745）
电　　话：（010）67550596（责任编辑）　67550558（发行部查询）
　　　　　65223677（读者服务部）
客服 QQ：2092078039
网　　址：http://www.courtbook.com.cn
E-mail：courtpress@sohu.com
印　　刷：大厂回族自治县德诚印务有限公司
经　　销：新华书店

开　　本：787 毫米 ×1092 毫米　1/16
字　　数：256 千字
印　　张：19.25
版　　次：2025 年 4 月第 1 版　2025 年 4 月第 1 次印刷
书　　号：ISBN 978-7-5109-4442-0
定　　价：68.00 元

充分发挥司法职能作用
促推人工智能健康发展*

◎张　军

当前，人工智能技术快速发展，将对全球经济社会发展和人类文明进步产生深远影响，给世界带来巨大机遇。与此同时，人工智能技术也带来难以预知的各种风险和复杂挑战，引发一系列现实和潜在的法律问题。如何充分发挥司法职能作用，促推在法治轨道上加强和完善人工智能治理，事关公平正义，攸关人类命运，是世界各国法院共同面临的时代课题、必须回答的时代之问。在此，我从三个方面分享中国法院对相关问题的认识和采取的举措。

一、人工智能给司法工作带来的挑战

从蒸汽机、电力，到计算机、互联网，人类每一次技术革命都会推动法律制度、司法制度发生重大变革。人工智能是人类发展的新领域，对人类社会的影响将超过以往任何一次技术革命，正在全面而深刻地改变着人们的生产生活方式、社会组织方式、

---

*本文系最高人民法院张军院长2024年10月12日在第19届亚太首席大法官会议上所作的专题发言，《数字法治》2025年第1期刊发时略有修改。

国家治理方式。在司法领域，这些影响和变革既以新型案件的形式投射到司法审判工作中，也为司法审判工作提供了新的科技支撑。面对新形势新任务，我们需要在法律规则层面积极作出回应，同时也要在司法应用层面不断深化探索。

一方面，人工智能对司法审判提出新课题新要求。人工智能技术加速发展，新领域、新业态、新模式不断涌现，各种新型矛盾纠纷也相伴而生。面对人工智能引发的新型、疑难、复杂案件，如何在新技术背景下明确裁判标准、加强规则指引，推动完善法律制度，是司法工作必须面对的挑战。比如，在中国武汉等城市，无人驾驶汽车已经作为运营车辆投入使用，一旦发生交通事故由谁来担责，是车辆运营商、车辆所有者，还是智能程序设计者？又如，生成式人工智能获得极大关注和发展，产业创新模式也发生深刻变革，人工智能生成的图片、文章、视频是否受著作权法保护等法律问题、新型案件随之而来。再如，传统犯罪借助人工智能技术，危害后果更为严重，利用深度伪造技术实施诈骗、敲诈勒索，利用生成式人工智能编造、传播虚假信息等新的犯罪手法、形式已经出现。

另一方面，人工智能给司法应用带来新机遇新挑战。人工智能技术与审判工作深度融合已成为现实所需、大势所趋，既为推动审判工作高质量发展提供强劲动力，也不可避免带来多重风险挑战。比如，关于证据审查，电子数据作为诉讼证据已经广泛出现在各类诉讼案件中，而人工智能技术一旦被用于伪造、篡改、删除电子数据，证据的完整性、真实性和案件事实认定将会更加困难，这要求法院必须加快完善适应新技术发展的证据审查认定规则。关于数据需求，司法人工智能需要大量优质司法数据用于训练，这就对案件卷宗电子化、数据采集标准、数据资源互联互通等基础工作提出新的更高要求。如果不能有效解决数据壁垒、数据孤岛、数据沉睡等现实问题，人工智能司法应用就是无源之水、无本之木，不可能达到我们预期的效果，甚至影响司法决策的正确性。关于算法规则，很多影响司法决策过程的关键因素，如外部环境考量、集体讨论过程、法官裁判过程等，都难以进行数据化、程序化运算，算法规则能否以及在多大程度上参与司法决策，如何有效防止算法偏见、算法歧视、算法黑箱等问题，也是必须慎重对待的问题。

二、中国法院应对人工智能挑战的举措

一是以典型案件办理完善裁判规则。审理以智能“换脸”技术破解计算机登录验证系统案、通过深度伪造传播淫秽视频案等利用人工智能技术实施的违法犯罪行为，有效维护社会公共秩序和公民合法权益。审理大数据权属案、利用人工智能生成图片侵权案、算法商业秘密保护案等，有力保护创新成果、激发创新活力，服务加快发展新质生产力。依法制裁“大数据杀熟”“强制二选一”等滥用算法规则侵害消费者合法权益的行为，为人工智能使用划定边界，有力保障消费者合法权益与平台经济健康发展。审理涉网约车司机、外卖递送等新就业形态人员劳动争议案件，与多部门联合发布指导意见，防止劳动者被“困”在互联网平台的算法里，切实维护新就业群体合法权益。继 2021 年出台规范“人脸识别”技术的司法解释后，中国最高人民法院 2024 年又发布反垄断民事诉讼司法解释，对互联网平台通过大数据、

人工智能、算法等技术手段排除、限制竞争的行为予以依法规制，不断完善人工智能领域司法裁判规则。

二是推动人工智能与司法工作深度融合。以长远眼光看待人工智能技术发展，发布《最高人民法院关于规范和加强人工智能司法应用的意见》，探索使用人工智能技术为司法赋能，并在实践中取得初步成效。中国法院已基本实现庭审语音智能识别系统全覆盖，帮助法官自动识别当事人的庭审发言并将其转换为文本模式，显著提高庭审效率。2024年6月，广东省深圳市中级人民法院上线运行的人工智能辅助审判系统，能够帮助法官梳理案件审理要点、争议焦点、法律依据、事实疑点和类案裁判标准等，目前该院已应用在所有常见民商事案件中。利用区块链技术不可篡改、不可伪造的特点，北京、杭州、广州互联网法院在司法区块链平台存储的电子数据已超过85.6亿条，区块链证据采信率达到99%，有效破解电子证据取证、存证、认证难题。2024年4月，最高人民法院启动“版权AI智审”试点，借助“以图搜图”功能，实现图片比对和查明来源等功能，有效解决了版权侵权纠纷中“图案查重困难”等问题。此外，许多地方法院借助人工智能技术，为当事人提供法律咨询问答、诉讼流程引导、一键生成起诉状等，服务当事人更加便捷地参与诉讼、实现公正。

三是大力推进数字法院建设。充分发挥中国社会主义制度优势，积极融入数字中国整体布局，计划2025年起实现全国3500多个法院在“一张网”上办案办公，将彻底解决各地各级法院司法数据壁垒，推动人民法院信息化建设迭代升级。比如，对同一当事人或诉讼代理人在各地提起关联诉讼的情况，法官无须经过烦琐的申请流程和人工搜索，在“一张网”上就可以快速查询掌握，进而方便法院统筹关联案件的处理，防止法律适用不统一。下一步，我们将以全国法院“一张网”作为数字法院建设的底座和基础，在办案系统中嵌入业务规则，自动向法官提示预警信息、推送类案判决，辅助法官审理案件，提升司法审判质效。积极应用人工智能技术，不断提升办案智能化水平，形成一套从数据源到数据治理、数据应用的完整方案，助推实现与数字时代相适应的审判方式变革和诉讼格局重塑。

三、中国法院关于应对人工智能挑战的倡议

2023 年 10 月，中国政府向全世界发出《全球人工智能治理倡议》，倡导各国通过对话与合作凝聚共识，构建开放、公正、有效的治理机制，促进人工智能技术造福于人类，推动构建人类命运共同体。中国法院愿与亚太各国法院一道，在倡议指引下，深化交流、加强合作，共同为人工智能时代的人类司法文明进步作出积极贡献。在这里，我就司法如何积极应对人工智能带来的挑战，提出三点倡议：

一是守住安全底线，促进技术发展。我们应当统筹好发展与安全，充分发挥司法审判职能作用，从纷繁复杂的技术变革中把握司法规律，形成具有引领作用的人工智能司法裁判规则，支持人工智能技术创新和产业创新。同时，通过规范法律适用守住科技伦理和安全底线，依法处理好自由与秩序、私益与公益的关系，充分尊重和保障各群体合法权益，有效抑制技术发展可能产生的负面影响，最大限度降低风险，确保“智能向善”。

二是加强技术应用，提高司法效能。人工智能技术发展是不

可逆转的时代潮流，在司法活动中的应用只会越来越广泛、越来越深入。我们应当坚定拥抱科技革命的信心，加快推进人工智能技术与审判执行、诉讼服务、司法政务等工作深度融合，加快建设司法人工智能技术应用体系，为司法工作注入新动能。同时，必须充分认识到，无论技术发展到何种水平，人工智能都不能代替法官裁判。我们应当坚持人工智能对审判工作的辅助定位，提升技术研发、产品应用、服务运行的透明度，确保司法裁判始终由法官作出、司法责任最终由法官承担。

三是加强务实合作，凝聚治理共识。亚太各国地缘相近，经济社会交流密切。面对人工智能给司法审判工作带来的挑战，亚太各国法院应当携手应对、凝聚合力、共建共享。中国法院愿与亚太各国法院一道，加强交流互鉴、相互取长补短，进一步拓宽人工智能领域的司法交流合作，共同研究解决人工智能领域的司法问题，加速实现数字化、智能化转型，努力为人类司法文明进步作出新的更大贡献。

习近平主席深刻指出，“中国愿同世界各国一道，把握数字化、网络化、智能化发展机遇，深化人工智能发展和治理国际合作，为推动人工智能健康发展、促进世界经济增长、增进各国人民福祉而努力”。让我们携手合作，积极应对人工智能给司法审判工作带来的挑战，让人工智能更好地服务于维护社会公平正义，更好地造福人类，推动构建人类命运共同体！

目 录

第一章　数字法院总论

进入数字化时代，大数据是生产资料，云计算是生产力，互联网是生产关系，数字技术是竞争的利器。[①] 作为数字中国总体战略的一部分，数字法院建设以“公正与效率”为核心命题，秉持数字赋能、数字正义和以人为本的数字法治理念，构成审判领域的重塑性变革。

第一节　数字法院建设动因

一、数字中国的战略部署

近年来，大数据、云计算、人工智能、区块链等数字技术飞速发展，正在重塑人类的生产与生活方式，数字化已成为推动经济社会发展的重要力量，人类社会加速进入数字时代。数字中国战略正是在此背景下应运而生。

在 2015 年第二届世界互联网大会开幕式上，习近平总书记首次提出“数字中国”这一概念。之后，习近平总书记又多次就

① 参见贾宇:《论数字检察》，载《中国法学》2023 年第 1 期。

推动数字中国建设作出重要部署。习近平总书记深刻指出:“数字经济发展速度之快、辐射范围之广、影响程度之深前所未有,正在成为重组全球要素资源、重塑全球经济结构、改变全球竞争格局的关键力量。”[①] 2022年,党的二十大报告指出,要加快建设网络强国、数字中国。2023年2月,中共中央、国务院印发《数字中国建设整体布局规划》,数字中国建设有了里程碑意义的顶层设计和整体谋划。各地也在积极推进落实数字中国战略,如2021年上海市制定发布《上海市全面推进城市数字化转型“十四五”规划》,统筹推进城市经济、生活、治理三大领域全面数字化转型。

数字中国建设在各个领域不断深入,不仅推动着社会生产力的前进,也深刻影响着上层建筑。[②] 随着网络互联、数据融合、信息共享、业务协同不断深化,传统社会加速向以网络化、扁平化、数字化、高效化、智慧化为主要特征的全新社会结构转型,也对司法运行方式产生越来越深刻的影响。[③] 积极开展数字法院建设,推动智慧法院建设迭代升级,是贯彻落实数字中国战略的重要司法举措,也是司法领域面向未来的前瞻性工作布局。

① 习近平:《习近平著作选读(第二卷)》,人民出版社2023年版,第534页。

② 参见卞建林:《论数字检察改革》,载《华东政法大学学报》2023年第5期。

③ 参见单志广:《数字化催生市域社会治理模式变革》,载《法治日报》2021年3月17日,第5版。

二、审判工作高质量发展的现实需要

人民法院是党领导下的国家审判机关，审判工作高质量发展既是政法工作现代化的重要内容，也是中国式现代化的重要保障。围绕“公正与效率”的工作主题，审判工作高质量发展的关键，是审判理念、审判机制、审判体系、审判管理等方面整体的现代化。2024 年 3 月，在第十四届全国人民代表大会第二次会议上，最高人民法院党组书记、院长张军提出，要以数字法院助力提质增效，加快推进审判工作高质量发展。数字法院建设不仅是审判工作高质量发展的核心内容，也是实现司法能力提升的关键步骤。总体上说，数字法院建设，不是一个纯理论概念，而是产生、根植于数字转型时代司法实践的实际需求，是数字时代对传统司法审判工作理念、机制、体系和管理方式的更新与重塑。①

一是适应海量案件全流程质量监管新需求。传统司法主要依靠审级监督与案件评查来监督办案质量，这实质上是一种人工个案式的监督。随着大量案件涌入法院，这种传统个案式的案件质量评查呈现随机化、碎片化特征，无法满足海量诉讼案件全流程监督的管理需求，迫切需要建立一条全流程系统防错的“质检线”。数字法院建设，就是要通过引入大数据分析，实现透明可视的“场景化正义”，② 如同“探照灯”一样，从立案、审理到

① 参见贾宇：《论数字法院》，载《法学研究》2024 年第 4 期。

② 参见［美］海伦·尼森鲍姆：《场景中的隐私——技术、政治和社会生活中的和谐》，王苑等译，法律出版社 2022 年版，第 43 页。

执行，对案件进行全过程的监督管理，并在此基础上嵌入办案系统，实现提前预警、系统防错，推进法律统一适用，全面提升审判质效。

二是开辟依托大数据提升办案质效的新路径。人民法院是审判机关，提升审判质效是法院各项工作的出发点。作为一种特殊的公共数据，司法数据具有公信力高、涵盖面广、数据量大等特征，有广阔的挖掘与利用空间。但这些司法数据没有得到充分利用，多数处于静态、分散、被动的“沉睡”状态。大数据处理与分析技术的出现，使得人们可以处理以往难以掌控的数量巨大、变化迅速、形式复杂的数据，并从中找到高度精准、极有价值的信息模式和知识结构。[①] 数字法院建设正是充分利用审判执行过程中积累的海量司法大数据资源，运用数字建模等数字化手段，自动发现、深入挖掘并主动提示审判执行工作中的潜在漏洞和薄弱环节，智能回应、研判解决对策，有效去除审判管理中的盲点、堵点、难点，达到提升审判质效的目的。数字法院建设通过形成发现问题、分析问题、提供对策效果评估的闭环链条，真正激活了数据价值，将数据资源转化为优化审判管理、提高审判质效的有力手段。

三是满足人民群众对高质量司法的新期待。习近平总书记多次强调：“推进全面依法治国，根本目的是依法保障人民权益。”[②]

---

① 参见郑戈：《司法科技的协调与整合》，载《法律适用》2020年第1期。

② 习近平：《以科学理论指导全面依法治国各项工作（二〇二〇年十一月十六日）》，载习近平：《论坚持全面依法治国》，中央文献出版社2020年版，第2页。

随着数字化改革深入推进，人民法院的司法理念、审判方式和运行机制需要跟上时代发展的步伐，对司法公正、司法效率的追求，需要跟上人民群众的新期待。数字法院将大数据、人工智能等科技创新成果同法院工作深度融合，一方面为当事人提供“全方位、全天候、零距离、无障碍”的诉讼服务，实现司法信息的公开透明，使公众能够更方便地了解司法活动，增强司法公信力。另一方面通过监测审判数据，推动解决程序空转、虚假诉讼、廉政隐患等损害人民群众利益、有损司法公信的脱序行为，提升当事人和人民群众的获得感。

四是开拓司法参与社会治理的新途径。案件背后往往隐含着社会治理的难点、痛点，在一个个案件中映射出纠纷背后的社会矛盾。数字法院建设通过激活司法大数据资源，将案件蕴含的社会信息系统地挖掘出来，可以提升司法参与社会治理的手段和成效。在参与形式上，从制发个案司法建议、发布类案白皮书等，到聚焦类案挖掘普遍化、类型化问题，依托数字化分析研判，跨前一步提供科学、精准的决策参考和司法服务；在参与手段上，从利用个案对社会治理薄弱环节的有限感知，到依托海量司法数据及内外部数据融合碰撞，对社会治理盲点、短板的主动深挖，最大化实现数据的功能；在参与维度上，贯穿事前、事中和事后，不仅以数据共通共享促进共建共治，还能从超大量级的数据碰撞中及时发现苗头性隐患，准确识别、预警，将矛盾纠纷预防化解关口有效前移，真正融入国家、政府、社会治理全过程。通过对数据的充分挖掘，数字法院能够推动司法职能从“抓末端、治已病”向“抓前端、治未病”延伸。

三、数字时代的技术驱动

随着大数据、人工智能、区块链等技术的加速融合发展，人类社会正在全面进入数字时代，为破解传统审判制度难题提供了难得契机。

第一，数字行为为数字法院建设提供了海量的数据。在数字经济时代，数据在经济社会发展中处于核心地位，日益成为人类文明发展进步的基础社会资源，[①] 人际交往与社会交易越来越以数据的形式呈现，这些数据就可以成为数字法院的基础数据来源。在诉讼中，尽管当前各类司法数据集相对杂乱，但其中记录着大量关于当事人信息、程序行为、事实证据和裁判倾向等信息，这些原始资料比传统调查统计方法的成本更低、结果更为真实，且保留了更多的维度和参数复杂性，为大数据技术的运用提供了丰沃的土壤。

第二，大数据、人工智能等数字技术的发展为数字法院提供了标准化数据生成及挖掘方法。大数据处理与分析技术的出现，使得人类可以处理以往难以掌控的数量巨大、变化迅速、形式复杂的数据，从中找到高度精准和有价值的信息模式和知识结构。在数字法院的建设过程中，大数据技术的运用整合了来自不同系统和渠道的法院数据，通过数据清洗、标准化处理，建立起统一的“数据仓库”，为后续的数据分析和应用提供了坚实的数据基础，让原始的数据成为新型的生产要素。通过对历

① 参见齐爱民:《数据法原理》，高等教育出版社2022年版，第163页。

史案件数据深入挖掘，可以发现案件之间的关联性和趋势，总结特定类型案件中的经验规则和裁判观点，为法官的案件审理提供数据支持。

第三，法院信息化建设、智慧法院建设成果为数字法院提供了基础条件。信息化建设、智慧法院建设的最重要成果，是完成了人民法院内部数据的整合与联通，将起诉状、庭审笔录这些当事人提交或法院生成的纸质材料转化为标准化、结构化的数据，形成了海量规模的“数据池”。在此基础上，人民法院得以有条件运用司法大数据技术，对数据进一步分解，深入挖掘起诉状、庭审笔录、裁判文书、执行记录等审判执行过程信息中蕴含的价值，从海量的案件数据中挖掘出背后规律，寻找出审判执行、社会治理存在的问题，聚合集成解决问题的方案。

第二节　数字法院的内涵

一、数字法院的定义

数字法院，是指人民法院充分运用数字技术，通过建立覆盖立案、审判、执行、诉讼服务、社会治理各个领域的场景模型，对海量司法大数据进行筛选、比对、碰撞，发现隐藏在案件中的问题线索，实现不间断地办案提示、监督管理和社会治理风险预警，对内推动法院审判方式和管理方式的优化升级，对外提升诉讼服务和社会治理效能，推动审判工作高质量发展。其核心要义主要有以下三点。

第一，数字法院的核心是对数据的利用。在数字时代，数据是核心生产要素，与传统经济理论中的土地、货币等生产要素同等重要。广泛的司法活动生成了海量的司法数据，使其具备大数据的六个特征，分别为，容量（Volume）、速度（Velocity）、种类（Variety）、可变性（Variability）、真实（Veracity）、价值（Value），简称“6V 特征”，更加契合数字技术的生产需要，成为一种典型的新型生产要素。司法数据作为法律活动过程中产生和累积的信息集合，蕴含丰富的信息价值，能够揭示司法活动的内在规律，为法律决策提供数据支撑。司法数据不应沉睡在文书、卷宗之中，而应当被充分挖掘。数字法院建设的核心是充分挖掘和利用司法数据，真正激活司法数据，并服务法院的审判工作。

第二，数字法院的载体是应用场景。数字法院建设必须有具体的载体，也就是应用场景。一般意义上的应用场景是指将新技术、新产品运用、嵌入至具体的场景中，其目的主要在于探索形成可复制的场景化综合技术解决方案。数字法院的应用场景主要聚焦司法大数据应用，透过个案背后可能存在的共性问题，运用数字思维、数字方法，从个案中梳理分析出所需的具体数据和碰撞方向、创建模型、输出线索，搭建解决该类问题的场景。[①] 从应用场景的设计来看，某一具体场景从设计到上线运行的推进流程，与传统软件研发流程的逻辑并无本质不同，都经历了提出需求、程序设计、系统测试、上线运行、跟踪维护等环节。但与一般软件研发不同的是，数字法院应用场

① 参见贾宇:《论数字检察》，载《中国法学》2023 年第 1 期。

景主要由一线法官从司法实务需求出发，构想场景的建设方向、建设目的以及业务规则，根据业务规则进行数据调取、模型创建，有的放矢地进行大数据比对、碰撞，通过数字模型输出相应结果。

第三，数字法院运行方式的关键是数据的筛选、对比、碰撞。数据本身并不能产生应用效益，对数据展开定性及定量分析、比较才能得到数字建设的预设成果，分析的路径就是数据的筛选、对比、碰撞。数据筛选是在海量数据中筛查挑选出所需数据，目的是实现数据精确化。数据对比是在不同数据源之间进行的，旨在找出其中的差异，揭示数据之间的关联性、差异性和趋势。数据碰撞是为了解决特定问题或查找线索，通过选取相关数据集，并在这些数据集之间进行碰撞比对，以找出匹配的数据项，并根据具体案件或分析主题进一步对节点数据进行分析研判。数字法院中的应用场景设定了基本的业务规则，而碰撞、对比就是应用场景在司法“数据池”中的运行方式，将规则落地并输出相应的结果。

二、数字法院的发展沿革

数字法院并非凭空产生，是数字中国、法治中国建设的必然要求，也是人民法院信息技术发展应用的必然产物。从人民法院信息技术的发展历程来看，大致可分为信息化建设、智慧法院建设、数字法院建设三个阶段。

（一）信息化建设阶段

信息化建设的背景是办公自动化在法院系统的推广使用。

1996年，最高人民法院组织召开“全国法院通信及计算机工作会议”，确定了北京、上海等八家高级人民法院为全国法院计算机信息网络建设的试点单位，同时对全国法院信息化建设作出了总体部署。

作为试点单位，上海市高级人民法院在法院信息化建设方面先行先试，初步实现了硬件设施完善、网络全面覆盖、管理三级联动的信息化格局，奠定了信息化发展的软硬件基础。信息化建设带来了两个明显的效果：一是提高了法院事务性工作的执行效率，[①] 通过信息系统自动处理行政性、重复性劳动，大大节约了司法的人力成本；二是便利法院审判工作的开展，通过法院运作机制的信息化改革使审判工作能够更为快速、顺利地进行。

（二）智慧法院建设阶段

智慧法院是在信息化基础上的一次飞跃，是互联网技术嵌入司法审判工作的开始，具有承前启后的重要意义。通过全流程网上办案体系、电子卷宗同步生成等重点项目的突破，智慧法院有力推动了审判质效和司法公信力的提升，形成了源源不断的司法数据资源和安全稳健的运行环境，为互联网技术的深度应用开辟了广阔的天地。自全面推进智慧法院建设以来，上海法院重点推进了电子卷宗随案同步生成、全流程网上办案体系等项目，形成了源源不断的司法数据资源和安全稳健的运行环境，为进一步推进数字法院建设打牢基础。

---

① 参见郭烁：《法院信息化建设二十二年：实践、问题与展望》，载《浙江工商大学学报》2019年第1期。

1. 全流程网上办案体系。全流程网上办案体系包括网上立案、随机分案、电子阅卷、线上开庭、电子送达、上诉案卷无纸化移送、电子卷宗一键归档等多个子单元，基本打通了司法诉讼的全部环节，让线上法院成为现实图景。

2. 电子卷宗单套制改革。自 2018 年开始，上海市高级人民法院陆续承担最高人民法院、国家档案局等部门有关电子文件单套归档和电子档案单套管理试点任务，以现代科技为依托，研发了电子卷宗单套制模块，通过智能编目、区块链存证、元数据管理等技术保障电子文件形成、处理、归档全流程规范安全，生成海量且完整的电子卷宗，这为以后开展深度数据解构做好了技术准备。

3. 智能办案系统的探索。比较典型的是上海刑事案件智能辅助办案系统。该系统的研发推动了上海刑事案件一体化运行、智能化办理，在统一刑事案件证据标准适用、规范办案程序、提升办案质效、防范冤错案件等方面发挥了重要的作用。

（三）数字法院建设阶段

2023 年，上海市高级人民法院党组提出“数字改革赋能”的工作目标，将建设“数字法院”作为“数字改革赋能”的重要抓手，并于同年 4 月制定了《上海“数字法院”建设方案》，以场景建设和数字建模为重点，积极构建数字时代的司法新模式。上海法院以问题为导向，广泛发动基层一线法官，针对审判领域的多发、易错问题，开发一个个应用场景，在系统筛查全市法院过去 5 年（2018—2022 年）相关案件数据的基础上，开展针对性的模型构建，在反复调试后，将运行成熟的应用场景嵌入办案系统以进行事前预警，推动实现全面数字赋能、全程预警监测、保障适法统一、提升司法质效。

上海法院充分利用全流程网上办案体系、电子卷宗同步生成等智慧法院建设成果所产生的海量原始司法大数据资源，构建了“发现问题→数字建模→数据碰撞→实时反馈→跟踪问效”的基本路径，建成了司法大数据中台、研发模型平台、自动运行平台三大技术平台，形成了“数助办案”“数助监督”“数助便民”“数助治理”“数助政务”等五大板块应用场景，全面构筑了数字法院建设路径、基础框架和技术底座，有力提升了审判质效，促推了社会治理效能，增强了当事人的满意度和法院干警的获得感。在应用场景建设不断拓展深化的基础上，上海市高级人民法院又将重心转向进一步提升应用场景的质量、效能上，不断持续优化要素式、改发点场景建设，取得了积极进展。

三、数字法院的特征

数字法院建设不是另起炉灶，而是此前法院信息化建设、智慧法院建设的迭代升级。传统的法院信息化、智慧法院建设过程中，法院工作流程、机制本身没有发生根本性变化，主要是将立案、审判、管理等工作由线下转为线上，方便群众诉讼和法官办案，整体水平仍然处于数据生成阶段，停留在物理意义上“器”的层面。而数字法院则不仅是技术革新，而且是理念、机制的革新，通过深度挖掘、分析、运用海量司法数据，重塑业务流程、组织架构、治理方式，这是法院工作迈入高质量发展的方法、路径，也就是“道”，超越了“器”的层面。

从上海建设实践来看，数字法院建设有以下鲜明特点。

第一，自动提取非结构化数据，无须法官手动输入。传统的法院信息化、智慧法院建设阶段以利用结构化数据为主，依赖于法官人工输入，信息录入数量及准确度直接影响系统作用发挥效果，容易增加法官工作量。大数据时代的数据处理，以处理非结构化数据为主。“只有 5% 的数字数据是结构化的且能适用于传统数据库。如果不接受混乱，剩下 95% 的非结构化数据都无法被利用。”① 数字法院建设所需要的数据主要来自判决书、裁定书和其他电子卷宗，绝大部分是非结构化数据，通过“小样本”训练引擎和人工智能语义理解等技术手段进行内部挖掘，实现关键数据的自动提炼，既唤醒了海量的“沉睡”数据，又能够有效减轻法官负担。

第二，数字法院建设由一线法官主导，消除了业务需求与技术开发之间的隔阂。② 传统信息化建设最突出的问题是业务需求与技术开发割裂，技术人员主导开发出来的系统容易体验不佳，法官使用积极性不高，系统使用率随时间推移不断降低。数字法院则依循不同的开发路径，从发现问题到提出业务规则，再到数据建模、模型嵌入、后期优化，始终由法官主导。目前大部分数字法院场景都来自基层一线法官，呈现自下而上的特征，司法需

---

① ［英］维克托·迈尔－舍恩伯格、肯尼思·库克耶：《大数据时代：生活、工作与思维的大变革》，盛杨燕、周涛译，浙江人民出版社 2022 年版，第 64 页。

② 这种割裂主要体现在两个方面：一是法律界对数字技术疏离；二是数字技术界对法律行业重视不够。参见左卫民：《数字司法的中国图景》，法律出版社 2023 年版，第 182 ～ 183 页。

求与场景开发几乎完全融为一体。

第三，一地突破、全域共享。传统的信息化建设、智慧法院建设多由各地区各法院自行开发，标准不一、适配困难，横向推广困难。数字法院建设成果本身即来源于全部司法数据的分析与碰撞，天然具有共享性。在同一技术平台下，无论应用场景最初由哪家法院负责建设，只要一经建成并嵌入系统，即可供其他法院共用，真正实现“一地突破、全域共享”。

四、数字法院的重塑效应

数字法院建设的意义不仅仅是具体场景的应用，更在于推动审判方式、监督方式发生转变。数字法院建成后，审判权的运行过程、审理流程的监督方式、法院的管理形态等都在技术与司法的互动中发生变化。

（一）重塑法官办案方式

在办案动能上，算法为事物认识、认知的有效建立提供了方法，数字技术的嵌入推动了算力与人力的结合。① 数字法院建设视域下，不仅要思考数字技术与现行法律体系、制度的融合关系，还要关注其“对现有法律方法的替代效应，尤其是司法裁判中的法律方法”。② 于法官办案而言，其工作内容大体可

① 陈姿含:《司法算法决策中的权力逻辑》，载《中共中央党校（国家行政学院）学报》2022 年第 3 期。

② 魏斌:《智慧司法的法理反思与应对》，载《政治与法律》2021 年第 8 期。

以分为两类：一类是各种繁多、琐碎的事务性工作，另一类是运用法律知识和司法经验对案件作出裁判的法律专业工作。通过数字技术，可以将前一类事务性工作交给应用程序，由系统和机器完成，让法官从烦琐的事务性工作中解放出来。就后一类法律专业工作而言，在数字法院形态下，其运用机器学习技术持续丰富和完善知识库，利用机器强大的计算力、海量数据建立数字化模型，从复杂的司法数据中找到共性与规律，创造出有交集的量化信息，为帮助法官梳理案件信息、检索类案标准和识别案例异同提供技术支撑。数字法院建设不仅将法官从烦琐事务中解脱出来，还通过数字化技术辅助法官更好地办理案件，更有效率地作出专业判断。

（二）重塑审判监督方式

在传统的司法权运行模式下，对于案件的监督主要通过上诉、再审或者开展专项案件评查进行，其总体上还是一种个案的、事后的、被动的监督。但面对当下海量诉讼的客观现实，传统的审判监督方式显得有点“乏力”，而数字法院通过数字技术，实现了从事后监督向事前监督转变、从被动纠错向主动纠错转变、从个案纠错向系统防错转变。一方面，数字法院通过“个案办理→类案评查→系统治理”的监督流程，对常见、多发问题设置预警，将司法数据定位至案件每一个流程节点，更加主动查漏补缺，全面提升了审判监督的主动性；另一方面，数字法院通过数字技术将相关类案规则、审判要求落实到每一个具体应用场景中，在系统内自动实现评查在线完成、监督全程留痕、分类提示预警，全面提升了审判监督的系统性和自动化。

（三）重塑院庭长管理方式

近年来司法责任制改革的中心任务之一，即为改变科层制的司法行政化管理模式，以扁平化管理为目标，实现“让审理者裁判，由裁判者负责”。但具体贯彻执行中出现一些理解上的偏差，落实司法责任制不够全面准确，部分院庭长监督管理法定职责履行不到位，不敢管、不愿管、不会管的现象在一定程度上存在，带来裁判尺度不统一、审判质效存在隐患、文书存在低级错误等问题。数字法院改变了以往院庭长监督管理的传统方式，其将司法办案的各个环节数字化，实现数字储存、数字建模、数字行权、数字留痕、数字追踪，大大便利了院庭长全程履行审判监督管理职责，及时发现风险隐患和办案疏误。系统根据数据筛查结果，将案件中的具体风险因素推送给院庭长，进行有针对性的智慧阅核、重点监督，有效提升了监督的精准性、有效性。

（四）重塑人民法院依法履职方式

针对矛盾纠纷多发易发领域，数字法院建立数据分析与预警模型，推送司法研判数据，打通司法、民政、工商、税务等政务部门的数据壁垒，揭示诉讼背后的社会治理重点、难点、薄弱点和风险点。在辅助行政决策上，数字法院通过司法裁判，参与政策评估，将司法的价值判断融入政策评估体系，通过司法大数据的挖掘运算得出有价值的分析，作为政策评估的参考值，积极回应社会关切，助力政策运行过程的法治化和民主化。

（五）重塑诉讼服务方式

诉讼服务是司法工作的重要组成部分，既是当事人了解法院工作的第一窗口，也是当事人接近司法、了解司法、寻求正义的重要途径。数字时代，传统的被动反应式诉讼服务已不能满足人民群众的司法需求，亟须推动诉讼服务向主动提供式升级。数字法院以数据驱动诉讼服务升级，通过数据分析定位诉讼服务难点并运用数字化手段加以解决，优化线上线下诉讼服务水平，在诉讼关键节点处自动触发并提示当事人，拓展法院多元解纷能力，实现诉讼参与人一站式完成咨询、缴费、调解、送达、鉴定、保全、上诉、执行等诉讼事项。积极融入数字城市治理体系，打造标准统一、服务同质、惠民便民的一体化诉讼服务体系，促进诉讼服务应用无障碍、个性化改造，完善诉讼场所数字化管理，优化司法公开服务智能辅助应用，拓展集成式诉讼服务自助终端设备覆盖面，为群众提供家门口一站式解纷直通服务。

（六）重塑政务政工管理方式

人民法院政务政工工作涉及党建、人事、办公、行装、警务、信息技术等事项，传统模式下这些工作分散于各部门内部，信息在各部门之间不公开、不对接，内容自成一体，工作的科学性、针对性、有效性受到限制。数字法院以一个数字政务办公平台开展多个业务应用的模式，打破了数据壁垒，将管理要素和操作流程以“数据→模型→场景→应用”的模式一体贯通，实现工作内容数字模型转化、一网通办数据留痕、智能提示科学决策，综合集成、高效协同的政务政工管理全新样态。在数字法院架构下，法院内部政务管理架构、业务架构、技术架构得到重塑，以“全场景覆盖、上下级贯通、内外网联动”为特征的现代化政务管理新模式推动了对人、财、物、事的融合管理，实现了司法政务保障更加智能化、精细化。

第三节 数字法院的理念

理念是认知的体现，是行动的先导。应对数字司法转型，首先要在理念上主动求解，凝聚共识、落实行动、谋求发展，这样才能为人民法院工作的高质量发展提供源源不断的动力和活力。数字法院建设着力全面深化数字赋能，统筹推进审判质效提升与法院管理的数字化重塑，从实际需求出发，坚持司法为民，挖掘和培育实现公平与正义的新机制新动能，将数字赋能理念、数字正义理念、以人为本理念融入人民法院工作思维方式、司法流程、组织架构、综合治理中，综合施策，充分发挥数据和算法的力量，在思维、制度、体系、管理上协同推进，促进数字法院建设的持续长久发展。

一、数字赋能理念

（一）数字赋能理念的内涵

数字赋能是指充分依托数字技术与资源，努力实现司法工作的数字化转型，以数字思维推进工作并解决问题。其源于"赋能"概念，个人、组织或者社群可以通过"赋能"这一过程，获得并整合更多机会与资源来实现目标，进而提高个人生活质量、组织运作效率，以及社群生活品质。[①] 在数字法院建

① 参见赵淼、鲍静、刘银喜:《从赋能到包容：数字政府建设非均衡困境生成机制及化解路径》，载《中国行政管理》2022年第12期。

设过程中，数字赋能是数字技术在法院工作中的应用和效果的总称，是将数字化改革作为人民法院发展新动能的具体方法与实践的总和。具体来讲，在数字法院建设中，通过综合运用大数据思维，激活司法数据要素潜能，用数据引领、反哺、优化、创新法院现有工作方式，提升审判能力，优化职能体系，提高工作效率，实现人民法院在工作理念、办案模式、监管体制、诉讼服务、运行机制、政务管理、社会治理等方面全时空、全流程、全场景、全解析、全价值的数字化重塑与再造，以数字支撑法院建设的全局和始终。

数字赋能是数字法院建设的核心理念。在制定数字法院发展战略、落实改革措施时，遵循向数据要质量，向技术要效率的原则，让数据和技术赋予法院更强劲的“生产力”、更精准的管控能力和更广阔的治理空间。对于其在数字法院范畴内的具体意涵，可以从用数据思考、让数据发声、向数据求解、依数据治理四方面展开。

第一，用数据思考。养成数字化思维工作习惯是数字法院建设的关键之一。应养成以数据流驱动决策流、执行流的数字化思维习惯，克服个人经验主义决策思维的惯性和局限，将寻求法律信息资源、配置权利义务方案的过程置于数字化环境中加以处理，把运用数字技术作为基本工作能力和制度文化。

第二，让数据发声。通过对裁判文书及诉状进行解析，形成结构化数据点。通过大数据技术识别整合数据源，并以不同的算法模型嵌入数字法院应用体系中，全面精准地解读数据、诊断问题、洞察原因、提炼规律、给出建议，让无声的数据发出提示、监督、预测的声音，全方位不延迟地发挥着导航与预警的作用。

第三，向数据求解。针对传统办案、监督及事务管理过程中发现的共性问题及难点、痛点、盲点，充分发挥数字技术所具有的化解能力。在法官办案或法院事务管理过程中发现问题时，优先选择向数据求解，利用数据应用场景及数字应用平台寻求最优解决方案，参照算法结论高效作出较为科学准确的司法决策，这也是数字赋能法院建设最具有现实意义的内涵表达。

第四，依数据治理。人民法院掌握参与社会治理的一手司法数据资源，通过挖掘数据背后所蕴含的社会信息和潜藏的发展规律，能够直达社会治理问题多发处、根源地，再利用数字分析技术形成最佳治理方案，支撑社会治理主体提前作出预判和管控。坚持数字赋能理念，应将数字效能和法治效能紧密融合，使矛盾消解于未然，风险化解于无形。

（二）数字赋能理念在数字法院建设中的贯彻

秉持和落实数字赋能理念，持续强化、凸显法院数字大脑在司法实践中的积极作用，其实际意义在于通过提升法官、法院的工作能力，提高效率、解决问题、拓展边界、优化决策。数字赋能理念在数字法院建设中的贯彻是全面性的，主要体现在以下方面。

第一，在提升办案质效方面，数字技术和数据分析为法官提供了智力与信息支持及司法决策参考。同时，数字技术扩大、叠加、倍增审判监督管理效能，推进从事后监督向事前监督转变，从个案纠错向系统防错转变，激发发现潜在问题风险及提出纠正建议的效能。

第二，在提高内部政务管理效能方面，通过数字化管理平台及数据分析，能够实现数据的集中、共享、协同，使法院内部对人对事对物的管理精准且高效，可更准确地进行资源评估配置，提高政务管理的科学性、有效性。

第三，在对外服务、治理方面，通过将场景建设融入诉讼服务，不断提高当事人线上诉讼便利度，助力打造智慧精准、开放互动、交融共享的现代化诉讼服务；通过司法数据关联、整合、分析，可全面深刻地揭示类型化的社会问题和潜在的社会风险，借由数据的内外共享、交流，促进法院与其他社会治理主体的合作，协同推进社会综合治理。

二、数字正义理念

（一）数字正义理念的内涵

对于数字正义的定义，理论界有不同的理解角度。有观点认为，数字正义是社会正义原则和正义实现机制在数字领域的体现，是正义体系的重要组成部分与中枢，其目标仍是最根本的社会正义。[①] 这种观点实际上就是将社会正义映射于数字领域。另有观点认为，在数字社会，数字正义的基本内涵是数据资源的合理分配、数字权利的充分配置、算法决策的公开透明和代码规制的规范有效，主要表现为分配正义、程序正义、互动正义和信息正义四种形式。[②] 这种观点则主要立足于数字、数据自身的正义性。

---

① 参见张凌寒：《数字正义的时代挑战与司法保障》，载《湖北大学学报》（哲学社会科学版）2023 年第 3 期。

② 参见周尚君、罗有成：《数字正义论：理论内涵与实践机制》，载《社会科学》2022 年第 6 期。

随着在线纠纷数量的井喷式增长，传统法院司法模式和多元纠纷解决机制难以有效应对，数字正义理念应运而生。① 在数字法院中，我们遵循的是一种广义的数字正义理念。既要确保数据和算法本身的正义（即对司法数据资源合理采集、科学配置、规范共享，界定数字使用和计算程序中的权利义务，力求算法科学公开，避免由于数据源和机械算法产生的不平等和偏见），又要通过数字手段追求维护法理观念中的正义；既要以数字的客观性限制人为的主观恣意，又要在数字化建设中尊重并保留道德、伦理、人情的温度。

（二）数字正义理念在数字法院建设中的贯彻

如果说数字赋能理念侧重于数字效能助推与提升，那么数字正义理念则侧重于对数字应用的节制与完善。其通过对数据和算法的科学管理，以及司法规则的精准提炼和适用，促使数字法院可持续建设、健康发展，并强化运用数字化变革实现公平正义的能力。在数字法院建设过程中，数字正义理念主要体现为以下几点：

一是确保数据资源准确、全面、安全、有效。在数字法院变革中，法官每点击一次鼠标都会形成一串司法数据，它们并非分门别类整齐排列在“表格”内，而是隐含在司法活动痕迹和裁判文书中，需要从司法语言中提取处理后才能发挥作用。对原始数据进行源头上的合法性、合理性、准确性审查校验、清洗处理，提高数据质量，是实现数字正义的最基本要求。为进一步提高法

① 参见贾宇:《论数字法院》，载《法学研究》2024 年第 4 期。

院案件信息录入质量，上海市高级人民法院加强对全市各法院在数据服务平台及本地案件信息核对平台的数据质量管理，对于不符合结构化数据质检规则的情况定期予以通报并要求整改。

二是维护算法科学、公开、可监测。数字化建设涉及大数据、互联网、云计算、区块链、人工智能等专业性很强的技术领域，由于数字本身的特性，算法黑箱不可避免，我们看不到从数据到结论的推演过程，无法全面检视计算过程的正当性和结果合理性，这就可能造成数字化建设因缺乏透明度而偏离正义轨道。另外，对于逻辑复杂、伦理性强、感情因素比重大的矛盾纠纷，很难将所有非要素式的信息点转化为数字处理依据。为避免机械化数字建设导致的非正义，办案人员必须明确业务规则、锁定数据范围、联合拟定模型算法，加强对算法的核验评估，确保数字应用形成过程透明、预期结果正义，这是实现数字正义的基本途径。

三是合理配置权利义务，实现数字利益共享。数字法院追求促进效率与公平的正义观，应合理配置数字利益相关的权利义务，实际践行数据利益共享。法院作为司法数据资源的占有者，应积极促进司法数据使用的规范性，促进不同主体均衡享受司法数据红利，将司法数据主动与其他社会管理部门合法合规对接、共享，打造一个“不仅为法院所有、更为社会所用”的数据管理应用秩序，真正以审判数字化助推社会治理的最优化，以实际行动践行数字正义的应有之义。

四是塑造数字化正义空间，维护新型司法价值形态。数字化在改变社会生产生活方式的同时，也改变着评价正义与否的标准。从比例正义到计算正义，从个体正义到群体正义，从契约正义到场景正义，从实现正义到可视正义，[①] 数字社会的正义呈现多种新维度。建立在数理逻辑基础上，正义的数据化和计算化逐步替代传统观念中的正义。大数据、云计算、区块链等数字技术的发展突破了以个体为核心的正义观，代之以效率优先的群组正义观。[②] 基于数据分析而形成的数字场景中的权利义务配置，逐渐改变了强调对等平均的契约正义观。数字法院的建设必须正视正义形态和内涵的变化，维护并促进数字价值体系中的正义观。

三、以人为本理念

法律是公正善良之术。不论时代如何变迁，技术如何升级，正义的司法应该是有温度的，关注人的价值。数字化改革的最终目的是提升人们的生活质量和幸福感，用科技让生活更美好。司法为民作为人民法院的工作宗旨，在数字法院建设中应当继续坚守和落实。

（一）以人为本理念的内涵

以人为本是一种强调人在历史进程和发展改革中处于核心地位、发挥主体作用的观念，它强调尊重人的价值、解放对人的限制、依靠人的创造、为了人的利益。“在传统的正义观中，

① 参见周尚君、罗有成:《数字正义论：理论内涵与实践机制》，载《社会科学》2022 年第 6 期。

② 参见郑智航:《人工智能算法的伦理危机与法律规制》，载《法律科学》（西北政法大学学报）2021 年第 1 期。

人在正义理论结构中始终处于主体地位。”[①] 以人为本的价值理念在中国法治建设中的贯彻与落实，是中国特色社会主义法律体系形成与确立自身价值的前提与基础。全面贯彻以人为本理念，必须要承认人是法律之目的、本源、尺度以及最终价值。[②]

数字化变革应坚持以人民为中心的基本立场，维护人的价值和尊严。[③] 数字中国建设坚持以人民为中心，维护人的价值和尊严。近年来，中共中央办公厅、国务院办公厅出台的《关于加强科技伦理治理的意见》、科学技术部发布的《新一代人工智能伦理规范》，以及国家互联网信息办公室发布的《互联网信息服务算法推荐管理规定》等行业规范或法规规章均明确要求，坚持以人民为中心的发展思想，尊重保障人权、促进公平公正、保护隐私安全等内容，皆蕴含着以人为本的数字理念，让数字化建设贴近社会、贴近群众、贴近生活，让人民群众分享数字化建设成果。

法院数字化转型应坚持以人为本的理念。人民法院在进行数字化改革过程中，应坚持司法为民的宗旨，“深刻认识‘感受公平正义’的主体是人民群众”，[④] 以当事人的诉讼权益和司法者的工作需求为出发点，依靠数字化建设提高法院维护人民权益、化解矛盾纠纷、促进社会和谐的能力和水平，进而满足人民群众多

---

① 谷佳慧:《数字时代正义的内涵变迁及法治保障》，载《北方法学》2023 年第 5 期。

② 参见胡玉鸿:《以人为本的法理解构》，载《政法论丛》2019 年第 1 期。

③ 参见贾宇:《检察机关参与网络空间治理现代化的实践面向》，载《国家检察官学院学报》2021 年第 3 期。

④ 张军:《往心里做、往实里做、往深里做以高质量党建引领推动人民法院工作高质量发展》，载《旗帜》2024 年第 4 期。

元的司法需求和对美好生活的向往。

（二）以人为本理念在数字法院建设中的贯彻

数字化时代，人是主体。在数字法治、数字法院发展过程中，人始终应处于主体性地位。数字化改革需要依靠新的技术，但又不能完全依靠这些技术，技术理性必须服务、让位于人类理性，最终还要靠人的智慧来解决复杂问题。

数字法院建设过程中法官处于主导地位。最高人民法院发布的《关于规范和加强人工智能司法应用的意见》第5条明确指出，“坚持对审判工作的辅助性定位和用户自主决策权，无论技术发展到何种水平，人工智能都不得代替法官裁判，人工智能辅助结果仅可作为审判工作或审判监督管理的参考，确保司法裁判始终由审判人员作出，裁判职权始终由审判组织行使，司法责任最终由裁判者承担”。数字平台的构建和应用使数据的内容和形式达到前所未有的广度和深度，在服务辅助法官办案、规范自由裁量权的同时，要警惕对技术的依赖心理，及由此导致的弱化法官主体地位的情况。坚持以人为本的理念，从发现办案过程中的问题到提出业务规则，再到数据建模、模型嵌入、后期优化始终由法官主导，技术人员负责技术平台开发与技术支撑，人工智能辅助结果仅为参考，司法裁判始终由审判人员作出并担责。

数字法院的建设目标和价值取向都是为了服务人民。一方面通过司法为民的数字化转型，大幅提升了诉讼服务的回应性和效能性功能，推动了服务内容多样化和可视化；另一方面通过不同数据的对比、碰撞和分析，提示、预警不当审判，促进公正裁判，可以有效提升人民群众的司法获得感。

第四节　数字法院的总体框架

“在数字法治蓬勃发展的当下，进行体系化的建构是迫切需要完成的任务。”[①] 人民法院是专门行使审判权的国家机关，审判权是人民法院的法定职能，上海数字法院建设初期从审判监督角度切入，通过场景建设系统化、机制化地预警案件瑕疵，提升评查监督效能。在此基础上，上海数字法院建设将功能延伸至辅助办案，并逐步扩展至诉讼服务类场景、社会治理类场景、司法政务管理类场景建设。目前，上海数字法院建设已经形成以“数助办案”“数助监督”“数助便民”“数助治理”“数助政务”五大板块为核心内容的框架体系。

一、数助办案

“数助办案”是指通过开发与案件办理相关的各类数字化应用场景，为法官办案提供相关信息提示和智能辅助，实现自动对比关联案件、自动识别认定虚假诉讼、自动推送当事人信息与类案裁判、自动推送办案要件指引、归纳争议焦点和庭审提纲等功能，帮助法官办案从主要依靠个人业务能力向大数据智能分析推送延伸，全面提升审判质效。

从前期建设情况看，“数助办案”板块中的场景种类较多，

① 姜伟、龙卫球主编：《数字法学原理》，人民法院出版社2023年版，第31页。

主要类型有：一是信息协同类，将各类不同案件数据间、法院数据与外部数据间进行关联，促进案件事实准确认定；二是信息穿透类，即通过应用场景甄别、预警办案瑕疵，保证案件办理质量；三是统一法律适用类，其目的在于通过裁判规则的适用，促进统一法律适用。

随着各类智能辅助审判应用场景建设的累积，为进一步激发各类场景的整体效应，目前正在积极推进同类型小场景整合，推动“小切口”场景“串联合并”为“系统性”大场景，加大要素式审判、改判高发点等复杂大场景建设，研发更多优质好用管用的应用场景。

二、数助监督

“数助监督”是指利用数字技术，对法院审判执行过程中积累的海量司法大数据进行筛查、比对和碰撞，通过建设监督类应用场景，对海量案件进行常态化、不停歇的滚动式评查，实现纠正程序不规范、监督诉讼程序超期、预防诉讼程序空转、纠正裁判文书瑕疵、预警防范廉政风险等多重功能。

“数助监督”场景与“数助办案”场景关联密切，监督类场景一般也要嵌入系统并规范案件办理流程，但两者也存在区别。如果说“数助办案”更加侧重于对审判质量和效率的正向探索，“数助监督”则更多体现为反向的规范约束；如果说“数助办案”主要是辅助、支持法官办案，“数助监督”则主要是对法官办案过程进行全流程监督纠错。

从建设情况看，“数助监督”板块不同场景各自发挥不同的功能。与其功能相对应，该板块场景的主要类型有：自动识别防范文书瑕疵类、规范办案诉讼程序类、避免诉讼程序空转类、智能监测办案效率类。对此后文会有详述，这里不再赘述。

三、数助便民

“数助便民”是指人民法院通过建设各类便民应用场景，运用数字技术赋能升级诉讼服务，推动诉讼全流程留痕、精准推送、智能预测，让诉讼流程更加可知、诉讼服务更加可感、诉讼结果更加可期，不断满足人民群众日益多元化的司法需求。随着数字化、智能化技术在司法领域的应用，“让当事人少跑路、让数据多跑路”，从“最多跑一次”转向“一次都不用跑”不再是一句口号。①

“数助便民”板块场景在实现移动端网上立案、缴退费、开庭、联系法官等50余项功能全面覆盖的基础上，通过数据解构和应用化解诉服难点，聚焦人民群众关切的堵点难点问题，汇集相关场景，丰富、优化司法为民举措，切实提升人民群众司法获得感。比如，针对实践中因查封时间较长，且不同类型的财产查封期限不同，当事人在查封期间即将届满时容易忘记申请续封的情况，研发“财产保全到期前续保提示”场景，通过数字模型筛选执保案件保全信息，在执保案件保全申请保全项结束日期前30日提示当事人申请续保。该场景自建设并嵌入审判系统以来，当事人反响良好。

① 参见马长山主编:《数字法治概论》，法律出版社2022年版，第459页。

四、数助治理

“数助治理”是指人民法院通过深入挖掘、分析海量司法数据，发现案件背后蕴含的具有社会治理价值的信息，以决策参考、数据推送、数据查询、司法建议等为具体方式，推动司法职能从“抓末端、治已病”向“抓前端、治未病”延伸，为更好化解矛盾、防范风险、促进治理提供支持，推动实现由办案到治理的跨越。

司法是社会矛盾纠纷的集中地，是社会经济运行的“晴雨表”，案件背后往往隐含着社会治理中存在的隐患和问题，司法大数据能够客观、量化展示矛盾纠纷多发点、易发点，是助力社会治理的富矿和宝贵资源。通过激活司法大数据资源，将案件蕴含的社会信息系统地挖掘出来，可以极大地升级司法参与社会治理的手段和成效，这也是对最高人民法院提出的要把党的领导和社会主义司法制度优势转化为公正高效审判、促进完善国家和社会治理效能优势的有力回应。

从建设情况看，“数助治理”板块中主要有决策参考报告、司法数据推送、司法数据查询、司法建议制发等场景模式。通过前述场景的建设，实现了如下主要功能：一是梳理预警案件反映的社会问题，为党委政府决策提供参考；二是推送类型化司法数据，提升社会治理合力；三是开发特定司法数据查询端口，服务社会主体需求。目前，上海市高级人民法院与上海市大数据中心的数据通道已经全面打通，数据推送、数据查询运行顺畅，信息壁垒被不断打破。

五、数助政务

“数助政务”是指以新一代数字技术为支撑，运用数字化技术、数字化思维、数字化认知，构建大数据驱动的政务新机制、新平台、新渠道，优化调整系统内部的组织架构、运作程序和管理服务，构建“全场景覆盖、上下级贯通、内外网联动”的现代化政务管理新模式，推动对人、财、物、事的融合管理，实现司法政务保障更加智能化、精细化。

“数助政务”板块与其他板块有所不同，具有强烈的内部管理属性。如果说“数助办案”“数助监督”是以提升法院审判执行办案质效为出发点，“数助便民”是以提升当事人及人民群众司法获得感和便利度为目的，“数助治理”是以推进人民法院参与社会治理为追求，那么“数助政务”则是人民法院内部政务管理的数字化革新。

第二章 “数助办案”的建设与应用

司法审判是人民法院各项工作的第一要务，提升审判质效是数字法院建设的基本追求。数字法院建设将辅助办案作为首要内容，通过数字技术的运用实现自动对比关联案件信息、自动识别认定虚假诉讼、促进法律适用标准统一、自动推送办案要件指引、初拟裁判文书等功能，有效辅助法官办理案件，为抓实公正与效率、提升审判工作质效提供有力数字支撑。

第一节 “数助办案”总体概述

一、“数助办案”的建设背景

公正与效率是人民法院的永恒主题，是推进中国式现代化的必然要求，贯穿于新时代人民法院工作的各个方面。在数字法院建设过程中，提升审判质效是基本出发点。①

1. 推动“数助办案”源于提升办案质效的需求

法律是原则的、抽象的，但实践是具体的、鲜活的，法官须

① 参见贾宇：《论数字法院》，载《法学研究》2024 年第 4 期。

依法将事实证据查清，把裁判理据讲清，实现案件公平公正裁判。证据审查、事实认定、法律适用等涉及大量要素的判断，均直接影响案件办理质量、效率和效果，仅仅依靠法官的个人能力和经验是不够的，亟待发挥数字技术的力量。数据是数字时代最核心的生产要素。依托数字技术，研发“数助办案”场景，充分激发司法数据在法院审判执行工作中的价值，为法官办案提供有力辅助，就成了提升办案质效的内在要求。

2. 推动“数助办案”是补足传统审判办案模式短板的契机

在传统司法办案模式下，法官获取案件信息主要来源是当事人提交的诉讼材料，依据既有证据规则和诉讼程序确认法律事实，继而根据个体办案经验或检索到的类案规则作出裁判，裁判结果难免会受相关信息获取不完整、不及时所限，影响案件质量。在目前案件态势下，面对海量的、信息量巨大的、类型多样的诉讼案件，法律条文的检索、案件事实真伪的认定以及类案裁判规则的提炼与适用，均使得法官担负着个体难以完全承担的压力。数字化改革提供了解决前述司法难题的路径方案。“数助办案”板块将法律适用规则、裁量尺度标准、关联案件信息等嵌入办案系统，辅助和支持法官办案，案件办理的背后不仅是法官个体的智慧和思考，而且有一整套大数据智能分析系统的支持。

3. 前期全流程网上办案体系建设成果奠定了数字基础

近年来，上海法院大力推动全流程网上办案体系建设，网上立案、随机分案、电子阅卷、线上开庭（调解）、电子送达、上诉案件无纸化移送、电子卷宗一键归档等工作顺利推进，建成了智能化、集约化、规范化的全流程网上办案系统，实现涵盖诉调、立案、庭审、执行和诉讼服务、申诉信访、审判监督、司法公开等30多个节点的线上办理；法官办案辅助系统提供裁判比对、规则指引等服务，智慧执行系统实现200余种执行文书的全程在线制作，移动端办案平台支持立案、结案、异步庭审等70余个功能应用。全流程网上办案体系的形成，实现了审判业务的数据化，也成为“数助办案”的重要载体。

二、“数助办案”的内涵与目标

（一）“数助办案”的内涵

“数助办案”是指通过开发与案件办理相关的各类数字化应用场景，为法官办案提供相关信息提示和智能辅助，实现自动对比关联案件、自动识别认定虚假诉讼、自动推送当事人信息与类案裁判、自动推送办案要件指引、归纳争议焦点和庭审提纲、初拟裁判文书等功能，帮助法官办案从主要依靠个人业务能力向大数据智能分析推送延伸，全面提升审判质效。

推动数字赋能司法办案，在实践中有两种不同的路径：一种是利用数字化技术，将繁多、琐碎、反复循环的事务性工作交给系统与机器完成，减轻法官负担；另一种是通过数字技术比对关联，推动现行法律制度规定落实到法官具体办案中。通过上述两种路径，法官工作中定性分析的比重逐渐增加，量化处理则由数字技术进行，通过运用机器学习技术，利用海量数据及机器强大的计算力建立数字化模型，持续丰富和完善知识库，从复杂的司法数据中找到彼此的关联性，将看似孤立、偶然、普通的数据信息点串联碰撞比对，创造出有交集的量化信息。通过分析对比案件之间构成要件与争议焦点等要素，为法官梳理案件信息、检索类案标准和识别案例异同提供技术支持。法官办案的过程被全流程、实时、动态地置于平台的“注视”下，在自我审查之外，增加机器评查和数据筛查，对数字检查结果的核查和反馈成为法官日常工作的一部分。①

提升办案质效是“数助办案”板块场景建设的基本出发点。作为数字赋能司法办案的表现形式，“数助办案”的核心特质是“以审判为中心”构建不同的数字处理方案。案件裁判结果系依照法定程序、方式进行审理后作出，其他相应的诉讼阶段或者诉讼环节均围绕裁判进行。“数助办案”就是通过突出庭审实质化，根据案件的繁简区分不同的处理方式：对疑难复杂的普通程序案件，利用大数据、人工智能等数字化手段，提供类案检索、证据指引、证据瑕疵提示等，强化庭审中心意识和证据裁判意识；对速裁、简易案件，结合大数据算法寻求初拟裁判文书等，提高数字化效能，实现高效率、低成本处理。

（二）“数助办案”的目标定位

数字化赋能审判办案总体目标定位是借助数字技术，在法律框架内努力寻求案件处理的最佳方案，通过关注类案办理推动在办案件实时提示预警、统一裁判尺度、实质化解纠纷、有效解决问题，使个案办理与通行裁判规则高度融合，实现司法办案的重塑性变革。就“数助办案”应用场景的建设初衷而言，主要有两个具体目标：一是通过司法大数据的筛选、比对、碰撞，及时发现审判领域中的多发易错问题，对裁判适法不统一、裁判工作瑕

① 参见樊传明：《被凝视的法官：数字司法对审判权运行的影响》，载《法制与社会发展》2024 年第 3 期。

疵等问题进行提示预警，避免案件办理出错。二是将类案办案要件指南作为数字赋能要素式审判的基础，利用人工智能、大数据等技术，实现起诉信息自动识别、答辩意见智能抓取、公共数据自动核验、庭审提纲智能辅助、类案智能推送、风险触发实时拦截、裁判文书初拟（供审判参考）等功能，辅助法官全面查明案件事实、准确适用相关法律。

第二节 “数助办案”的逻辑架构

一、“数助办案”的逻辑基础与实现路径

当下学界对于人工智能在审判领域应用的讨论总是集中在人工智能可以多大程度上模仿法官裁判。现实问题在于，目前的技术模式是以概率性或相关性计算为底层架构的，尚难以判断法律事实之间的因果关系，[①] 亦与传统法学的涵摄推理逻辑之间存在显著差异，若直接将其应用于裁判结果预测等判断性的审判活动中，反而可能误导法官作出错误裁判，增加司法风险，影响司法公正与权威。因此，大数据和人工智能只能在判断性审判事务之外辅助法官办理案件。在现有的技术条件下，如何协调法官与机器之间的作用，如何在多种路径中选择最优路径，是“数助办案”首先要解决的逻辑问题。前者是贯穿“数助办案”始终的逻

① 参见徐骏:《智慧法院的法理审思》，载《法学》2017 年第 3 期。

辑基础，后者则是指引“数助办案”建设的路径方向。

（一）“数助办案”的逻辑基础：人机协同办案

厘清人与机器的关系，是整个“数助办案”系统的地基。人工智能在按照预设算法运行程序的传统之外，架设了一种通过大量数据和概率运算得出结论的全新计算方式，但无论是预设型还是概率运算型的技术系统，都不能真正地像人类一样独立思考，而只是一种“人工的、模拟的”智能。[①] 既然机器的智能是受到限制的，要想使系统高效运行，法官和系统必须互相理解、合作。[②] 如何合理分工能够让人与计算机各自执行最擅长的工作，取长补短、共同工作，最大程度发挥人机协同优势，是人机协同原则需要解决的问题。

1. 机器辅助办案

与人类相比，机器主要有以下优势：一是信息存储能力强，输入指令和算法后，只要不被人工移除，机器就能一直执行，不会“遗忘”；二是知识体量大，大数据技术提供了海量司法案例以及各类结构化信息，人工智能技术则提供了处理知识的方式，能够在司法数据中提取知识；三是运行效率高、计算能力强，在提升效率、金额计算等方面的能力远超人类。

但是，机器在以下几方面明显劣于人类：一是难以判断诸如因果、涵摄等逻辑关系。即便机器储存着大量司法规则，也无法

① 参见张保生：《人工智能法律系统：两个难题和一个悖论》，载《上海师范大学学报》（哲学社会科学版）2018 年第 6 期。

② 参见曹磊、刘晓燕：《类案检索应用的困境与破解——以助力法官裁决及文书撰写为视角》，载《中国应用法学》2021 年第 5 期。

将作为“大前提”的法律规则与作为“小前提”的个案法律事实联系起来；在判断案例之间相似性的准确率上远低于人类，更无法判断个案法律事实与损害结果之间的因果关系。二是无法作出价值判断。司法不仅是裁判规则的机械适用，在诸多问题上需要利益衡平和价值取向的考量，如公共利益与个体私权何者为重？市场秩序与个案公平如何取舍？新兴经济形态与传统监管模式如何平衡？人工智能难以得出合乎逻辑的答案，更无法适用公序良俗原则、诚信原则、比例原则等。三是无法进行语义理解。对于人类来说，理解语言的真正含义是自然而然的事情，但对于机器来说却是极为困难的任务。当前最高级的人工智能也只能勉强进行简单语义的理解，还存在理解错误的可能性，这意味着机器很难准确处理各种繁杂诉讼材料如对话、合同、语音记录、视频等。四是可解释性差。普通算法一般能够解释其结论得出的过程，因为它的一切行为都是根据预设程序运行的，无法完成预设程序之外的任务。但对于生成式人工智能而言，输出结果是根据千亿乃至更高量级的数据自主学习、信息标注等一系列过程得出的，每一次结论都不完全一样，输出过程不透明、结果也难以控制。“数助办案”人机协同必须扬长避短，一方面要更好地发挥大数据的体量优势和储存能力，另一方面则要尽量避开逻辑、常识、情理、伦理、社会影响等判断场景。

毋庸置疑，理想的“数助办案”系统必然是让机器更好地配合人类，而不是反过来要求人类去适应机器。人机协同的原则就是机器要适应法官的审理习惯和司法审理的需求，提升辅助办案的易用性。在当前技术条件下，技术在司法审判中起到的作用只能是辅助性而不是决定性的，这就是“数助办案”中“助”字的内涵。

2. 法官主导裁判

现阶段的技术尚不足以支持机器在司法审判中承担证据认定、裁判结果确定等关键性的审判活动，有学者将这类涉及价值判断的问题称为“弱人工智能无法跨越的禁区”①。不仅如此，“即使是在数字法院的终极阶段，数据算法提供的也并不会是最终答案，只是参考答案，而更好的方法、答案或是人们所追寻的公平正义，仍需倚重法官们的专业智慧，司法的最后一道防线仍需法官来进行坚守”②。上述判断，正是人机协同原则中人类主导的体现。“所谓的主导，并不是指工作承担量的大小，而在于审判方向性的主导。”③ 这种主导性体现在三个方面：首先，“数助办案”中最初的业务规则、知识图谱来源于法律专家的总结和提炼，这些知识是整个“数助办案”系统的基础；其次，在疑难复杂、存在价值冲突或尚未达成一致意见的事实、法律认定上，应由法官审查明确，而不能交由机器“预测判断”；最后，“数助办案”不应一味地追求高度的系统自洽性，法官应当始终掌握系统运行的整个流程，系统运行出现问题时能够及时检查、干预并修正。④

① 孙海波：《反思智能化裁判的可能及限度》，载《国家检察官学院学报》2020 年第 5 期。

② 贾宇：《论数字法院》，载《法学研究》2024 年第 4 期。

③ 周媛、张晓君：《人工智能司法的可解释性困境及其纾解》，载《财经法学》2023 年第 2 期。

④ 参见魏斌：《司法人工智能融入司法改革的难题与路径》，载《现代法学》2021 年第 3 期。

3. 以“数字训练舱”实现人机协同办案

在数字辅助办案的建设过程中，为了让机器能够更好地抓取裁判文书中的关键要素，需要引入“小样本学习”技术，将类案辅助系统中的要素抓取拆解为若干个小任务，通过人工提供百份以内少量的类案卷宗、判决，构建一个虚拟的环境，让机器不断分析、抓取要素，辅以人工校准，直至达到一个较为准确的结果。这种人与机器的互动机制就是一种小型的“数字训练”过程，“人机协同”不再仅仅是静态的状态，而是一个动态的过程。

在法官使用类案数字辅助系统的过程中，对于大数据系统和人工智能技术运算结果的反馈、处理等操作会形成新的数据，借助深度神经网络等机器学习技术不断调整升级、优化其数据结构和算法运用路径，提升今后辅助类案裁判活动的效率与准度。① 例如机器可以通过对案件卷宗数据和法官的操作结果进行数据调整，不断提升信息推送、预警提示、输出结果的准度。与此同时，裁判文书作为法官对案件交出的最终“答卷”，其中体现并凝练出的新的裁判规则也会成为机器数据的一部分，转化为“数助办案”系统的数据“养分”。

数字系统在为法官办案提供辅助的同时，也发挥着传递知识的作用。法官的培养需要长期的学习、实践积累与经验传承。但法律规定本身又具有高度概括性、原则性、普遍性等特点，审判实践中不同地区、不同条线的法官有时对于相同法律问题的看法并不完全一致。受限于过往审判经验和信息传递不及时等问题，

---

① 参见孙跃:《类案智能裁判中的人机协同及其改进》，载《学术交流》2023 年第 7 期。

有时已经被司法解释明确适用规则的问题依然存在不同的判决，造成被上级法院改判、发回重审。尤其当新法、司法解释对旧法有所变动时，上述问题更加凸显。数字系统为解决这一难题、传递法律知识带来了新的契机。机器推送的审判思路和类案裁判可以为法官提供类案审判思路和证据审查重点；提示预警为法官提供“易错点”提示，避免错案的发生，这些数字辅助手段的裁判规则来自法律专家的预设和案件办理中的不断校正，在促进案件审理适法统一的同时，也大幅提升了知识传递的即时性和针对性，实现司法资源的共通共享。法官在借助“数助办案”系统提升审判效率和质量的同时，不断地纠正自身问题、更新法律知识、了解不熟悉的领域，在法官职业培养上开辟了新的知识传承方式，有利于推动高质量法律人才培养。人与机器不断适应、磨合的过程犹如双向的“数字训练舱”，既促进数据库和算法的迭代优化，又提升法官的专业技能。这种“数字训练舱”模式加速了个体知识向群体的传递，以及法官群体知识的代际传承过程，从而推动法院案件质量的整体提高。

（二）“数助办案”的路径方向：正向辅助与反向辅助结合

厘清“数助办案”中人机关系之后，在具体的“数助办案”辅助方式方面，就有了反向路径和正向路径两个方面：反向路径是从大量先例中归纳出容易出错的问题并将其形成数字模型，当在办理案件中出现类似情形时自动予以预警提示，从而避免出现类似错误；正向路径则主要是通过将办案规范指引嵌入审判系统，在法官审理过程中提供指引、推送，达到辅助法官办理案件的效果。

回顾信息技术与司法审判系统结合的整个历程，已经进行过多种技术尝试。信息化建设、智慧法院建设时期，通过将案件审理的方方面面进行拆解，完成对应线上系统的建设。虽然这些事务性审判工作的信息化不是本文所指的真正意义上的数字化，但具有了数字化的雏形。这些诉讼环节部分替代了法官助理、书记员等审判辅助人员的工作，未触及核心审判工作。但是，事务性审判系统是司法审判应用信息技术的第一步尝试，为后续案件审理的数字辅助提供了宝贵的经验。其技术实现方式虽然没有应用大数据技术，但建设成果却是现阶段司法大数据的源泉，其中少量人工输入的立案、结案信息以及“系统日志”① 是结构化数据的主要来源，电子卷宗、裁判文书等材料则汇聚了海量的非结构化数据，这些数据为数字法院办案场景建设提供了可能性。对于“数助办案”而言，大致可以分为正向辅助办案与反向辅助办案两种路径。

案件办理的正向数字辅助路径将目光投向案件审理的法律分析方法，从而解析法官办理案件的基本思路。例如邹碧华法官提出的“要件审判九步法”② 将审判活动划分为环环相扣的九个步骤，包括固定权利请求、确定权利请求基础规范、确定抗辩权基础规范、基础规范构成要件分析、诉讼主张的检索、争点整理、要件事实证明、事实认定、要件归入并作出裁判，这些步骤化的裁判思路为案件审理的技术化提供了有益的参考。法官审理案件的过程离不开大前提、小前提、结论的三段论逻辑演绎方法。但由于当前的技术条件无法替代人类完成这种逻辑推理，案件办理的正向数字辅助转而寻求两种类案办理的辅助方法：一类是聚焦案件审理中的某一个步骤，将其进行数字化改造，如类案检索系

---

① 系统日志指审判执行人员应用系统操作的时间阶段等信息。

② 参见邹碧华:《要件审判九步法》，法律出版社 2010 年版，第 2 页。

统、类案智推系统等；另一类则是聚焦某一类特定案件，由法律专家先行将该类案件所涉及的权利请求、规范构成、要件事实等先决类似案件所确定的裁判标准梳理出来，并转化为机器算法，实现某一类或某几类案件的专属智能审判系统，如各类要素式审判辅助模型应用场景。这类类案智能审判系统能够不同程度地覆盖某一类案件从起诉到裁判文书撰写的整个过程，将法官从机械重复性工作中解放出来，显著提升类案审判效率。

在现有的技术之下，通过筛查常见易发错误对法官进行事先提示预警的反向路径具有更加广泛的适用范围。首先，正向辅助路径通常是针对案件量大、格式化程度高的某一类或者某几类的案件，案件越复杂，正向辅助审判系统建设及处理难度越高。相比之下，反向辅助路径对案件类型的适应性更强，只要案件中的关键词或关键要素符合预设的反向触发规则，就能作出有效提示。其次，正向辅助路径难以准确处理深层次的、细节性的法律问题，而反向辅助路径本身就是从容易出现问题的领域出发，通过大数据的比对、碰撞，能够发现法官本身无法察觉的问题；最后，正向辅助系统中涉及某一类案件的庞杂裁判规则，需要法律专家和技术人员的反复调试，研发成本较高、周期较长，而反向辅助路径大多针对某个具体的问题点，规则相对简单，研发成本较低。“在真正的强人工智能出现之前，通过构建案件质量回溯以避免法官办理错案的反向路径似乎更为可行。”[①] 从整个“数助办案”的发展历程看，正向辅助路径和反向辅助路径适用范围不

---

① 参见陈罗兰:《论法院数字共同体的构建：以人工智能辅助司法为视角》，载《法学》2024 年第 1 期。

同、发挥作用不同，各有优劣、互为补充、相辅相成，共同发挥数字化辅助办案的功能。

二、“数助办案”的反向辅助路径

反向辅助路径是指通过大数据技术在过往已经审结的案件中发现多发易发的问题，提炼适用于某一类案件或某几类案件办理的“错题集”，在法官审理案件时通过人工智能等技术将“错题规则”转换为数据处理的技术语言，检测案件办理某一环节是否触发高风险的“易错点”，对落入模型算法规则的情形进行提示、预警或推送，避免重蹈覆辙。①

（一）反向辅助路径的价值意义

如果说正向辅助路径的目标是解决案件“怎样审”的问题，那么反向辅助路径就是聚焦如何让案件审理“不出错”的问题，通过提示预警减少“同案同错”现象。相较于通常较为体系化的正向辅助路径，反向辅助路径的切入口更小，在不同的审判执行场景中默默发挥作用，融合散落在审判执行系统的各个节点，联结成案件审理的“技术防火墙”，预防案件瑕疵，提升审判质量。例如针对司法实务中容易遗漏毒品类犯罪特殊累犯的问题，通过大数据技术全面筛查同一被告人毒品前科情况，就可以在判决中准确认定毒品再犯情节，防止因前后罪时间过长等原因导致的累犯认定疏漏、量刑畸轻。

---

① 参见陈罗兰:《论法院数字共同体的构建：以人工智能辅助司法为视角》，载《法学》2024 年第 1 期。

值得注意的是，反向辅助路径不单纯是审判监督意义上的纠偏纠错，关注点仍然是辅助法官审理案件，因此更注重提示的及时性，强调要在错误发生之前就予以拦截，在案件审结前及时纠正。鉴于个案案情千差万别，个案中的一些特殊情形在其他相似案件中不一定能够适用，这些预警提示只是参考性的，而非强制性的。换言之，应用场景对办案法官发出的预警提示只起到参考作用，而不能僭越法官的分析判断。例如，“同一劳动者涉多家用人单位多次诉讼行为甄别预警”应用场景，筛查一定时期内同一原告多次、反复向不同用人单位提起劳动纠纷诉讼的情形，并向法官发出提示预警。该场景针对的是司法实务中部分当事人通过与多家用人单位建立劳动关系索取劳动赔偿的“劳动碰瓷”行为，但其筛查规则只是提示法官该案存在符合“劳动碰瓷”高发特征的情形，存在“劳动碰瓷”可能性，并不是必然的认定依据。法官在审理过程中，发现案件只是正常的劳动关系时即可迳行裁判。

（二）反向辅助规则的来源

反向路径所涉及的规则并非仅指审判执行的失误，很多案件瑕疵实际是由案件信息不充分所导致的，而信息的收集和整理恰恰是大数据技术的优势所在。司法实践中的部分裁判规则可能本身并无明确的上位法裁判指引，系在长期的审判实践中大致形成的相对统一的共识。这种“无言之知”可能会因信息传递不畅、人员岗位调动等因素无法被一线办案人员所及时掌握，通过反向辅助路径可以减少和防止错误裁判。

反向辅助路径最核心的任务就是找到有价值的反向辅助规则，这些规则需要具有一定的易发性、普遍性，偶发错误没有转换为反向辅助规则的价值。从数字法院的建设经验来看，反向辅助路径的“错题规则”主要有四大来源：一是司法大数据的分析，从司法数据中的异常数据中挖掘、发现规则；二是已经发生的错案，例如在二审改判案件、发回重审案件、再审案件中就存在大量已经发生的错误，具有极高的转换价值；三是案件研讨中凸显的问题，如在审判委员会会议、专业法官会议、案件评查等审判活动中深究错案原因，吸取错案教训；四是审判专家的审判经验，由资深法官梳理其在案件审理中遇到的“易错点”，再由技术人员将其转化为技术语言，嵌入办案系统，提供实时的预警监测。

（三）反向辅助路径的具体应用

从现阶段反向辅助路径的应用对象来看，反向辅助路径中既包括实体性规则，也包括程序性规则。不少规则同时涉及程序问题与实体问题，相应应用场景也予一并处理。以商标侵权案件的刑民交叉问题为例，根据销售假冒注册商标的商品是否销售明确了不同入罪货值金额，在商标侵权民事案件中通过算法比对涉案货值数额是否可能涉嫌犯罪，[①] 属于实体性问题的范畴；而在确定案件需要移送公安机关处理后，是通过裁定驳回起诉、判决驳回起诉还是撤诉方式移送，则属于程序性问题的范畴。两者在“商标侵权案件刑事犯罪线索甄别预警”应用场景中合二为一，共同发挥作用。

---

① 《最高人民法院、最高人民检察院、公安部关于办理侵犯知识产权刑事案件适用法律若干问题的意见》第 8 条，“关于销售假冒注册商标的商品犯罪案件中尚未销售或者部分销售情形的定罪量刑问题”。

从现阶段反向辅助路径的应用方向来看，主要存在三种。其一是信息协同方向，即通过对相关案件、数据的比对、碰撞、分析，实现不同案件信息的彼此自动关联，以厘清案件事实。其二是信息穿透型方向，即主要围绕司法实践中虚假诉讼认定难题，通过应用场景对案件相关信息要素的汇总分析和异常筛查，使伪造、虚构等传统虚假因素得到有效识别。其三是适法统一方向，即通过数据抽取、数字建模等方式，自动提取法律知识，对比分析个案与历史同类案件的裁判尺度，解决和防范法律适用不统一、裁量权行使不规范现象。

三、“数助办案”的正向辅助路径

正向辅助路径是指根据案件的要素和规则分解法官审理案件的过程，解析各个案件办理环节的难点，通过知识图谱完成审判思路的数字化，让机器完成一部分审判辅助事务或在对应的审判环节为法官办案提供数字辅助，以提高审判效率。例如，诉辩意见的智能梳理、争议焦点的智能归纳、庭审提纲的智能生成、赔偿金额的智能计算、庭审文书要素智能回填等，均可通过正向辅助应用场景建设完成。由于不同案件之间的审理思路具有一定的差异性，而同一类型的案件可以适用相似的裁判规则，正向辅助路径一般以类案为基础制定特定化的辅助方案。从数字法院的建设实践看，目前正向辅助路径场景主要有两种。

（一）要素式审判类辅助场景

要素式审判是指对特定类型案件基本事实予以固定、提炼，就要素事实是否存在争议进行归纳，并围绕争议要素进行审理及制作裁判文书的审判方式。2019 年 3 月，《中共中央政法委员会、最高人民法院、最高人民检察院关于进一步优化司法资源配置全面提升司法效能的意见》中明确将“要素式审判”作为简化庭审和法律文书的方式。在数字法院建设过程中，要素式辅助场景从电子卷宗以及当事人提交的诉辩意见及证据材料中提取要素事实，回填至预先设计的要素表，以此为依据限缩争议焦点，确认无争议事实，从而实现简化庭审流程、整合案件事实，以及生成裁判文书等功能。

实践中，案件的要素事实主要是从大量已决类案的裁判文书中提炼而来，这些要素事实不只是法律关系构成要件对应的事实，其中也包括一些与案件相关的其他事实，蕴含法官集体的审查经验。例如，民事类的要素式系统中往往将“当事人之间的关系”作为事实要素，当事人之间的关系一般不是民事法律行为的构成要件，但司法实践中虚假民间借贷、夫妻假离婚逃避债务案件中，借贷双方之间往往存在夫妻、亲属、朋友、合伙人等特定关系。将“当事人之间的关系”作为民间借贷案件的事实要素，结合借款发生的时间、借款交付的方式等其他要素，有助于判断当事人的诉讼行为是否异常，防范虚假诉讼的风险。

确定类案要素之后，就可以在具体待决案件中通过类案要素采集规则，将待决案件的事实与类案要素进行关联，形成与类案裁判规定对应的待决案件具体要素。具体来说，就是将审判专家提炼的类案规则嵌入大数据系统，梳理形成“要素→裁判规则”的“知识图谱”，以案件要素为线索指引至对应裁判规则，发现对应裁判规则中尚欠缺的事实要素，生成庭审问题，形成庭审提纲，帮助法官在庭审中进一步补充案件要素，回填至裁判文书对应事实查明部分，辅助形成裁判文书初稿。

在具体实现上，除了前文提及的庭审提纲智能整合、裁判文书初拟之外，要素式场景还可以根据案件需要提供证据指引、审查清单生成、赔偿金额辅助测算等要素应用方式，提供符合类案需求的正向辅助功能。例如“醉驾型危险驾驶罪要素式场景”打通数据壁垒，将公安机关电子卷宗链接至类案应用场景，通过要素完成证据完整性校验，并根据要素将关键证据进行分类，规范证据名称，并将锁定的证据链接至相应界面，形成便于查看的证据链条；“减刑假释案件中财产性判项履行情况审查要素式场景”根据要素辅助生成罪犯财产性判项履行情况审查清单，便于法官着重审查罪犯监狱消费及账户余额情况、罪犯个人财产申报材料、还款计划等事实，提升审理效率；“金融借款合同纠纷要素式场景”根据采集到的贷款金额要素，提供等额本息、先息后本、等额本金及到期一次性还本付息四款计算功能，辅助生成精准的计算结果表，满足一线审判需求。

（二）改发点类辅助场景

案件被改判或发回重审意味着案件审理中存在某种质量问题。查找经常被改发的问题并预先嵌入系统，警示防范类似问题，对提高审判质量具有重要意义。改发点类辅助场景的基本思路是通过建设“类案改发点文书库”，为承办法官推送“改判文书库”中与在办案件匹配程度最高的改判文书裁判要旨、摘要，以供法官在审判时参考，从而尽可能避免案件因质量问题被改判或者发回重审。

关于前述类案规则的推送，如何识别“类案”是关键。对于改发点类辅助场景而言，仅通过案由进行推送将导致推送结果过于宽泛、不够精准，故需要能够筛选出相似程度较高的类案识别标准。司法实践中，比较个案与待推送类案中的案件时，如果争议焦点不同，则无须进行事实要点对比，因为两案即使在其他方面构成类案，也无助于待决案件解决；[①] 而如果同一案件涉及多个争议点，对于既有案例与待决案件相似性的关联类比，就不必强求二者之间完全一致，只要既定先例对相似的争议问题提供了法律解决方案，这个争议问题就是连接两个案件的桥梁。[②] 在改发点类案判断标准中，争议焦点是决定案件参考性的首要因素，为类案的判断铺垫了相似争议问题一致性解决的基础，有利于填补案件审理时可能遗漏的考量因素。

在司法实践中，争议焦点的归纳没有统一范式。客观上，争议焦点的表述只是法官的习惯，并不影响实体审理，但是对数字识别而言，过于琐碎的争议焦点表述会对技术实现造成障碍。在这种情况下，为了便于数字识别，应将在法律体系中具有关联性的争议焦点聚合在一起，形成法官需要作出判断的裁判点。例如“套路贷”问题改发点、“格式合同条款”改发点、“夫妻共债判断”改发点等，再围绕特定的裁判点建立包括裁判规则、证据规则、类案案例库等知识的数字图谱，与待决案件的争议焦点进行匹配，进而推送精准度较高的改发案例和裁判要旨、摘要，为法官审理案件提供有用参考，切实降低改判发回率，促进类案适法统一。

① 参见雷槟硕：《类案判断的方法论》，载《现代法学》2022年第6期。

② 参见张骐：《再论类似案件的判断与指导性案例的使用——以当代中国法官对指导性案例的使用经验为契口》，载《法制与社会发展》2015年第5期。

第三节 “数助办案”的主要功能

一、“数助办案”的反向辅助功能

在“数助办案”中，反向辅助路径是通过一个个小切口的应用场景实现的。上海法院当前已有300多个智能辅助审判应用场景嵌入办案系统，智能匹配预定的类案反向规则，比对、碰撞司法大数据，为法官提供自动对比关联案件信息、自动识别认定虚假诉讼、促进法律适用统一等功能。

（一）自动对比关联案件信息

司法实践中，在不同法院、法官办理的案件中，可能存在部分当事人相同，或者事实认定、程序处理方面具有一定利害关系，或者案件相关事实发生变化但法官无法及时掌握的情况，极易造成案件处理结果冲突或者裁判差错。这种信息的关联性往往呈现隐蔽状态，在传统司法模式下很难及时发现。数字法院通过囊括辖区内所有已决和在审案件信息的司法大数据库中比对分析，或者将内部案件库数据与外部数据库进行互联，构建关联信息应用场景模型，经智能对比、综合分析、排除干扰后输出结果，可有效拓展法官获取案件事实信息的路径广度，及时识别关联要素。在上海数字法院应用场景建设过程中，此类场景较为丰富，目前已推广应用、嵌入系统140余个，主要可分为三类。

1. 法院内部不同类型案件关联类场景

这类场景的功能是识别法院不同类型案件的关联关系，实现审判信息的互联互通。

在识别民事案件与刑事案件关联方面，有“民商事合同纠纷涉非法集资甄别预警”“意外伤害保险合同案件涉保险诈骗甄别预警”“商标侵权案件刑事犯罪线索甄别预警”“委托理财合同纠纷案件涉非法吸收公众存款罪甄别预警”“房屋租赁合同纠纷案件涉转租诈骗甄别预警”“涉套路贷犯罪被告人释放后以未被发现的虚假借款合同再次起诉甄别预警”等场景。以“房屋租赁合同纠纷案件涉转租诈骗甄别预警”场景为例，由于市场监管尚未及时跟上房屋租赁行业快速发展的需求，市场上频繁出现“高进低出”“长收短付”“超期转租”等现象，多家公寓平台倒闭或“跑路”，引发社会广泛关注。为此，该场景可对涉嫌转租诈骗的案件进行提示预警，提示承办法官其中可能存在的刑事风险，如涉嫌诈骗犯罪，提示法官及时移送公安机关处理，从而有利于整顿规范住房租赁市场秩序，净化租赁市场环境，促进住房租赁市场平稳健康发展。

在识别民事案件与行政案件关联方面，有“工伤保险待遇纠纷案件中止审理提示预警”“侵权行为民事诉讼与治安管理处罚行政诉讼法律事实冲突风险提示预警”等场景。以“工伤保险待遇纠纷案件中止审理提示预警”场景为例，劳动者主张工伤待遇须以社会保险行政部门作出的工伤认定结论为依据，用人单位不服工伤认定结论的，有权依法申请行政复议或提起行政诉讼。在此情形下，审理中的工伤保险待遇纠纷案件必须以行政复议或者行政诉讼的处理结果作为依据，承办法官应及时作出中止裁定。实践中，工伤保险待遇纠纷案件的承办法官因不知晓当事人已提起行政诉讼，导致未及时出具中止裁定的程序瑕疵时有发生，甚至存在相关行政判决已撤销工伤认定结论，但关联的工伤保险待遇纠纷案件在审理时仍依据被撤销的工伤认定结论作出错误判决的可能性，将会影响案件审判质效。基于此，通过“工伤保险待遇纠纷案件中止审理提示预警”应用场景，筛查中止起始日期、中止结束日期与“工伤保险资格认定”案件的立案日期、生效日期等情况，对工伤保险待遇纠纷审理中一方提起行政诉讼的情形进行筛查、监督，提示法官依法及时裁定中止审理。

在识别审判案件与执行案件关联方面，有“被执行人在另案领取案款提示预警”“企业法人被受理破产后作为被执行人进入执行程序提示预警”等场景。以“被执行人在另案领取案款提示预警”场景为例，对被执行人财产、资金情况的全面调查和掌握是能否执行到位的关键，而执行法官容易忽略被执行人债权持有情况（尤其是胜诉债权）和既往的资金流转事实。该场景通过系统筛选出被执行人在另案作为原告或申请执行人领取案款的行为并予以提示预警，从而方便执行法官及时、全面掌握被执行人的财产情况，为执行工作增效赋能。崇明法院在一起买卖合同纠纷执行案中，通过该场景提示预警，发现被执行人在黄浦法院作为原告与对方当事人调解结案，并出具书面的代收款说明，通过关联子公司账户代收调解款项200余万元。获此线索后，执行法官以此为突破口，通过对被执行人关联子公司账户流水明细深入调查，并结合申请执行人提供的书面合同、法律文书等证据，确认被执行人前述行为属规避执行行为。事后，崇明法院依法对被执行人法定代表人采取司法拘留措施，其法定代表人认识到行为严重性后，于当天协调本案全部款项440余万元履行到位，并积极促成多起系列案件顺利办结。

2. 审判数据与非审判数据关联类应用场景

这类场景与法院内部不同案件类型关联类场景类似，只是其立足于法院内部案件数据库与财务数据库、人民陪审员数据库等其他数据库之间的比对，以此实现信息关联，推进案件依法规范、高效审理。如“人民陪审员参审规范提示预警”“非法集资案件刑事执行中罪犯已在监狱缴款提示预警”等场景，均属此类。以“人民陪审员参审规范提示预警”场景为例，人民陪审员作为案件当事人或者代理人的情况时有发生，为避免当事人产生合理怀疑，维护司法公正，应将此类案件报请上级法院指定管辖。但实践中，因信息不畅等原因，承办法官难以及时发现前述情况。该应用场景通过搭建人民陪审员库，并与当事人信息进行比对、碰撞，精准提醒承办法官依法处理。静安法院审理的一起房屋买卖合同纠纷案件中，承办法官在分案信息保存后收到提示，该案原告为该院在任人民陪审员。承办法官第一时间核实情况，发现该当事人确为新聘任的人民陪审员，后依法报请上级法院指定管辖。

3. 与外部数据关联类应用场景

这类场景借助上海市大数据中心所归集的全市人口、企业、社保等外部数据，将法院数据与外部公共数据进行互联互通，打破数据壁垒，有效助力法官准确认定案件事实，依法规范有序审理，避免因信息不对称造成的错误裁判。如“自然人死亡丧失诉讼主体资格提示预警”“破产程序终结后企业未及时注销登记提示预警”“被限制高消费、纳入失信被执行人名单的自然人主体死亡解除相关措施提示预警”等场景，均属此类。以“自然人死亡丧失诉讼主体资格提示预警”场景为例，实践中存在当事人在诉讼过程中死亡的情形，但法官难以在不同诉讼阶段多次逐案查询核实涉诉自然人是否死亡，导致案件因未发现自然人死亡丧失诉讼主体资格而被裁定再审或发回重审。该场景将法院在审案件与国家卫生健康委员会等多个政府机关的相关数据库进行关联，并及时向承办法官推送涉诉当事人死亡信息，避免了因诉讼主体资格丧失而引起的错误裁判。该场景嵌入系统后，受到法官普遍欢迎。在普陀法院一起民间借贷案件中，承办法官收到案件当事人已经死亡的提示，立即向公安机关查询人口登记情况，但未见死亡信息，后经社区走访调查，确认当事人已死亡，后查明系当事人父母故意向法院隐瞒情况，亦未办理户籍注销手续，承办法官根据场景提示依法及时变更追加当事人，避免了错误裁判。

（二）自动识别认定虚假诉讼

虚假诉讼通常是指形式上的诉讼当事人共谋通过虚构实际并不存在的实体纠纷，意图借助法院对该诉讼的判决及对判决的执行达到损害诉讼外第三人权利或权益的行为。[①] 虚假诉讼不仅存在于审判程序中，近年来在调解程序、执行程序、非讼程序中也频繁出现，严重损害司法公信力。然而，司法实践中，虚假诉讼的认定历来是审理难点。传统审理模式下，案件事实通过各方当事人的陈述呈现出来，如果一方当事人未到庭参加诉讼或者当事人故意隐瞒案件事实，法官往往难以掌握相关情况。数字法院建设通过对案件要素的汇总分析和模型构建筛查异常数据，形成案件标的及当事人的数据画像，使伪造、虚构、串通等虚假因素得以有效识别，辅助法官更全面地掌握案件情况，有效识别虚假诉

① 参见洪冬英：《论虚假诉讼的厘定与规制——兼谈规制虚假诉讼的刑民事程序协调》，载《法学》2016 年第 11 期。

讼。上海数字法院建设过程中，该类场景已推广应用、嵌入系统数十个，而按应用场景针对对象、目的的不同，可以将之细分为以下几类。

1. 侵害案外人型虚假诉讼认定场景

虚假诉讼最常见的侵害对象是不知情的案外人，其未参加诉讼，但事后认为虚假诉讼案件的裁判侵害其实体权利。该实体权利一般是指所有权，但是在一定条件下也包括用益物权、担保物权、特定的债权、具有优先性的债权等。[①] 例如，在离婚纠纷案件中，当事人通过假离婚的方式分割夫妻共同财产，达到逃避夫妻共同债务的目的，严重危及案外第三人债权的清偿。对此，研发“假离婚，实逃债”甄别预警应用场景，运用大数据技术，按照当事人姓名或名称、当事人作为被执行人的执行案件、债务纠纷被告以及离婚后发生的第三人撤销之诉等进行数据碰撞、对比，发现涉嫌借助离婚诉讼分割财产以逃避债务或影响债权人权利实现的案件线索。该应用场景嵌入审判办案系统后，实现了对“假离婚，实逃债”的及时提示预警，预防离婚纠纷裁判结果中财产分割部分侵害案外他人利益，提高了离婚纠纷的办案质量。再如，在执行程序中，特别是当被执行人财产不足以清偿全部债务时，个别债权人或案外人与被执行人合谋，将债权伪装成工人工资、劳动报酬，参与分配时优先受偿。此类情况不仅损害了债权人的合法利益，更严重损害了司法公信力。为此，研发“被执行人财产不足清偿全部债务时虚假债权执行甄别预警”场景，通

① 参见田海鑫:《论民事虚假诉讼的类型化体现及规制——基于北京市司法实践的考察》，载《法律适用》2018 年第 23 期。

过数据筛选与比对，将高度存疑案件向办案人员进行推送，及时预警提示，避免虚假的债权进行参与分配。

2. 侵害公益型虚假诉讼认定场景

有些情况下，实施虚假诉讼的当事人不是为了侵占他人财产或直接损害他人利益，而是为规避法律制裁，通过虚构相关事实减轻自身法律责任，获取非法利益。这种情形下，其侵害的对象是社会管理秩序及国家利益。例如，实践中，被告人为获得从宽处罚，可能通过贿买等不法手段获取他人犯罪线索，炮制虚假立功，从而获得减轻处罚，破坏刑事司法管理秩序。为此，研发“单一被告人刑事案件中虚假立功致减轻处罚类案监督”应用场景，通过检索法条及法定减刑关键词的方法，梳理排查单一立功情节致减轻处罚的刑事案件，推动认定立功线索来源合法规则及查证属实规则的完善，堵塞漏洞，防范廉政风险。在这一场景发现问题的基础上，上海市高级人民法院、上海市人民检察院与上海市公安局联合制定《刑事案件立功认定基本证据指引（试行）》，进一步规范立功认定程序与立功证据标准，全面防范虚假立功风险。

3. 虚假诉讼后续处置型场景

自动识别认定虚假诉讼有助于法官更加高效地了解案件真实情况，促进纠纷依法公平公正审理。而虚假诉讼严重妨害正常司法秩序，危害司法公信力，除应准确识别之外，还要慎重对待其后续处置。因此，有关虚假诉讼的应用场景中，还存在一类特殊场景，其主要目的不在于甄别、预警可能存在的虚假诉讼，而是对相关案件已经认定为虚假诉讼后，确认法院是否依法采取了相应处理措施，以推进对虚假诉讼的司法治理。例如，研发了“民商事案件涉虚假诉讼后续处罚措施缺失提示预警”场景，对被认定为虚假诉讼并裁定驳回起诉，且排除因涉及经济犯罪而移送公安或检察机关审查的民事裁定书进行重点关注，通过数据筛查，确定是否存在后续处罚措施不足的情况。徐汇法院在核验某起股权转让纠纷案件时，发现该案立案前，第三人监事已代表公司向其他法院提起同该案完全一致的相同诉讼，该案作为股东派生诉讼，根本无须重复起诉。此案涉嫌虚假诉讼，如虚假诉讼成立，将依法采取相应处罚措施。该场景通过审判信息、裁判文书等有效信息点的比对、校验，关联司惩案件，确保涉虚假诉讼案件的认定及后续处罚措施的落实，以威慑、制止正在进行的单方虚假诉讼。

（三）促进法律适用标准统一

同案同判、类案类判，适法统一是司法公正以及司法公信力的重要体现，是人民法院审判工作的重要目标。传统司法模式下，适法不统一的情形缺乏有效的发现、提醒和预警机制。“以数据为中心的新技术的快速发展为法律问题解决和分析的新算法方法打开了大门。”[①] 在数字法院建设过程中，借助标准一致的数据要素抽取、相同的数字建模，以及自动化的操作流程，可实现对法律要素、知识的自动提取，在此基础上对比分析个案与历史同类案件的裁判尺度，为法官提供参考。上海法院现已有 80 多个适法统一类场景被推广应用、嵌入系统，其具体又可细分为以下几类：

1. 罚金刑适法统一提示预警

罚金刑是人民法院在刑事案件审理过程中，对犯罪分子采

---

① 邱昭继：《人工智能、法律解析与未来法律实践》，载《政法论丛》2022 年第 4 期。

取的一种强制性财产惩罚措施，罚金的数额应当综合考虑犯罪情节、地区差异、当事人认罪态度、当事人经济状况等多种因素。司法实践中，由于法律规定模糊、缺乏有效的监督机制、司法人员职业素养等原因，导致部分案件的罚金刑适用缺乏统一标准。为此，上海法院研发了“金融诈骗罪案件特殊罚金刑适法统一”“污染环境罪案件罚金刑适法统一”“非法吸收公众存款罪罚金刑适法统一”“掩饰、隐瞒犯罪所得、犯罪所得收益案件罚金刑适法统一”“诈骗案件罚金刑适法统一”“危害税收类案件罚金刑适法统一”“生产、销售不符合安全标准的食品罪，生产、销售有毒、有害食品罪案件罚金刑适法统一”等应用场景，规范同类案件罚金刑的适用，为法官提供罚金刑平均值参考，当案件判罚标准与该类案件罚金刑平均值有较大偏离时，及时提醒法官注意。比如，我国《刑法》第 338 条规定，严重污染环境的，处三年以下有期徒刑或者拘役，并处或者单处罚金；情节严重的，处三年以上七年以下有期徒刑，并处罚金；符合特定条件的，处七年以上有期徒刑，并处罚金。但如何适用罚金刑并未进一步具体规定。司法实践中，该类案件罚金刑标准不统一的问题较为突出。“污染环境罪案件罚金刑适法统一”应用场景运用大数据技术，对以往污染环境罪案件的生效裁判中相关数据进行比对，计算平均值，为正在审理的污染环境罪案件提供罚金刑适用的参考，便于法官判前提示研判，统一罚金刑适用标准，提高办案质量。又如，我国《刑法》分则第三章破坏社会主义市场经济秩序罪第五节金融诈骗罪现有 8 个罪名，其中集资诈骗罪、信用卡诈骗罪等在刑事审判实践中较为常见，量刑时应准确掌握法律和司法解释关于特殊罚金刑的规定。“金融诈骗罪案件特殊罚金刑适法统一”应用场景对上海市法院金融诈骗案件生效判决书罚金刑相关数据进行碰撞、比对，及时提醒办案人员，确保罚金刑适用的准确性，提升审判质量。该应用场景以司法解释确定的罚金幅度及有关常见犯罪的量刑指导意见中罚金刑确定规则为原则，切实统一了该类案件的罚金刑适用标准。

2. 知识产权侵权案件适法统一提示预警

在知识产权侵权案件中，确定相关实际损失、侵权获利、赔偿倍数、合理费用等较为困难，使得侵权赔偿标准、惩罚性赔偿标准及案件管辖等存在适法统一难题。这一问题不仅直接关系到权利人合法权益的保护，还关系到侵权人的法律责任承担。为此，研发“涉网著作权侵权案件管辖适法统一”“涉电商平台侵害商标权案件赔偿金额适法统一”“知识产权侵权案件权利竞合或聚合提示预警”“知识产权惩罚性赔偿案件适法统一”等应用场景，通过智能分析和提示，提供准确的法律适用依据、判赔金额指导、权利竞合提示、惩罚性赔偿要素模型以及判赔案例检索等功能，以促进同案同判，确保法律适用统一。比如，关于涉网著作权侵权案件管辖的法律适用，各法院做法不同，这也是该类管辖案件改发率居高不下的原因。2022 年 8 月 22 日，最高人民法院就河北省高级人民法院与北京市高级人民法院侵害信息网络传播权纠纷案件发生的管辖争议作出了（2022）最高法民辖 42 号裁定，明确了信息网络传播权纠纷案件的管辖适用《最高人民法院关于审理侵害信息网络传播权民事纠纷案件适用法律若干问题的规定》第 15 条的规定。“涉网著作权侵权案件管辖适法统一”应用场景以涉网著作权侵权案件管辖案件法律适用依据为切入口，对错误适用管辖法条的情况予以筛选、提示，进而规范该类案件的法律适用，正确确定管辖法院。又如，由于电子商务平台的兴起及明确法律依据的缺乏，不同法院、不同承办法官对涉电子商务平台的侵害商标权案件经济损失的判定标准存在较大差异，涉电子商务平台侵害商标权案件中判赔金额畸高、畸低情况多发，甚至相同权利人类似侵权行为的判赔金额也存在相差悬殊的情况，造成了同案不同判现象，部分案件因判赔金额不当被改发。为合理规制自由裁量权的行使，切实促进适法统一，“涉电商平台侵害商标权案件赔偿金额适法统一”应用场景对判赔金额畸高、畸低的情形予以友情提示，供承办法官判定经济损失时予以考量，以促进同案同判，确保司法公正。

3. 交通事故民事案件适法统一提示预警

为解决交通事故案件中交强险超限额判决、单方车损评估虚高、多车事故无责方交强险赔付遗漏等司法裁判不统一问题，研发“机动车交通事故责任纠纷案件交强险超限额判决提示预警”“机动车交通事故涉财产保险纠纷中单方委托评估虚高甄别预警”“保险人代位求偿权纠纷多车事故无责方交强险财产损失赔付责任提示预警”“优者危险负担下机动车方主张财损同案抵扣提示预警”等应用场景，自动识别和比对碰撞交通事故中的关键信息，如损失评估、保险理赔等情况，以规范交通事故案件的法律适用，实现风险预警，确保裁判统一。比如，一起交通事故致多人伤亡的情形时有发生，受害当事人或其继承人分别向人民法院提起诉讼，因信息不对称等原因，可能导致承办法官没有及时关注到关联案件，未能在交强险范围内对不同受害人进行合理分配，存在多起案件累计判决金额超过交强险限额导致实体错判的重大风险。“机动车交通事故责任纠纷案件交强险超限额判决提示预警”应用场景，通过当事人信息的比对、碰撞，一键监控关联案件，从而确保法官能及时识别并合理分配交强险赔偿，避免超限额判决，促进适法统一。又如，随着机动车保有量的逐年增加，车损评估业务量也大幅增加，交通事故发生后，为了获取超额的车损利益，部分被保险人在未与保险公司确认具体损失项目、损失程度的情况下，单方委托鉴定中心进行车损鉴定，而鉴定中心的费用收取正向挂钩定损结果，其为了招揽业务会配合进行低损高定。对于“单方委托评估”结论的效力认定，往往需要承办法官结合被保险人和保险公司是否存有过错、鉴定机构车损评估业务的社会背景以及举证责任分配等进行综合认定。为精准识别、妥善处理“单方委托评估”虚高的现象，研发“机动车交通事故涉财产保险纠纷中单方委托评估虚高甄别预警”应用场景，利用大数据技术对近五年来上海法院审判系统中的结构化数据，按照单方委托评估机构及金额、法院委托评估机构、裁判结论等因素进行深入分析，以相应纠纷评估金额与重评金额的差距度为基础进行数据画像，在此基础上识别“单方委托评估”结论虚高的现象，梳理出作出虚高评估报告的相应机构，提示裁判风险，促进“单方委托评估”效力的精准认定、妥善处理。

4. 涉公司商事案件适法统一提示预警

针对涉公司商事案件中上市公司股票代持协议的有效性、股东抽逃出资行为的认定标准、股东因同一未出资行为重复承担责任等适法统一问题，研发“涉上市公司股票代持纠纷合同效力认定提示预警”“有限责任公司股东‘抽逃出资’行为提示预警”“一人公司股东承担连带责任提示预警”“股东重复承担未出资导致补充清偿责任甄别预警”等应用场景，通过智能化类案分析，识别并预警不同法院、法官对同类案件的审理思路分歧，促进法律适用的统一。比如，根据《公司法》及其相关司法解释的规定，并结合上海市高级人民法院《股权代持纠纷类案办案要件指南》的要求，标的公司为上市公司的股权代持协议一般应认定为无效，若法院认定代持协议有效，需依职权审查代持是否违反法律或行政法规的强制性规定、是否损害证券市场的监管秩序、是否涉及公众投资者的利益保护等，而不能对上述事项遗漏审查，直接根据《最高人民法院关于适用〈中华人民共和国公司法〉若干问题的规定（三）》的规定认定合同有效，进而作出承担违约责任或解除合同等相应判项。为确保适法统一，防止法官遗漏依职权审查事项，研发“涉上市公司股票代持纠纷合同效力认定提示预警”应用场景，通过提取系统数据，对审判信息、裁判文书等有效信息点予以排序、比对，甄别出未依职权审查上述事项的情形，提示关注处理，从而确保《公司法》涉上市公司股票代持纠纷案件审查标准的统一。又如，股东向公司完成出资后，出资财产即转变为公司的法人财产，其独立于股东个人的财产并构成公司独立人格的物质基础。不得非法抽逃出资是股东必须承担的不作为义务，根据《公司法》及相关解释规定，抽逃出资股东应在抽逃出资本息范围内对公司债务不能清偿的部分承担补充赔偿责任。若公司作为被执行人但无财产清偿债务，抽逃出资股东应在抽逃范围内对申请执行人承担责任。通过建立“有限责任公司股东‘抽逃出资’行为提示预警”应用场景，对在办的股东抽逃出资案件进行分析，梳理、汇总抽逃出资的股东名单，对此进行预警，方便法官在案件办理过程中聚焦审理，也可以防止后续执行中出现超额执行。

5. 诉讼费收费适法统一提示预警

诉讼费收费标准的统一对于避免因收费差异而导致当事人在诉讼中受到不平等对待，维护司法公正性和权威性具有重要意义。因此，为解决诉讼费收取标准差异的问题，研发“小额诉讼程序转换后诉讼费收取适法统一”“管辖权异议成立诉讼费收取规范提示预警”“劳动争议案件诉讼费收费有误提示预警”“公司解散纠纷、强制清算案件诉讼费收取适法统一”“对外非全额担责当事人诉讼费负担适法统一”“民事再审案件未交纳案件受理费提示预警”等应用场景，利用大数据筛查和智能化提示预警功能，帮助法官在不同类型案件中均可准确适用诉讼费收取标准，避免因疏忽导致费用收取错误。比如，为避免小额诉讼程序转为简易程序或普通程序后法官遗忘要求原告补交诉讼费用的情况，研发“小额诉讼程序转换后诉讼费收取适法统一”应用场景。充分利用大数据优势，通过对前述程序转换案件诉讼费收取情况的筛查，提示预警未依法补交诉讼费的情形。虹口区法院受理的一起金融借款合同纠纷案件中，承办法官在审理中收到推送提示：“由小额诉讼程序转为简易 / 普通程序，需要及时按照转换后的程序向原告补收相应诉讼费，建议您及时开具诉讼费补收单据。”承办法官收到提示后进行核实，及时向原告发出补收诉讼费用通知。又如，根据《最高人民法院关于公司解散纠纷案件受理费收费标准的批复》的规定，公司解散纠纷应当按照非财产案件收费标准确定受理费。公司强制清算案件的申请费以强制清算财产总额为基数，按照财产案件受理费标准减半计算。但在司法实践中，对于前述案件的收费标准，并不统一。为此研发了“公司解散纠纷、强制清算案件诉讼费收取适法统一”应用场景，设置 2

个子情形，以全市法院公司解散纠纷、公司强制清算案件为数据源，制定相关筛查规则，对于收取有误情形予以提示、预警，促进同类案件收费标准一致。

二、“数助办案”的正向辅助功能

在“数助办案”整体布局上，以“小切口”应用场景为代表的反向辅助路径负责查找存在的风险、为法官提供预警提示，以“要素式”“改发点”等为代表的正向辅助路径应用场景则为法官提供辅助认定案件事实、辅助庭审开展、辅助推送法律知识、辅助初拟文书等功能。

（一）辅助事实认定功能

事实梳理是案件受理后法庭审理之前法官阅卷时需要完成的审判活动，整体上属于庭前准备的阶段。在民事和行政案件中，法官可以通过庭前的案件事实梳理，初步明确原告的诉请依据，也能根据其诉请判断其提供的证据是否充分，并在庭前要求其补充证据，以此厘清案件事实，提升庭审效率，促进实体公正。在刑事案件中，则可以依据检察院移送的起诉书、公安卷初步核验证据是否符合公诉标准。通过建设数字化辅助应用场景，可以将线下的事实查明借由数字化手段实现线上化，有效辅助法官更有效率、更加精准地查明和认定案件事实。

1. 智能生成案情时间轴

按照时间先后顺序梳理案件事实是最常用的一种事实梳理方式，在刑事、民事、行政案件中广泛应用。很多案件中法律事实发生的时间节点往往对裁判结果产生直接影响，例如“逃逸型”

交通肇事罪刑事案件中被害人死亡的时间点，合同类民事案件中判断合同履行时间、解除时间，是否超过诉讼时效等。智能生成案情时间轴主要是通过对起诉书、起诉状、证据目录、证据进行数据分析，提取其中与时间相关的事实，将其与对应事实、提取来源等列明在时间轴上，不同主体提供的证据用不同的颜色标注，可以使得案情的发展过程更为直观。

时间轴智能生成模块属于通用模块，即便没有对应的“要素式”或“改发点”数字类案辅助系统的案件也可以智能生成对应的案情时间轴，但由于缺乏对应证据的分析规则，通用型的时间轴生成只能从原被告的诉辩意见、检察院起诉书等较为规范或半结构性材料中提取时间信息，针对性不足，时间截取也未必全面。相对而言，“要素式”类案数字审判辅助系统的案件时间轴功能最为完整。要素本身就是对事实的拆解和概括，根据要素规则，可以明确各个时间点的证据来源，剔除与案件审理无关的时间信息，定制时间轴的排列等，时间轴相关的事实也可以直接使用对应的要素信息，使得时间轴更加直观、完整、准确（如下图 2.1 所示）。“改发点”类案数字审判辅助系统同样可以预设定制化的时间提取规则，但主要是围绕裁判点相关事实优化时间轴生成规则，相对而言完整性不及“要素式”类案数字审判辅助系统。

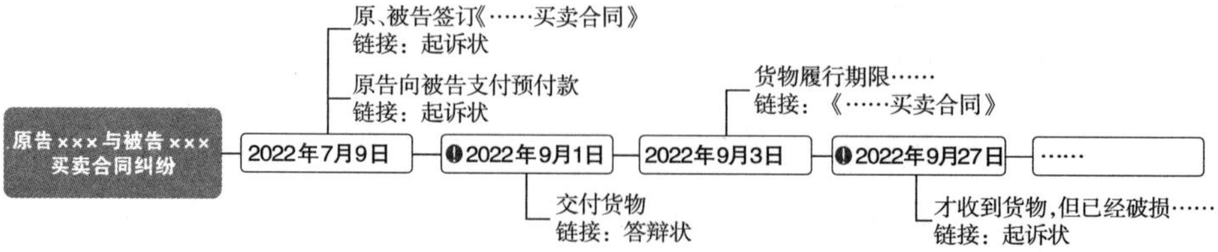

图 2.1 要素式类案数字辅助系统案件时间轴示例

在案情时间轴之外，还有诉讼流程记录的时间轴，即从案件立案开始，记录案件立案、向各方当事人发送材料、当事人提交材料、诉讼保全、管辖异议、管辖异议上诉、证据交换等审判流程信息，并在案件开庭前提醒审判辅助人员、法官关注诉讼时间节点。例如开庭前一周确定各方当事人是否收到传票、诉讼保全到期前提醒是否需要续保、裁判文书上诉期已经届满需要及时完成胜诉退费等，避免案件错过规定的节点期限。

2. 智能生成当事人关系图

在当事人信息方面，最高人民法院已经研发了“当事人画像”系统，整合了案件当事人的涉诉情况、送达地址情况、企业状态等，并为当事人描绘诉讼画像。而当事人关系图则是个案的当事人画像，主要展示当事人之间的身份关系、诉讼关系等信息。这类智能辅助主要适用于当事人较多的继承纠纷、共有纠纷、析产纠纷等民事案件以及被告人众多的刑事案件中。特别是家事案件中，当事人之间存在亲属关系，名字相似度高，容易造成混淆。当事人关系图不仅可以作为法官撰写裁判文书时的参考，也可以在庭审中辅助法官快速梳理案件纠纷背后的矛盾所在。

根据案件的不同需求，当事人关系图的信息采集逻辑和呈现效果完全不同，刑事案件中的当事人关系图主要用于展现组织结构（主犯、从犯、首要分子）、协作模式（教唆、帮助、实行）、行为链条（为犯罪做准备、望风、销赃等）；而在民事家事纠纷中，当事人关系图的侧重点在于当事人性别、血缘关系、姻亲关系、诉讼地位（原告、被告、继承人、被继承人等）、年龄、财产共有关系等，便于明晰财产继承和分配的具体情况。为保证系统抓取的当事人信息的准确性，需要预先明确哪些证据材料中载明的当事人信息具有较高的可信度。例如家事类民事案件一般以户籍证明、结婚证、身份证件、公安机关提供的口卡信息、个人档案、居民委员会、村民委员会或者民政部门等出具的证明材料中载明的信息为准，以遗嘱、当事人的陈述为辅。

智能生成当事人关系图能清晰呈现复杂案件中的人物关系网络，揭示关键人物之间的联系及其在案件中的具体作用，帮助法官迅速理解案件的全貌，提高案件梳理和分析的效率。通过这种方式，复杂案件中的关系梳理变得更加直观和高效，有助于发现潜在的证据线索和关联，从而促进案件的公正审理。

（二）庭审智能辅助功能

庭审智能辅助中的“庭审”包括证据交换、谈话、调解在内的各类庭审诉讼活动。庭审是整个审理过程中的核心环节，直接决定案件裁判质量，影响当事人对司法裁判结果的信任度。在庭审中，各方当事人充分发表意见，呈现案件事实，法官对案件的基本判断主要在庭审过程中形成，裁判文书的撰写也主要以庭审中各方的陈述为基础。庭审智能辅助的主要功能在于辅助庭审提纲生成、诉辩意见智能整合以及数据计算，帮助法官高质量推进庭审。

1. 庭审提纲生成

庭审提纲是围绕案件裁判所需要查明的事实展开的，我国的庭审制度偏向于“职权主义”[①]，整个审理过程由法官主导，庭审节奏也由法官把握。法官在庭审中向各方当事人询问的内容，是决定庭审质量高低的关键环节。通过对涉案数据点进行汇总、碰撞、对比，形成各要素汇总清单即庭审提纲，可帮助法官迅速确

① 参见施鹏鹏:《为职权主义辩护》，载《中国法学》2014 年第 2 期。

定争点，对争议事实处理路径进行相应提示，辅助法官围绕当事人请求事项开展实质性审查，有效提升案件审理质量和效率。在要素式审判场景中，由于案件相对简单，涉及的情形较为有限，可以根据先前事实梳理和要素的抓取，准确判断在办案件涉及的法律和事实问题，从该类案件预设的“问题集”中智能选取与该案相匹配的问题，整合为庭审提纲，作为法官的参考。例如在“机动车交通事故责任纠纷要素式审判辅助模型”要素式审判应用场景中，通过起诉状等材料自动识别事故时间、地点、挂靠关系、投保情况、肇事车辆情况等信息，从而明确争议焦点、确定无争议事实和有争议事实，据此生成庭审提纲，提高道交案件庭审效率，避免遗漏事实、降低二次开庭率。

2. 诉辩意见智能整合

在要素式等审判辅助场景中，通过 AI 大模型从起诉状、答辩状等材料中自动识别以及当事人填写提交交互表单等方式可以获取当事人的诉辩意见，碰撞产生无争议审理事项以及有争议审理事项，实现诉辩意见的智能整合。其可以分为证据交换模块和庭审模块两个模块：第一，证据交换模块。部分案件涉及的证据较多，通常在庭审之前组织各方进行证据交换。证据交换模块属于通用模块，可以适用于全部案件，由系统根据各方提供的证据及证据目录，自动抓取证据名称和证明目的，结合各方证据交换的意见，在法官、法官助理主持证据交换的过程中，通过音字转换技术实时采集各方的质证意见，生成“证据→证明目的→各方关于证据三性意见”的质证意见表。质证意见的梳理既便于系统自动归纳案件无争议证据，又能够根据有争议的质证意见预归纳争议焦点。第二，庭审模块。系统生成的庭审提纲同时是智能语音系统的提示词，当法官庭审中询问庭审提纲的相应庭审问题时，数字辅助系统可以自动摘取当事人相应的庭审意见，并自动回填到已生成的庭审提纲之中，形成诉辩意见的对比意见书，便于法官核查各方当事人庭审中对于裁判所涉事实和法律问题发表的意见是否充分。

3. 辅助数据计算

在机动车交通事故责任纠纷、人身损害赔偿纠纷等案件中，法律对于医疗费、营养费、误工费、死亡赔偿金、丧葬费等费用的承担均有明确规定。相关要素式审判辅助应用场景根据类案的特征，预先将计算规则嵌入其中，在庭审过程中随着各方当事人对于各项费用的确认，系统可以自动抓取对应的金额，分别计算各方主张金额的赔偿结果，为法官提供参考。类案辅助计算是被全程记录的，可以随时回溯，便于法官进行验算。与此相似，财产类案件中利息、违约金等也具有固定计算方式，都可以预设相应的类案辅助计算器，便于当庭确认金额，提升审判效率。

（三）法律知识推送功能

法律知识推送是“数助办案”场景的重要正向功能之一，能帮助法官拓宽视野，提供审判思路。其蕴含两个层面的概念，第一层面是在浩如烟海的法律条文中去发现、寻找所要解决案件的相关法条，第二层面是针对法律的理解和法律漏洞的价值补充。[①] 法律知识推送的具体功能包括裁判规则推送、类案智能推送、类案检索报告生成、法律适用专业问答等。

---

① 参见陈金钊:《司法过程中的法律发现》，载《中国法学》2002 年第 1 期。

1. 裁判规则推送

裁判规则既包括与案件相关的法律、司法解释的规定，还包括行政法规、部门规章、会议纪要、已经形成共识的裁判观点等。裁判点类案数字辅助系统为每一个裁判点预先梳理了裁判规则知识图谱，待裁判点类案介入待决案件后，第一时间向法官分层级地推送涉及该裁判点的全部法律依据和已经达成共识的裁判要点。为推进适法统一，上海法院近年来持续推进类案办案要件指南编撰，已形成一批覆盖常见案由的成果，公开出版了《上海法院类案办案要件指南》系列丛书。裁判规则推送依照审查要点、注意事项、诉请/判项示例、规范指引的结构展开，为法官审理案件提供整体性的思路，避免已经达成共识的法律适用观点出现适法不一的情况。

2. 类案智能推送

在裁判规则推送之外，复杂案件的事实难以被法律规则涵摄，需要检视是否与已决案件冲突，或者是否有其他因素未予查明，这就是类案推送不可替代的作用。当前，类案检索的主要途径是“法信”“聚法案例”“北大法宝”等通用性的检索平台，这些平台需要法官概括案件情况后主动选择关键词进行检索，检索结果的准确性取决于平台选择、关键词、检索方式等多种因素，需要一定的检索技巧，也需要时间精力。很多案件争议点较为复杂，类案中的表述方式不一，很难用一两个案件准确定位相似案例。鉴于此种情况，上海数字法院建设过程中开展了“改发点”应用场景的建设，围绕“准确推送改判、发回重审类案”目标，通过场景建设，充分利用既有的改判发回案件数据库，依托可支持长文本语义理解的人工智能模型，找到更加契合的改判发回类案，向办案法官主动、实时推送改判发回摘要，并提供类案链接，提示法官重视相关情节的审查，帮助法官把握案件处理方向。“改发点”应用场景的价值是将传统的手动类案检索变为自动推送，有效降低改发率，推进适法统一。

3. 法律适用专业问答

“法答网”是近年来最高人民法院开通的业务问题问答平台，对于明晰裁判规则、统一裁判思路、促成适法统一具有重要作用，目前已经形成规模，积累了一大批高质量问答。在“数助办案”板块场景建设中，基于其裁判规则发现、类案推送功能，可以将“法答网”答问内容有效融入，充分发挥“法答网”统一法律适用的功能。其一，让“法答网”成为“数助办案”场景的规则来源。对于法官办案中遇到的争议法律问题，通过场景建设将争议焦点与“法答网”中的类案及其相关裁判规则进行数字化链接，在办案系统中及时、精准推送贴切、权威的法律适用解答。同时，“法答网”数据库中可以为裁判点开辟专题讨论分区，便于法官在相应问题下留言反馈，不仅辅助案件正确审理，还有助于类案研究和裁判规则的完善。其二，让“法答网”成为“数助办案”场景的研发来源。对于问答较为集中的类案及其解答，进行要素式解构，提炼固定基本事实要素和争议要素，形成要素式审判表，构建要素式辅助模型，嵌入数字化办案系统，助力法官办案。

第四节 “数助办案”的发展方向

一、坚持办案需求研发导向

在数字法院建设过程中，必须发挥法官的主导作用，围绕法官办案所需开展建设。这种应用场景研发模式主要具有以下特点：其一，注重需求导向。数字法院的建设必须关注法官在办案过程中的实际需求，全面构建满足更多诉讼参与群体需求的场景。数字法院“数助办案”类场景建设要坚持以审判为中心，以法官办案需求为核心考量，同时充分考虑检察官、律师等法律职业人员在案件处理中遇到的具体问题，以及社会公众在司法服务方面的期望和需求。其二，注重场景设计。数字法院建设应当基于办案的具体需求设计不同的应用场景。例如，针对案件管理、裁判文书制作、智能语音识别、财产保全协查等具体需求，提供相应的技术支持和解决方案。这些场景化的设计旨在提高办案效率和准确性，降低司法成本。其三，注重技术赋能。利用大数据、人工智能、云计算等为办案过程提供智能化支持，帮助法官更快速地检索法律法规、分析案件数据、预测裁判结果等，从而提升办案质量和效率。其四，注重持续优化。在建设过程中持续收集用户反馈，并根据反馈进行优化，确保数字法院的功能和服务紧密贴合实际办案需求，不断提升办案人员的体验和满意度。

坚持办案需求研发导向，需要在以下几个方面持续发力：

第一，供给与需求“两翼齐飞”。不断加强研发人员与办案人员的沟通与协作，打破知识结构方面的信息流不对称，拉近两类人员固有思维模式的距离。通过定期与办案人员交流、收集反馈意见等方式，深入了解办案需求，持续优化技术应用，使其更加符合办案人员的实际需求和工作习惯，从而实现供给端与需求端“两翼齐飞”的发展模式。

第二，办案与技术“双向奔赴”。常态化举办培训班、开展专题讲座，向办案人员普及数字化知识和技术应用方法，以提高数字化素养和应用能力。同时，搭建“数助办案”在线学习平台，方便办案人员以“社群化”方式进行学习和交流，使其更加熟悉“数助办案”的相关技术和方法，为数字法院的深入发展提供有力的人才保障。注重对技术提供商研发人员的法律知识培训，定期安排研发人员旁听庭审、了解裁判文书制作过程，帮助研发人员由单纯的技术型人才向熟悉审判规则的复合型人才的转化，进一步推动应用产品与审判需求之间的高度融合。

第三，信息与资源“齐心勠力”。“数助办案”不仅涉及法院内部的工作流程和技术应用，还需要与其他部门和机构进行协作和资源共享。应加强跨部门协作和资源共享工作，与公安局、检察院、市场监管局等部门建立信息共享机制，实现案件信息的快速传递和共享，推动“数助办案”的全面发展。与高校、科研机构、大数据中心等建立合作关系，共同开展“数助办案”的技术研发和应用工作，形成“数助办案”的合力效应，推动向更高水平发展。

第四，个性与共性“量体裁衣”。通过对整体需求做类别化区分，再以整体解决方案为基础，围绕细化归类后的不同需求，研发形成定制化的技术解决方案，满足不同办案人员的实际需求，提高技术应用的针对性和实效性。

二、坚持审判经验的数字化转化

“数助办案”是数字法院建设在审判实践中的具体应用，是司法领域对于技术创新实践精神的积极体现，它利用大数据、人工智能等现代信息技术手段，为法官进行案件信息检索、数据分析、裁判辅助、类案推送等智能化办案提供辅助服务。司法人工智能所具有的“数学逻辑”与“技术理性”特质，能够通过技术手段使得法官摆脱主观上的偏差或失误，促进裁判标准的普遍化建构，有助于法官更好地理解案件的法律适用问题，以实现裁判标准的统一，也便于总结、形成宝贵的审判经验并加以传承与延续。

推进审判经验的数字化转化和传承具有重要意义：一是保障法律适用的统一。审判经验是法官在长期司法实践中积累的智慧结晶，其涵盖法律解释、法律适用、证据审查、事实认定等各个环节的丰富知识和技巧。“数助办案”相关应用场景以数字化方式推送审判经验，对于准确适用法律具有积极促进作用。二是促进司法公正。审判经验传承包含了法官对法律精神、价值观念和道德准则的理解与分享，这些理解将影响审判行为和决策。通过传承这些经验，法官在案件审理过程中能够迅速抓住关键问题，简化审理程序，提高审判效率，确保案件公正审理和裁判。三是推动司法创新。这种创新主要体现在两个层面：其一是基于审判经验自身的更新发展。审判经验不是一成不变的，随着社会经济发展或法律认识的变革，既有的审判经验也在不断发生更新，而数字技术为这种更新的传递提供自动化实现路径。其二是数字技术的发展带来的创新。人工智能技术、大数据分析技术正在不断发展，这就出现使曾经无法分析出来的审判规则随着技术发展而得以提炼，进而带来审判经验数字化转化的整体创新。

在数字法院模式中，法官办理案件不仅依靠其个体智慧，而且要依赖于数字技术的支撑，通过“数助办案”应用场景建设为法官办案提供审判经验的推送。这种审判经验的数字化主要通过以下路径予以实现：其一，深化以法官为主导的人机协同机制。“数助办案”场景建设需要更精细化的法律判断标尺与技术，不断推进审判经验的数字化，并实现裁判规则、理念的有效推广和传承。在此过程中，不能以“数据中心主义”替代“审判中心主义”，不能弱化法官的主导作用，要以法官为中心，实现系统与用户的互动协同。一方面通过各类技术实现法官审判经验的数字化，同时，这种数字化未来应该往自动更新的角度发展，不能是固化不变的；另一方面数字化的审判经验又可以通过应用场景将案例、规则向法官进行推送。其二，建立数字训练舱。数字训练舱是数字法院建设中的创新举措，是数字法院建设中用于法官培训和教育的重要平台。它通过虚拟现实、人工智能等技术手段，为法官提供模拟审判、分析案例等训练场景。在数字训练舱中，法官可以模拟真实的审判过程，对案件进行深入分析和研究，提升审判能力和水平。同时，数字训练舱还可以根据法官的学习情况和需求，提供个性化的学习建议和方案，帮助法官更好地掌握法律知识和审判技能。其三，建立类案辅助审判经验的修正完善机制。加强对类案辅助审判效果的评估、反馈，对类案检索、应用等环节进行检查，及时发现问题并进行改进，在提高类案辅助审判智能化水平的过程中不断修正审判经验，确保司法审判规范性和有效性。

三、坚持类案裁判规则的数字化挖掘

最大化地在“数助办案”中发挥类案裁判规则的功能，关键在于规则的数字化挖掘。类案裁判规则数字化挖掘是指利用数字技术解构案件信息数据，通过人工智能识别和深度学习功能，分析挖掘出类案裁判规则和审判方法，以提高类案推送和预警的准确度、可用性。类案裁判规则数字化挖掘的意义有三：第一，提高审判质量和效率。一直以来，类案经验总结是广泛使用的法律工作方法。此种方法主要涉及对一系列相似或相关案例进行深入分析、比较和综合，并从中提炼出有价值的经验、策略和原则。但是因为缺少技术辅助手段，而常常会陷入经验主义的泥潭之中。过度依赖类案经验可能导致办案人员陷入经验主义的误区，在面对新类型案件时，可能会机械地套用过去的经验，而忽视每个案件的独特性和具体情境，进而导致不公正的裁判或错误的法律适用。而类案裁判规则数字化挖掘通过人工智能手段实现了基础数据的全盘掌握和广泛学习，能够更准确地揭示案件背后的法律规律和规则，为办案人员提供更加科学、合理的参考依据，一定程度上可以避免经验主义的局限性造成的弊端，进而提高审判质量和效率。第二，促进法律适用统一。法律是不断发展和变化的，新的法律法规和司法解释不断涌现，过于依赖类案经验可能使办案人员忽视这些新发展，影响其对案件裁判结果的准确判断。当办案人员习惯于参考过去的案例、经验来解决问题时，他们可能不再愿意尝试新的方法或策略，这反而限制了法律实践的多样性和灵活性。对此，类案裁判规则数字化挖掘通过数据库资源的实时更新和学习，能够及时总结归纳出新的类案裁判规则，有效指引个案裁判，有力促进法律适用的统一，有效减少不当行使审判权的风险。第三，推动审判体系现代化进程。类案裁判规则数字化挖掘是数字化、智能化在司法领域应用的重要体现，是推动司法工作数字化转型和智能化升级的主要抓手，在方法论层面上为促进审判工作高质量发展提供了通道。进行类案经验总结需要大量的案例数据作为支持，然而，随着案例数量的不断增加，数据的检索、整理和分析工作变得越来越复杂和耗时，不仅增加了法官工作负担，还可能因为数据的不完整或错误而影响结论的准确性。在面对可能呈海量规模的基础数据时，要么耗时耗力穷尽所有样本的阅读，要么则根据经验筛选部分样本，要么则完全凭借办案经验得出结论。不论是何种方式，都难以避免挂一漏万，形成的结论难以覆盖全部现实类型。而类案裁判规则数字化挖掘则通过智能化的手段，以技术赋能司法，可有效解决前述问题。人工智能拥有的数据储存、记忆能力和深度学习能力，与司法领域部分工作呈现的技术性和重复性高度适配。人工智能等数字技术的运用，促进了类案裁判规则的精准总结、挖掘，能够辅助提高司法信任、提升司法能力、促进司法公正，[①] 有力推进审判工作高质量发展。

推动规则数字挖掘，需要从以下三个方面寻找实现路径：

第一，强化司法数据的整合与共享。对现有司法数据进行全面整合，是裁判规则数字挖掘的前提。在案件卷宗电子化基础上，进一步强化数据预处理，通过数据清洗，去除重复、缺失或异常

① 参见赵杨：《人工智能时代的司法信任及其构建》，载《华东政法大学学报》2021 年第 4 期。

的审判数据，确保数据的质量和准确性。一方面，通过数据转换，以规则挖掘的需要为导向对数据进行规范化、标准化等处理，以满足算法的输入格式要求。另一方面，不断丰富数据来源，整合来自不同源的数据，实现内外部数据的共享互通。

第二，借助数据分析技术提升数据处理效果。在运用大数据、人工智能等先进技术手段，对司法数据进行深度挖掘和分析，提炼具有普遍性和指导性的法律规则的过程中，确定挖掘目标和算法选择是这一环节的关键。首先需要根据审判业务需求确定挖掘的目标，再通过选择适合的挖掘算法，或研发符合司法数据特性的新算法，用于关联规则的挖掘。在关联规则的模式化挖掘中，需要将办案人员的经验、需求、预设充分融入研发规划，切忌抛开司法规律进行数据研发或者抛开技术理解满足单方需求。

第三，建立完善且不断更新的裁判规则库。将提炼出的法律规则进行分类整理，建立完善的裁判规则库，并嵌入审判管理系统，以方便法官在办案过程中查阅和使用。同时，借助人工智能大数据平台，将裁判规则转化为可视化的争议焦点思维导图、案件办理时间轴、诉辩逻辑图等形式，将司法权的运行直观展示为数据模型，从而实现对办案方式的流程再造、规则优化完善。在此过程中，鼓励法官在办案过程中积极应用裁判规则库，同时根据客观情况或法律规定的变化对规则库进行更新。

第三章 “数助监督”的建设与应用

“数助监督”是数字法院建设的核心内容之一。在数字化时代浪潮的推动下，案件质量效率的监督方式迎来了重大变革。大数据在筛查线索和监督管理上具有天然优势，极大地丰富了监管手段，拓宽了监管范围。[①] 人民法院通过运用大数据、人工智能等现代数字技术，建立监督类数据模型，可以有效识别案件中存在的各类错误、瑕疵以及不规范现象，并及时发出预警提示，实现对法院工作的全方位、全流程、智能化、精准化监督。

第一节 “数助监督”总体概述

在数字化时代，案件审理过程积累的海量数据为审判监督管理的全面数字化转型变革奠定了坚实的数据基础。现代数字技术与司法审判流程深度融合，为审判监督管理的数字化、可视化和透明化提供了技术支撑。

① 参见黄文艺:《数字法治是现代法治新形态》，载《数字法治》2023年第2期。

一、“数助监督”的建设背景

当前，面对不断增加的诉讼案件，司法运行迫切需要建立一套可靠的体系化质量检验机制。传统司法主要依赖于审级监督和案件评查来保障审判质量，但这些监管方法在监管行为方式、管理模式等方面存在明显的滞后性、碎片化和静态性短板，缺少常态化、全面系统的“质检体系”，难以满足海量诉讼案件全流程监督管理的需求，无法系统保证案件质量。[①] 因此，迫切需要建立一条“全流程系统防错”的质检线。数字法院通过“个案办理→类案评查→系统防错”的审判监督流程，从个案中提炼共性问题和典型问题，针对常见易发问题、盲点难点问题等设置预警节点，从立案开始到判后执行全程闭环监控，打造全流程覆盖、系统性协作、动态性监管的审判监督管理闭环。

（一）克服“结果倒查模式”的滞后性

传统的审判监督管理并非全流程监督，而是主要采用直接作用于法官裁判权本身的结果导向模式。这种监督管理模式主要依靠事后监督的评查、检察机关的检察建议或抗诉、当事人的提请监督等方式实现。这种传统监督模式难以涵盖事前预警提示及事中监督，无法对审判权的运行进行全面监管，监督管理的范围有限且滞后。

（二）克服“监督管理模式”的碎片化

在传统的审判监督管理模式中，不同的审判监督管理主体之间缺乏统一协调，各自独立运作，缺乏必要的信息共享与协作。

① 参见贾宇：《论数字法院》，载《法学研究》2024年第4期。

监管的对象、内容、节点常常局限于单一职能、单一事项，功能分散、运行零散。诸如审判质效平台、四类案件监督管理平台、审判执行廉政监督预警分析系统等监督管理平台均各自分散运作，数据未能有效互通，也无法协同工作以达到最佳效果。上述问题容易导致审判监督管理工作的碎片化，缺乏系统性和规模性，难以发挥整体效应。[①] 例如，在缺乏整合的情况下，对于某一案件的监督可能会遗漏某些重要环节，或是无法及时发现潜在的风险点；而在面对复杂案件时，由于各个监管平台间的信息壁垒，可能还会出现重复劳动或者监管盲区的情况。为了克服这些问题，有必要建立一个全面覆盖、高度集成的监督管理平台，通过技术手段实现数据的共享和流程的优化，这样的平台应当具备强大的数据分析能力，能够自动识别潜在的问题，并提供实时的预警和解决方案建议，同时确保不同监管主体能够协同合作，提高审判监督管理的整体效能和质量。

（三）克服“监督管理过程”的静态性

传统监督管理主要依托静态审判质效数据，如案件数量、结案率、平均审理周期、上诉率、改判率等，这些数据虽然可以反映法院某阶段审判工作的运转态势，但难以发现不同案件的差异性和特定案件的实时进展。静态数据往往侧重于宏观层面的数据统计，尽管能够揭示过去一段时间内司法工作的质量与效率，但难以揭示个案处理的具体情况或法官个人的工作表现，对于个案进展难以进行实时有效的监督管理，很难发现个别法官在处理案

① 参见江苏省高级人民法院课题组：《中国式现代化视野下审判管理的路径构建》，载《法律适用》2024 年第 7 期。

件时是否存在偏差或不公。同时，传统的监督模式具有阶段性、抽样式、随机性特点。例如，目前案件评查主要以抽查的方式对案件办理某一阶段的要素进行监管。这种静态性、被动式、手动式、粗放式的模式，难以满足对审判质效动态、一体化的监督管理需求。相比之下，数字法院建设中的监管模式具有动态性、实时性、常态化、不停歇的特点，能够实现对案件滚动式监督评查，契合多元化监管需求。

二、“数助监督”的内涵

（一）“数助监督”的概念

“数助监督”是指利用数字技术，对法院审判执行过程中积累的海量司法大数据进行筛查、比对和碰撞，通过建设监督类应用场景，对海量案件进行常态化、不停歇的滚动式评查，实现纠正程序不规范、监督诉讼程序超期、预防诉讼程序空转、纠正裁判文书瑕疵、预警防范廉政风险等多重功能。数字法院下的监督是一种事前、主动、系统的监管方式，通过对个案的深入分析，提炼共性和典型问题，针对立案、审判、执行等各环节盲点、难点设置预警节点。这种监管方式将司法数据分解定位到每一件案件、每一环程序、每一个步骤，进行持续的提示和监管，实现全程闭环监督管理。

（二）“数助监督”的内在要求

1. 审判全流程的可视化

数字化的变革不仅仅是简单的技术革新，更是对生产方式、生活方式、治理方式的基础性、全局性、根本性变革。审判监督管理的全流程数字化转型不是工具的革新，而是审判监督理念、流程、方式的全面变革。审判监督管理全流程数字化转型不是某个人、某一部门的单打独斗，而是一种全局性、系统性的监管。诉讼行为的数据化为审判监督管理提供了有力支撑。一方面，从当事人的行为端开始，起诉、立案、送达、开庭、宣判等全部诉讼流程的节点信息，起诉状、答辩状、举证质证材料、辩论意见等全部诉讼实体内容的文书信息，均可成为数字法院的分析对象。另一方面，从审判主体的行为端开始，排期、送达、庭审、文书制作、执行、归档等诉讼流程，所有信息都被实时记录在数字系统中，成为审判监督的重要分析素材。

2. 信息管控的实时性

在现实中，由于信息流通不畅，院庭长一般难以获知非自身办理案件的进度、程序，无法及时发现并督促解决案件超期、程序冗长等问题。通过发挥大数据技术的优势，可以促进信息、线索的及时反馈，加强不同案件流程中相同节点、类案之间相关数据的即时监管，通过对易错数据与待监管数据的关联分析、碰撞比对，实时反映审判工作情况，为审判监督管理决策提供实时客观数据支持，帮助院庭长实现对超期案件情况、案件进度、电子卷宗等全流程各节点的实时管控，对影响审判质效的案件具体环节、特征信息进行深入研判和预警，有效防范案件风险。

3. 监督管理的系统性

与传统审判监督管理模式的分散管理和多头管理相比，数字化改革基于审判监督管理信息的汇聚与综合，可以实现对审判工作的贯通式、体系化、集中式监督管理，有效提高监督管理的综合效能，最大限度地发挥监督管理作用。在监督的系统性上，数字化监督实现了全流程、各环节要素的智能提取、监管规则的按需配置、重大敏感案件的自动识别标注、关键节点的自动化管控，实现了评查在线完成、监督全程留痕、分类提示预警，形成了“责任明确、过程留痕、动态监管、预警提醒、同步督办、整改评估”的监管体系闭环。①

4. 监督管理的精准性

传统的审判监督管理属于粗放型管理，面对海量案件的涌入，院庭长及承担审判管理职能的部门难以对具体案件进行逐案的事前、事中管控，多以事后监管、被动监管为主要方式，且重点关注结案后引发二审或再审改发等案件。而数字化监督管理有助于案件办理流程、进展情况、裁判文书等信息的及时反馈，可以有效克服传统管理模式的滞后性和粗放性，大幅提升审判监督管理的精细化程度，通过优化资源配置，实现精准化监督管理。② 系统的场景化、模式化、标准化操作也使得对案件流程节点的管控更为准确、全面，再配合“人工＋智能”的方式进行二次核查，最终实现精准化管控。

三、“数助监督”的目标定位

（一）构建案件质量监督体系，形成办案质量监管闭环

充分运用大数据分析技术，推进“数字赋能监督评查，监督

① 参见贾宇：《论数字法院》，载《法学研究》2024 年第 4 期。

② 参见龙宗智、孙海龙：《加强和改善审判监督管理》，载《现代法学》2019 年第 2 期。

评查促进治理”的质量监督评查模式变革，探索实践“个案办理→类案评查→系统防错”的数字化监督评查路径，全面提升监督评查工作实效。研发案件质量评查模块，嵌入文书智能筛查、庭审规范巡查等功能，形成“电脑辅助筛查轻微瑕疵、人工重点评查实质差错”的评查模式，实现评查在线完成、监督全程留痕、分类提示预警，构建“评查纠错防范三位一体、违规违纪违法三责衔接”的评查体系。整合并升级监督评查平台模块，按照“串点成线、连线成面”的思路，整合升级、汇聚集成全市各法院、各条线各类风险监控预警平台，建立完善上海法院大监督数字平台。推广类案评查场景模块，盘活内部数据资源，打破外部数据壁垒，运用大数据筛查、比对、碰撞，结合立审执和监督评查工作实际需要，科学建模、及时评估、建设推广一批好用管用的类案监督评查场景应用，开展专项评查，辅助生成案件质量存疑线索清单，为人工评查提供智能辅助。

（二）建设审判管理大数据分析系统，实现动态精准管理

汇集各类办案数据，搭建开放式多维数据查询统计平台，实现案件数据实时跟踪、逐级分解、全景展示，形成用数据说话、用数据决策、用数据管理、用数据创新的精细化审判管理新格局。开发质效指标多层级管理模块，在系统中构建多角色、多层级质效指标管理服务，为不同管理层次、不同办案角色，提供差异化的、有针对性的指标数据管理和可视化展示方案，为权责优化调整和人案动态配比管理提供数据参考依据。打造审判运行态势全过程管理模块，构建案件办理时间轴，全面覆盖立审执各环节案件要素，强化对案件节点的实时管控，统筹兼顾法律事实要素整合、证据链衔接、裁判偏离度分析等功能，拓展自动化、静默化、实时化监督管理和预警功能，实现案件全流程可视化管理。研发“四类案件”监管模块，强化重点案件监督管理，对“四类案件”“关联案件”“长期未结案”等重大敏感案件，加强风险预警和重点管理，切实落实院庭长监督管理职责。

（三）形成全方位监督体系，防范廉政风险

贯彻落实“大监督”理念，将法院“案、人、物”等信息与大数据分析技术深度融合，根据法院实际业务构建廉政风险防控模型，及时发现和预警可能存在的廉政风险，促进监管透明化，避免案件受不当干预。院庭长在“数助监督”平台中行使审判监督管理职责的时间、内容、处理结果等行权过程，可被全程记录并形成监督日志，做到监管可查询、可追溯、可倒查，实现全面留痕。利用类案中的监管数据设置偏离度阈值，智能预警监测审判过程和结果偏离态势，实现精细化管理，对各个监管流程中的异常案件进行及时通知提醒，有效预防廉政风险。

第二节 “数助监督”的逻辑架构

一、以智能化导向实现监督系统跨越

按照大数据应用的技术逻辑，数字化监督管理主要分为四个环节：加强数据解构→业务规则提炼→监督模型搭建→模型结果输出。数字化技术的应用打破传统工作模式的时空限制，并通过集体智慧的凝聚实现从“个案”到“类案”再到“系统”监督跨越，实现了一地突破、全域共享。

（一）加强数据解构，夯实模型训练基础

模型建构的基础是数据解构，将非结构化数据进行解构，转化为结构化数据。如对裁判文书的解构，应按照“篇章→语句→字词”逐级进行分割。进行数据解构后，通过设置关键词或智能语义解析，对裁判文书、起诉状、答辩状等非结构化数据的关键要素进行抽取，形成案件要素信息表，将非结构化的法律文本篇章数据转化为可比较、分析、计算的结构化数据，依托自动标注技术，形成标注数据样本，供机器进行模型训练和学习。[①] 同时，要素抽取的范围不能局限于裁判文书，裁判文书是整个审判过程的集中反映，其规范性不仅体现在文书本身，也涉及案件整体的卷宗材料，应以整个电子卷宗为基础，依据信息点和关联关系抽取相应要素。

（二）提炼业务规则，反哺监督规则

数字化审判监督的实现还需要将分解的要素，以一定的逻辑关系、运算方式再重新整合。审判监督主体通过对办案易错点及风险的发现方法进行规则提炼。经提炼后形成的审判监督业务规则，在与技术部门协作配合后，可以将其转化为办案系统中实时预警纠偏的指导性规则。因此，不同于过往以监督主体的个人智慧作为判断依据，数字引领下的审判监督变革，促使法官角色从“个体监督者”拓展为“监督规则发掘者”。数字化审判监督不仅能够对错案进行追溯纠正，更实现了对于审判监督经验的前置预警应用，促进对司法办案错误的全流程防范与纠正。数字化审判

---

① 参见贾宇:《数字法院建设路径研究》，载《数字法治》2024年第3期。

监督代表了一种全新的法院管理模式，鼓励全体法官参与，共同梳理、完善并动态更新裁判规则。

（三）创建数字模型库，实现全程滚动式监管

监督类应用场景模型是案件监督的核心技术要素。所谓应用场景模型，是指通过技术语言，将待监督案件的业务规则转化为技术规则，通过对该类型案件法律文书、流程节点等数据进行筛查、比对、碰撞等模型运算后，筛选出符合或者不符合规则的案件，作为存疑案件，向监督管理者及承办法官发送提示预警。监督场景的业务规则是一线法官对办案实践中多发的程序及实体问题进行总结梳理后提出的规则，并以此为基础建立数字模型，经对全市法院的历史案件数据进行核验，根据存疑线索核验精准度，进而调整优化数据模型，经场景专班会同业务部门确认后确定模型规则，运行无误后方予以推广，并吸纳入模型库。数字模型能够常态化、不停歇地对案件质量效率进行滚动式评查，从而实现全方位、全流程、全周期、系统性监督。

（四）依托算法模型，实现监管风险提示

数字化审判监督管理系统通过设定明确的监管指标、阈值以及反馈机制，在监管主体与审判权行使主体之间建立起一个互动与制衡的平台，遵循事先设定的规则与程序，确保审判行为、监管行为的合法性与合理性。

1. 实现基于办案行为的风险提示

通过算法设计、机器学习、大数据分析，构建出的监控模型，能够精准识别法官操作中的异常行为模式，比如延期发送、超期未决、不当解除等。当监测到这类异常时，系统立即触发预警，不限于简单的警示通知，而且采取分级预警策略，针对不同

程度的风险采取不同级别的响应措施，包括但不限于即时消息提醒、系统拦截操作以及自动上报给上级管理主体。这种即时反馈机制有效防止了违规行为的进一步发展，法官异常操作甚至不当行使权力的现象将有效减少，确保司法公正与效率。在收到系统提出的预警或拦截指令时，法官需审慎地回应，包括仔细审查系统提示的原因、必要时提交申诉材料以解锁操作限制，或者按照指引补充遗漏的信息进而重新进行质量检查。

2. 实现基于案件特征的风险提示

通过对类案常发易发风险、错误的学习，数字化审判监督管理系统根据案件类型、当事人特征、证据材料、以往相似案例的裁判结果等多元化信息，进行综合评估，预测每一步操作可能面临的特定风险。例如，系统在检测到一个涉及土地征用补偿的案件时，会根据历史数据判断此类案件往往容易引发群体性事件。系统会提示法官在审理过程中特别注意当事人的情绪和诉求，以及可能产生的社会影响，并进行风险等级划分，从而确定风险管理的优先级并为法官提供建议。更重要的是，这一智能监管系统能够随时间累积和新数据输入不断自我学习与优化，调整风险评估模型，以适应法律更新、社会变迁和司法实践的新趋势。它不局限于预设规则的机械执行，而是根据实际运行效果，灵活调整监管策略，确保监管既不过度干预法官的独立判断，又能有效控制风险，提高审判质效。

3. 实现基于反馈交互的良性监管

数字化审判监督管理超越了传统模式的局限性，它不仅仅依据法条和审判时间线进行机械式的监管，而是通过深度学习、数据分析等先进技术，构建出的一套动态、智能的风险评估体系。

这一体系的核心在于能够从海量的审判数据中挖掘出隐含的模式和关联，通过对历史案件的深入分析，识别出可能导致审理延误、错误裁判或违背司法公正的关键因素。法官在接到监管提示后，须对提示内容进行反馈，并采取相应的预防或纠正措施。而所有的交互过程，包括法官的操作记录、系统预警、法官反馈及处理结果，均被完整记录并保存，形成不可篡改的电子档案。这意味着重要的异常情况及处理情况，都能被直接处理案件的法官和管理主体所见，确保所有异常动态被暴露在管理主体面前，管理主体可以对自主发现的异常进行回溯，并对系统推送的异常情况予以处理，既让管理有抓手，也让管理被管理，实现从静态到动态、从单向到交互的管理跨越。

二、以数字评查实现监督效能升级

随着案件数量的激增，传统的人工监督评查模式已难以发挥应有的作用，必须站在全新的历史方位，向现代科技寻求新动力，推动案件监督管理的数字化转型变革，有效提升监督的广度和精准度，发挥便捷性、灵敏度的作用，助力案件质量提升。

（一）评查范围：由部分、重点案件扩展至全部案件

传统的案件评查方法受限于资源、时间和技术条件，难以做到对所有已结案件进行全面审查。这一局限性不仅体现在数量上的覆盖不全，还深刻影响了评查的深度与广度。由于传统的评查只针对部分或重点案件进行评查，评查结果往往只能反映部分被抽查案件的情况，使得一些系统性或普遍性的问题难以被及时发现和纠正，难以准确、全面地反映整个司法体系或某一法院的案

件办理质量，从而影响对法院案件办理公正性和效率性的准确评估。在案件选取机制上，尽管采取了多种方式以期增加评查的广泛性和代表性，例如审判监督部门的随机抽样、业务部门的自主推荐案件以及重点评查发回重审、改判及长期未结案件等特殊类型案件，但依然无法从根本上解决覆盖面不足的问题。

数字技术的应用，特别是大数据分析、云计算能力、区块链的不可篡改特性以及人工智能的深度学习能力，为案件质量评查带来了前所未有的新机遇。在这一技术支持下，依托强大的算力，对各种案件数据进行存储、加工、运算、传输，为不同类型案件设置通用或专项的评查规则，实现对海量案件数据进行比对、碰撞与分析，使得每一起案件都有机会接受客观、公正的评价。数字技术不仅解决了传统评查工作中人力资源有限、覆盖面不足的问题，更推动了评查工作的智能化、精细化转型，提升了案件质量评查的全面性、高效性和准确性。

（二）评查方式：由人工评查升级至系统评查

传统的人工评查方式受限于评查主体的主观性，不同评查人员在评价尺度、标准和方法上有所差异，且可能出于人情等种种原因疏于评查，使案件质量评查工作有时流于形式，无法起到真正的效用。[①] 由于缺乏统一的问题判定标准和一致的行为模式，传统的人工评查方式制约了评查结果的科学性和公正性，阻碍了评查效能的充分发挥。

数字评查是一种新型的案件质量监管方式，它利用数字技术

① 参见马昆：《检察机关案件质量智能化评查的路径研究——以江苏省昆山市人民检察院为实践样本》，载《中国检察官》2023年第21期。

对司法案件进行全方位的质量检查和评定。其监管方式不仅覆盖从立案到执行的各个环节，而且通过智能化手段，还提高了评查的效率和准确性。其核心在于对案件数据的深度挖掘和智能分析，自动发现案件中的潜在问题并进行实时预警。数字评查在运行时，不受人为因素干扰，确保了对每一起案件评判尺度、标准与规则统一，在相同的评判框架下接受评估，实现了对所有案件的无差别、无遗漏全面审查，这是对传统评查模式的重大超越。

（三）评查路径：由单一评查模式转向“人机结合”评查模式

由于缺乏理论和制度层面的顶层设计，传统案件质量评查模式在落实司法责任、提升法官责任意识方面的预期效果未能充分体现。在评查程序上，仅包括审查、判断和审定的环节，缺乏调查、评议、复核机制。同时，缺乏对案件评查的整体性、全阶段的监督留痕。在评查效果上，尽管能够详尽审查案件材料，但受限于繁复的纸质文档管理和人力资源投入，效率较低，难以实现实时监控和精确统计，且易受人为因素影响，如评查标准不一、主观偏见或人际因素干扰，导致评查效果打折，无法充分发挥其应有功能。

数字初筛就像给案件做一次快速的“体检”，利用人工智能的高效能力找出问题，再由专业人员进行深入的“诊断”，两者结合，既快速又可靠。这种“人机结合”的工作模式，将人的作用或人的认知模型引入人工智能系统，形成“混合增强智能”的形态，以此建立一套完整的“人机结合”智能化评查体系。“自动评查”和“辅助评查”这种模式既发挥了自动评查在处理常规、标准化案件上的高效，又能通过辅助评查深化对复杂、特殊案例的审视，为评查人员减负，让他们专注于实质性的监管工作，以此推动案件质量评查进入更高效、更公正的新阶段。

三、以数字赋能实现监管全程覆盖

人民法院进入数字化建设新阶段，通过内部数据治理、外部数据打通，实现审判数据信息资源的汇集、存储、实时管理，从而使监督管理覆盖审判执行的全过程。

（一）审判全流程追溯

司法裁判具有普遍的示范性和指导性，公正的裁判既要关注裁判结果，也要注重裁判过程，强化过程管理。数据赋能为审判监督管理向审判活动的各环节延伸带来可能，利用数字技术优化办案流程，通过事前、事中、事后的全流程防控和程序性约束，实现对全过程、各环节的管控，可以有效延展审判监督管理的广度，助力提升审判质效。全流程网上办案机制为审判监督管理打下了基础，使得管理者能对司法流程的每一个细微之处进行精准追溯、效能评估和法律评查，从而确保审判监督管理具备明确的导向性和可操作性。数字监管在很大程度上直接同步融入办案流程，直接嵌入现有的办案系统中。数字法院利用数据同步、智能提醒和精准推送等技术，在法官处理案件的过程中悄无声息地进行监督和指导，减少了法官对人为干预的感知，使监管过程更加自然。数字法院克服了传统监管中的信息流通不畅的难题，能够及时发现并干预案件延期、程序空转等问题，将所有案件的超期情况、审理进度以及审判流程的每一个关键环节纳入监管视野。借助科技赋能，及时采取有效措施预防和解决潜在的案件风险，增强了审判监督管理的预见性与控制力。

（二）案件全节点监控

数字法院下的审判监督管理，可避免因流程控制节点设置缺失或错位而导致的监管盲区。它不仅可依托数字化审判流程管理系统，对开庭时间、结案时间等关键节点进行监控，还可以通过与外部信息交互，将评估、鉴定等事项纳入节点监控。具体而言，在各个审判流程中设置多个监控节点和时限，并向审判人员发出预警提示，要求其在规定的时间内予以处理，从而实现各节点、各环节周期的压缩，提高效率，并最终提升案件整体质效。借助数字技术，通过实施从案件受理到审结的全链条、各阶段的事前预防、事中控制和事后监督，以及严格遵循程序规范的全方位管理，审判活动的每一个步骤都被纳入精密的监管体系之中，显著拓宽了审判监督管理的覆盖面。这种基于数字技术的流程再造，通过增强裁判过程的标准化与一致性，不仅有效提升了司法工作的效率与质量，还显著增强了当事人对裁判合法性和合理性的内心信服。简而言之，正是这种对裁判过程的精细把控与优化，借助科技手段实现了司法透明与公正的双重提升，进而提高了公众对于司法裁判结果的接纳度与满意度。

第三节 “数助监督”的主要功能

一、以应用场景建设推动系统防错

建立审判监督管理应用场景是推进司法案件监管从“事后监督”向“事前监督”转变，从“个案纠错”向“系统防错”转变的重要举措。[①] 通过建立审判监督管理应用场景，系统智能监控案件流程中的审判行为，一旦检测到任何异常动态，如程序不规范、存在办案错误、违规操作、文书瑕疵等，系统将立即启动实时纠错机制，准确监督识别违规行为。法官需要对系统进行回应，核对提示内容、申诉解锁拦截、补充完善再质检，实现数字化全流程监督管理。从功能上分，审判监督管理应用场景类主要包括以下类型：

（一）纠正办案程序不规范

规范诉讼程序是实现程序正义的应有之义。在大数据时代，诉讼的一切程序事项都在数字化形态中全程留痕，排查程序瑕疵不需要再依靠传统的“评查→通报”方式，而通过数字化手段一键查找。无论是违反公开宣判、公告送达、合议庭组成、普通程序转换等诉讼程序规定，还是违反自愿调解、未及时退诉讼费、未及时解除执行“黑名单”的程序规定，均可通过构建相应的应用场景迅速筛查、提示、纠正、追责。随着立案、审判、执行等程序和送达、保全、质证、移送等环节的易发失范情形预先嵌入办案系统，诉讼程序规范水平必将迎来质的飞跃。办案程序类应用场景重点监督以下问题。

1. 监督公告送达中存在的问题

针对特殊主体错误适用公告送达、公告送达期限等可能存在的程序瑕疵问题，研发“涉刑事在押人员公告送达提示预警”“涉外、港澳台公告送达期限提示预警”等应用场景，规范

① 参见贾宇：《论数字法院》，载《法学研究》2024 年第 4 期。

相关公告程序。“涉刑事在押人员公告送达提示预警”应用场景针对的是民商事案件送达中的特殊情形。实践中，因被告正处于刑事羁押或先行羁押期间，法官不知情而错误选择公告送达，往往导致未能有效送达并缺席审判，造成程序瑕疵。为有效维护当事人的诉讼权益和程序正义，“涉刑事在押人员公告送达提示预警”应用场景将公告送达程序与涉刑事在押人员名单进行自动比对关联，提醒法官可能存在不适用公告送达的情形，避免引发二审改发或者再审发回，同时也可以将模型用于案件评查，及时纠错。在上海市嘉定区人民法院审理的一起股东损害公司债权人利益责任纠纷案中，被告多达 14 人，在穷尽送达方式后，承办人依原告申请拟对未送达被告进行公告送达。在输入公告前，系统弹窗提示承办人，该案可能存在对刑事在押人员错误适用公告送达的情形，并告知了承办人关联刑事案件案号。承办人遂在“案件详情”项下 14 名被告的“全市案件”中搜索该刑事案号，并经与刑事案件承办法官和上海市监狱管理局联系，核实确认了其中部分被告正在监狱服刑，最终通过其所在监所转交应诉材料，有效避免了瑕疵公告，同时也保障了在押人员的答辩、举证、质证等民事诉讼权利。“涉外、港澳台公告送达期限提示预警”应用场景针对的是容易被忽略的涉外、港澳台公告送达期限的特殊性问题。2023 年修正的《民事诉讼法》将涉外、港澳台公告送达期限从“三个月”调整为“六十日”。实践中发现存在两种常见错误：第一种是忽视涉外公告期限的特殊性，误将涉外公告期限与普通公告期限混同，减损了涉外、涉港澳台当事人答辩、举证、上诉等权利；第二种是 2023 年修正的《民事诉讼法》实施后，将涉外、港澳台公告期间误写为旧法规定的“三个月”的情形，以致产生程序瑕疵。针对这两种情形，“涉外、港澳台公告送达期限提示预警”应用场景通过系统自动筛查比对，准确抓取涉外、港澳台公告送达期限不当的情形，在提示纠正错误的同时建议按照2023年修正的《民事诉讼法》规定修正为“六十日”，规范涉外、涉港澳台公告送达操作。在上海市黄浦区人民法院审理的一起共有继承纠纷案件中，有3人居住于香港。该院于2023年12月进行首次公告送达，此时公告期限为三个月；后于2024年6月申请进行第二次公告送达时收到系统推送，提示该公告可能存在公告送达期限不当的情形。经核实，书记员及时修正了公告期限，重新申请刊登公告，避免了程序错误。

2. 监督涉诉讼主体及辩护人的常见问题

针对实践中出现的涉及诉讼主体及其辩护人的相关程序瑕疵，研发了“一审诉讼中企业注销后的诉讼程序提示预警”“刑事案件律师辩护全覆盖提示预警”“破产衍生诉讼主体规范列示提示预警”“立案后当事人满18周岁提示预警”应用场景，规范诉讼程序，维护当事人合法权益。例如，一审诉讼过程中，作为一方当事人的企业被注销登记的，应以该企业法人的股东、发起人或者出资人为当事人继续诉讼。审判实践中存在认为企业注销可能导致主体不适格、不明确而驳回原告起诉的做法，往往增加当事人诉累，应当予以提示纠正。“一审诉讼中企业注销后的诉讼程序提示预警”应用场景将此类案件列为监管对象，在裁判文书定稿时触发预警，建议法官将“驳回原告起诉”的裁定修改为确定权利义务承受人后继续审理。又如，在审判实践中，常遇到当事人立案时尚未成年，案件审理过程中成为成年人的情形，须特别告知该当事人本人到庭或另行委托诉讼代理人参加诉讼。如法院忽略未成年人已成年的事实，可能产生当事人委托手续缺失的诉讼程序错误。“立案后当事人满 18 周岁提示预警”应用场景通过对当事人年龄数据的自动监测，及时提示承办法官纠正此种错误，防止案件被发回或再审，有效维护案件当事人的诉讼权益。再如，为落实刑事案件律师辩护全覆盖制度，系统通过“刑事案件律师辩护全覆盖提示预警”自动监测发现辩护律师缺失的案件，提示法官及时予以纠正，确保刑事辩护全覆盖制度落实到位。

3. 监督开庭方式中存在的错误

根据法律有关规定，涉及特殊情形的案件不应公开开庭审理。针对法定不公开审理刑事案件中，存在部分书记员排庭操作失误或部分法官文书表述误写的情形，上海法院研发了“法定不公开审理刑事案件的开庭方式及文书撰写提示预警”应用场景，对法定不公开审理的刑事案件中开庭方式及文书表述不规范的相关情形进行筛查，及时纠正错误审理方式，落实法律要求。浦东新区法院审理的一起介绍卖淫案件中，承办法官在开庭排期保存后收到推送，提示该案可能存在不公开审理刑事案件的法定情形，建议在排庭时选择不公开审理本案。承办法官发现该案被告人审判时不满十八周岁且案情涉及个人隐私，属于不公开审理范畴，及时将公开审理更正为不公开审理。

4. 监督执行程序中存在的问题

针对执行程序中的常见问题，研发“执行依据被撤销、破产受理后未解除失信措施提示预警”“扫黑除恶追赃挽损未移送执行提示预警”等应用场景，规范相关执行程序。例如，在被执行人履行完毕义务或者符合其他法定条件的情况下，根据最高人民法院相关司法解释要求，应在规定时间内及时解除对被执行人发布的限制高消费令、解除被执行人纳入失信名单。在执行实践中，部分案件由于各种原因未能及时解除对被执行人采取的限高令、纳入失信名单措施，给被执行人的生产生活带来了不利影响。针对这种情形，上海法院研发了“执行依据被撤销、破产受理后未解除失信措施提示预警”应用场景，通过数据比对和筛查，自动排摸出应当解除而未及时解除限高令、失信措施的案件，在全市法院进行系统整改，并将该应用场景嵌入系统，从源头上解决了这一痼疾。又如，在审理黑恶势力及“套路贷”等刑事案件过程中发现，存在部分黑恶势力及“套路贷”等刑事案件财产部分未移送执行的情况。通过“扫黑除恶追赃挽损未移送执行提示预警”应用场景，系统对三年扫黑除恶专项斗争中财产性判项移送执行的存量问题进行系统梳理、有效督促，对扫黑除恶工作常态化后的及时移送执行进行预警，提示承办法官对黑恶势力及“套路贷”等刑事案件进行黑财清底、追赃挽损，抓紧移送执行。静安区法院办理的一起涉及黑恶势力及“套路贷”的诈骗罪案件，判决生效后，一审的承办法官未及时获知案件生效情况，收到应用场景“该案涉黑恶势力及‘套路贷’，请于十日内移送执行”的提示后，承办法官立即核查，发现该案的上诉案件已于一个月前裁定驳回上诉，维持原判，于是立即将案件移送执行，对罚金及违法所得进行追缴。该应用场景提醒承办法官及时移送涉黑涉恶案件财产性判项，进一步加大了“打财断血”力度，挽回被害人经济损失，有利于彻底铲除黑恶势力犯罪的经济土壤。

（二）纠正预防诉讼“程序空转”

最高人民法院党组书记、院长张军强调：老百姓到法院是为了解决问题的，绝不是来“走程序的”。[①]“程序空转”主要是指法院诉讼程序在回应起诉人的实体诉求、实现公平正义方面的“无效果”或“低效率”，[②]主要表现是偏重于对案件进行形式审查或程序处理，相对忽视案件争议的实质化解，导致当事人就同一争议提起诉讼、上诉、申诉等多个诉讼程序，衍生为多个案件仍难以平息矛盾纠纷。“程序空转”不仅增加了当事人诉累，耗费了司法资源，还损害了司法公信力。然而，由于其形成原因较为复杂，精准识别较为困难，在传统的监督方式下治理效果有限。为了应对这一挑战，在数字法院建设过程中，上海法院研发了一系列针对“程序空转”的监督类应用场景，对此类案件进行精准识别和系统性纠正。这些应用场景主要包括以下几类。

1. 纠正重复诉讼导致的程序空转

针对司法实践中出现的同一案件当事人重复起诉、多次申请再审，不同当事人重复申请确认同一仲裁协议效力，法院反复移送立案等问题，上海法院研发了“申请再审案件程序空转甄别预警”“离婚案件程序空转甄别预警”“不同当事人申请确认同一仲裁协议效力案件程序空转”等应用场景，解决审判实践中的案件多次移送管辖、离婚案件无故反复驳回等问题，加强对各类程序性事项的全流程监督管控，从源头避免“程序空转”。例如，针对生效民事判决有异议的当事人同时向包括生效法院在内的两级

① 参见白龙飞：《最高法召开党组扩大会议传达学习习近平总书记在全国两会期间系列重要讲话精神和全国两会精神 张军强调 抓实抓好公正与效率 为大局服务为人民司法》，载《人民法院报》2023年3月17日，第1版。

② 参见黄先雄：《行政诉讼“程序空转”现象的多维审视》，载《法治研究》2023年第1期。

甚至三级法院提出再审申请，各法院因为信息不对称重复受理同一再审申请的情况，研发“申请再审案件程序空转甄别预警”应用场景，对此类情况予以系统筛查纠正，并嵌入立案系统，对重复的再审申请予以识别预警。又如，针对离婚案件中可能存在审判人员怠于调查夫妻共同财产而判决不离婚或通过移送、裁定驳回等方式导致“应离不离”的情况，研发了“离婚案件程序空转甄别预警”应用场景，系统筛选重复起诉的离婚案件，精准定位多次受理的离婚纠纷，通过分案时提醒、结案时预警等方式，着力推进离婚纠纷实质解决，避免出现久拖不决、程序空转的情况。上海市浦东区人民法院一审、上海市一中院二审审理的俞某与汤某离婚系列纠纷案件中，当事人首次起诉后撤诉，第二次起诉后法院判决不离婚。第三次起诉至一审法院时，经过场景预警，一审法官认真梳理案情，多次前往当事人家中调查，最终判决离婚。现双方当事人已达成谅解，友好分割财产后，开始了各自的新生活。

2. 纠正立案不规范导致的程序空转

针对管辖移送立案不规范、劳动仲裁执行案件立案不规范、涉破产的其他纠纷立案不规范导致的程序空转，研发“管辖移送立案程序空转甄别预警”“劳动仲裁执行案件规范立案提示预警”“破产申请受理后其他法院受理债务人民商事案件提示预警”等应用场景，系统性地纠正此类问题。例如，针对实践中存在管辖移送立案不规范的情况，即审理法院在将不属于其管辖的案件移送至其他法院后，又受理同类案件并持续进行移送管辖的情况，研发了“管辖移送立案程序空转甄别预警”应用场景，对同类案件移送立案的司法数据比对，监督立案人员审慎核实所受理案件的管辖权情况。又如，实践中发现，一方当事人向法院申请执行劳动仲裁裁决，同时另一方因不服裁决向法院起诉，导致裁决书实际尚未生效，但法院已错误立案执行，甚至已采取执行措施，后续可能需要执行回转。针对这种情形，研发“劳动仲裁执行案件规范立案提示预警”应用场景，筛查相同当事人的劳动争议同时出现在诉讼程序和执行程序中的情况，及时予以提示纠正，避免错误执行。长宁区法院受理的一起执行案件中，承办法官保存《执行通知书》后收到推送提示，立即核查后发现被执行人不服仲裁裁决提起诉讼，案件已进入诉调阶段，因此不能强制执行。于是对在办执行案件裁定驳回申请，避免了不当执行甚至执行回转。

3. 纠正滥用诉权导致的程序空转

实践中存在同一当事人大量反复提交政府信息公开申请进而进入复议诉讼的现象，其中不乏当事人滥用政府信息公开申请权、挤占有限行政与司法资源的情况。“政府信息公开申请权滥用甄别预警”应用场景依托近 5 年审判系统内政府信息公开诉讼的审判信息数据，提炼出收案数和裁驳比两个判断是否构成滥用诉权的具体标准，从而对疑似滥用的权利人进行特征识别并标注，为行政审判法官准确认定甄别提供数据参考。例如，上海铁路运输法院在审理一起政府信息公开纠纷案件中，承办法官在案件分案时收到提示预警，故在系统中检索本案当事人的关联案件并跟进了具体的处理情况，发现 10 年内该当事人在全市法院共有逾 200 件行政诉讼案件。从当事人历年提起政府信息公开诉讼的数量、周期、目的以及是否具有正当利益等角度综合分析，认定当事人存在疑似滥用政府信息公开申请权的情况。经对本案当事人行为及背景情况全面了解后，承办法官结合本案具体事实，审慎处理后认定当事人系重复申请，本质上属于信访诉求且不产生权利义务影响，故作出驳回其起诉的行政裁定。

4. 纠正关联案件单独审理导致的程序空转

针对司法实践中出现的刑民交叉、民商事案件保证责任关联判项缺失等问题，研发“经刑事退赔处理后再次提起信用卡纠纷提示预警”“民商事案件保证责任关联判项缺失提示预警”“劳动争议一裁终局案件两级法院立案规范提示预警”等应用场景，一并解决关联案件，预防程序空转。例如，在涉信用卡纠纷案件中，部分信用卡持卡人因信用卡透支被人民法院认定构成信用卡诈骗罪并承担了刑事退赔责任后，又因银行内部管理不严，使得部分已经刑事处理的案件又回流至民事诉讼程序，导致持卡人同时承担刑事退赔和民事清偿责任，既损害当事人的合法权益，又引发民事再审风险。针对该情况，上海法院研发“经刑事退赔处理后再次提起信用卡纠纷”应用场景，自动比对信用卡纠纷民事案件持卡人和已经经过刑事退赔处理的当事人信息，加强预警提示与监督管理，从源头上防范审判风险。又如，根据《民法典》规定，保证人承担保证责任后，除当事人另有约定外，有权在其承担保证责任的范围内向债务人追偿。在司法实践中，个别裁判文书仅判决保证人承担保证责任，而未判决保证人在承担保证责任后有权向债务人追偿，这导致保证人须另案向债务人主张权利，无端增加了当事人诉累。“民商事案件保证责任关联判项缺失提示预警”应用场景通过对保证责任关联判项缺失的裁判文书予以提示，监督防范此类程序空转现象。上海市杨浦区人民法院审理的一起其他合同纠纷案件，在裁判文书定稿后收到该类应用场景提示，承办法官核查裁判文书内容，发现确实遗漏有关判项，立即修正裁判文书发送给当事人，一揽子解决当事人矛盾，避免了衍生执行案件。

（三）监督防范诉讼程序超期问题

诉讼效率的高低直接关系到人民群众合法权益的实现。传统的诉讼效率监管方式主要侧重于宏观管理，对具体案件的超期监督力度不足。为解决这一问题，数字法院通过建立应用场景模型，自动分析和预警办案时限中的超期风险，并及时向具有相应管理职能的院庭长、审判管理部门等自动发送督促信息，助力减少案件拖延，保障当事人的合法权益。主要包括以下类型。

1. 监督防范超期送达

在司法实践中，由于案件积压、工作负荷重等因素，存在忽视送达时限及规范性要求的现象。上海法院通过研发“人身安全保护令裁定送达时间提示预警”“民商事判决宣判后文书送达时间规范”等系列应用场景，有效筛查并监督可能遗漏送达、超时送达的瑕疵案件。例如，人身安全保护令旨在通过多种措施保障受害人的人身健康和生命安全。最高人民法院会同全国妇联、教育部、公安部等七部门联合发布的《关于加强人身安全保护令制度贯彻实施的意见》规定：“人民法院在作出人身安全保护令后，应当在 24 小时内向当事人送达……”“人身安全保护令裁定送达时间提示预警”应用场景利用大数据筛查方式对上述时间节点进行督促与预警，防范延误遗漏现象。在上海市奉贤区人民法院审理的一起人身安全保护令申请案中，承办法官在 2024 年 3 月 11 日收到该应用场景预警提示，提示该案在作出人身安全保护令后

24 小时内向当事人送达。承办法官经提示后予以重点关注，及时联系当事人，在案件审理当天即出具人身安全保护令裁定书，并当天快递寄出，有力保障了当事人的人身安全。又如，《民事诉讼法》第 151 条第 2 款规定：“当庭宣判的，应当在十日内发送判决书；定期宣判的，宣判后立即发给判决书。”民事判决书的送达时间可能影响案件生效、当事人上诉等，如果遗漏送达、超时送达，会严重损害当事人诉讼权利。“民商事判决宣判后文书送达时间规范”应用场景精确识别个案的送达时间，不仅可全面筛查超期送达案件，而且对存在超期风险的案件进行提前预警，规范文书送达。

2. 监督防范超期审理

针对案件移送期限、超期裁定等可能存在的程序时限问题，上海法院研发了“裁定移送其他法院审理案件移送期限提示预警”“行政非诉审查案件超期裁定提示预警”“破产或强清案件及时指定管理人或清算组提示预警”等应用场景，规范相关程序期限。例如，在司法实践中，由于案件移送程序尚无明确办理期限的相关规定、移送流程无纸化程度不高、案件移送程序烦琐等原因，诉讼程序迟延等现象在一定程度上仍然存在。“裁定移送其他法院审理案件移送期限提示预警”应用场景对移送环节进行全面自查，纠正实际工作中裁定移送类案件的移送周期过长、移送期限随意、久拖不移的现象，及时提醒移出法院的承办法官关注案件移送情况，避免出现延误、遗漏等低级错误，促进审判流程规范运行，维护当事人的诉讼权利。又如，根据《行政强制法》第 57 条、第 69 条的规定，人民法院对行政机关强制执行的申请进行书面审查，对符合该法第 55 条规定，且行政决定具备法定执行效力的，除该法第58条规定的情形即人民法院作出是否执行的裁定的期限为30日外，人民法院应当自受理之日起7日内作出执行裁定。为了确保裁定的及时性，上海法院研发“行政非诉审查案件超期裁定提示预警”应用场景，通过数据筛查，查找人民法院是否存在未在规定时限内作出裁定的问题，并为后续案件提供超期风险的预警提示。再如，在破产或强清案件中，应当及时指定管理人或清算组。然而，在审判实践中由于摇号不及时，可能会影响后续案件的进展。“破产或强清案件及时指定管理人或清算组提示预警”应用场景旨在规范及时指定管理人或清算组，通过抓取案件存在或即将出现的立案后4天内未摇号情形，提醒法官及时摇号指定管理人或清算组。该应用场景不仅具备评查纠错的功能，还具备提示预警的作用，有效避免了未及时摇号指定管理人或清算组的情况发生。

3. 监督防范移送执行刑罚不及时

未羁押被告人被判处实刑的，应及时收监执行，对于符合暂予监外执行条件的罪犯，应当依法暂予监外执行。根据《刑事诉讼法》第264条第1款规定，罪犯被交付执行刑罚的时候，应当由交付执行的人民法院在判决生效后10日以内将有关的法律文书送达公安机关、监狱或者其他执行机关。在实践中，该项工作涉及公安、法院、看守所、监狱、司法局等多个机关，如果各机关之间衔接不畅，可能会导致效率低下、久判不执，这不仅会影响刑罚的有效执行，还会损害司法的权威性。为解决这一问题，上海法院研发了“未羁押被告人被判处实刑‘延迟收监’‘久判不执’提示预警”应用场景，通过刑事生效判决与关联刑事案件的数据比对，深入挖掘涉及未羁押被告人被判处实刑“延迟收监”“久判不执”的存疑线索，并及时提醒承办法官跟进罪犯的收监工作，以防范延迟收监执行的风险。以上海市长宁区人民法院审理的一起危险驾驶案件为例，被告人被判处实刑，但由于被告人需进行手术，未能在裁判文书生效后立即收监。承办法官在收到应用场景提示后，立即联系被告人了解其术后情况。在确认被告人已具备收监条件后，法官立即安排了收监执行的相关事宜，有效避免了执行遗漏的发生。

（四）监督纠正裁判文书瑕疵

裁判文书是法官的作品，文书质量是检验法院工作水平的重要标尺。即使是微小的文书瑕疵，也必须以更正裁定的方式予以纠正，涉及裁判文书主文的错误和案件主体信息表述错误等，则必须以再审等方式予以监督纠正。在审判实践中，文书核校是法官工作的重要内容，通常以法官自我审查和法官助理逐项核对交叉等方式进行，既耗费精力，又难免发生错漏。数字法院建设围绕审判实践中常见多发的诉讼主体错列、裁判文书法条引用错误、用语表述不规范等问题，建立预防裁判文书瑕疵的应用场景，对上传的裁判文书进行自动抓取监测并及时预警，系统地处理文书常见易错问题，促使文书瑕疵问题逐步消减。

1. 规范裁判文书首部

为了解决审判实践中出现的当事人及其委托代理人信息遗漏、顺序排列错误、审判组织组成不规范等问题，上海法院研发了“民商事裁判文书中委托诉讼代理人排列顺序规范提示预警”“刑事判决累犯刑罚执行完毕日期规范表述提示预警”“暂予监外执行案件审判组织组成规范提示预警”等应用场景，对裁判文书首部予以规范提示。例如，《人民法院民事裁判文书制作规范》规定:“当事人委托近亲属或者本单位工作人员担任委托诉讼代理人的，应当列在第一位，委托外单位的人员或者律师等担任委托诉讼代理人的列在第二位。”然而，在实践中，民商事裁判文书中委托诉讼代理人排列顺序不规范的现象较为常见。“民商事裁判文书中委托诉讼代理人排列顺序规范提示预警”应用场景通过自动排查，全面发现民商事裁判文书中委托诉讼代理人排列顺序不规范的存疑案件，并及时予以纠正。这一应用场景嵌入系统后，此类表述不规范现象得以彻底解决。又如，《最高人民法院办公厅关于实施〈法院刑事诉讼文书样式〉若干问题的解答》明确规定，对涉及累犯的情形，应当在首部被告人的基本情况中写明其原判刑罚的情况和刑满释放的日期。但在司法实务中，存在被告人被认定为累犯，而在判决书首部被告人的基本情况中未写明刑满释放日期的情况。“刑事判决累犯刑罚执行完毕日期规范表述提示预警”应用场景通过对当事人是否存在累犯情况进行自动识别，准确抓取文书遗漏原刑罚执行情况、刑满释放日期的情形，及时提醒案件承办法官进行纠正。

2. 规范法律条文引用

为解决裁判文书中法律条文引用不规范、法律条文引用错误等问题，研发“共同犯罪法律条文规范引用提示预警”“涉港澳台民商事裁判文书准据法适用、法条援引规范表述提示预警”等应用场景，规范法律条文的引用。例如，在近年来审理的部分刑事案件中，裁判文书在认定共同犯罪时，存在对《刑法》相关条文引用不规范的情况。为此，“共同犯罪法律条文规范引用提示预警”应用场景通过分析裁判文书数据，对认定共同犯罪的相关数据进行比对，发现遗漏引用共同犯罪法律条文或者引用共同犯罪法律条文表述错误的裁判文书质量瑕疵线索。在上海市浦东新区人民法院审理的一起诈骗罪案件中，承办法官在裁判文书定稿时，收到系统的推送信息，提示该案可能存在遗漏援引共同犯罪及主犯相关法条的情况。承办法官高度重视，立即对文书进行了核查和修改。又如，承办法官在处理涉港澳台商事海事纠纷时，不仅应当依照《涉外民事关系法律适用法》《最高人民法院关于适用〈中华人民共和国涉外民事关系法律适用法〉若干问题的解释（一）》等法律、司法解释的规定，分析认定应适用的准据法，而且应区分涉港澳、涉台案件，准确表述并援引相应的法律和司法解释。“涉港澳台民商事裁判文书准据法适用、法条援引规范表述提示预警”应用场景通过构建审理中涉港澳台民商事、海事案件准据法适用、法条援引一体化筛查模型，筛查文书表述欠缺及不规范信息。

3. 规范判决主文表述

为解决裁判主文中的规范表述问题，研发“涉不动产最高额抵押案件裁判主文规范表述提示预警”“迟延履行责任告知条款规范表述提示预警”“融资租赁案件租赁物价值认定适法统一”“财产保全裁定生效与复议条款规范表述提示预警”“民商事裁判文书主文利率标准表述提示预警”等一系列应用场景，规范裁判主文的表述。例如，在融资类金融纠纷案件中，不少融资人以不动产设置最高额抵押担保的增信措施，获取融资款项，而不动产的实际价值往往高于设定的最高额抵押债权。若裁判文书中缺少对最高额范围的限制，可能导致债权人在执行阶段实现债权时获取高于最高限额的不当利益。“涉不动产最高额抵押案件裁判主文规范表述提示预警”应用场景通过对相关案件进行筛查，并提示法官在裁判文书中准确限制最高额抵押担保的范围，以防止债权人在执行阶段获取超出最高限额的不当利益，保护当事人合法权益。又如，迟延履行责任条款是对债务人按照履行期限履行债务的约束条款，能够督促债务人积极履行债务，同时以强制性规定保护债权人取得债权，法官应按照规范要求制作裁判文书，对于判决给付金钱义务的应对迟延履行责任明确告知。“迟延履行责任告知条款规范表述提示预警”应用场景通过文书排查，对全市法院判决主文中包含给付金钱义务的案件进行数据筛查，发现文书未规范列明迟延履行支付条款的情形，经嵌入智能文书系统实现关口前移，避免判决给付金钱义务文书中遗漏迟延履行支付条款或告知不规范情形，有效保障债权人利益。又如，根据《最高人民法院关于审理融资租赁合同纠纷案件适用法律问题的解释》第 11 条的规定，损失赔偿范围为承租人全部未付租金及其他费用与收回租赁物价值的差额。法院判决承租人向融资租赁公司应付款项中，理应扣减收回租赁物价值，故应当在审理中对租赁物价值作出认定。但实践中发现有部分案件未予以处理，而是判令在执行中拍卖、变卖租赁物或评估租赁物价值。相较于租赁物收回时点，执行阶段租赁物价值或有变更，且多数情况下会大幅贬损，不仅导致租赁物价值认定不准确，还严重影响到承租人的合法权益。“融资租赁案件租赁物价值认定适法统一”应用场景通过对全市法院融资租赁合同纠纷案件进行梳理，对可能存在租赁物处置不规范导致价值认定存在偏差的案件进行提示预警。再如，针对审判实践中部分文书对“贷款市场报价利率”的表述遗漏“一年期”或“五年期”的限定，存在利率标准表述不明确的问题，研发“民商事裁判文书主文利率标准表述提示预警”应用场景，规范民商事案件裁判主文利率标准表述，精准提示承办法官易错疏漏点，有效推动裁判文书制作的规范性和统一性，避免因此引发二审改发和执行争议。

4. 规范文书生效方式

针对司法实践中出现的民商事调解案件及撤销缓刑、假释案件生效方式表述不规范的问题，研发“民商事调解案件生效方式规范提示预警”和“撤销缓刑、假释案件生效方式规范提示预警”应用场景，及时发现并提示相关案件生效方式的不规范表述，促使法官根据提示对存在的问题进行核实和修正，起到规范作用。例如，《民事诉讼法》第 100 条、第 101 条分别规定了调解案件的两种生效方式为“签收生效”和“签字生效”。如果在调解笔录和调解书中出现表述不一情形，不仅会造成案件生效时间的模糊，更可能出现因一方当事人反悔而导致案件无法生效的僵局。“民商事调解案件生效方式规范提示预警”应用场景旨在及时发现此类不规范情形，并提示法官进行修正。在上海市奉贤区人民法院审理的一起确认劳动关系、劳动合同纠纷案件中，庭审中双方当事人在法院主持下达成调解，并确认“本调解协议自双方在调解协议上签名后即具有法律效力”，但在调解书中误载为“本调解协议经各方当事人签收后即具有法律效力”，经本场景提示，法官发现此笔误，便立即出具更正裁定，补正为“本调解协议经各方当事人在笔录上签名或者盖章，本院予以确认后即具有法律效力”。该应用场景及时提示承办法官纠正笔误，对调解案件的生效方式起到提示规范作用。又如，《最高人民法院关于适用〈中华人民共和国刑事诉讼法〉的解释》第 545 条规定，人民法院应当在收到社区矫正机构的撤销缓刑、假释建议书后三十日以内作出裁定，且裁定一经作出，立即生效。然而，部分案件承办法官受《法院刑事诉讼文书样式》之《刑事裁定书（撤销缓刑用）》中“本裁定送达后即发生法律效力”的表述影响，错误记载生效方式。“撤销缓刑、假释案件生效方式规范提示预警”应用场景通过建立业务规则筛查比对，对撤销缓刑、假释案件在裁定书错载生效方式的情形进行准确提示，并建议按照司法解释条文规定，修正为“一经作出，立即生效”。在上海市浦东新区人民法院审理的一起由广西壮族自治区某司法局以罪犯廖某有违反法律规定的行为为由建议撤销缓刑的刑罚变更案件中，合议庭在作出撤销缓刑并收监的裁定书中，对生效方式错误表述为“本裁定送达后即发生法律效力”。合议庭在收到应用场景提示后，发现该问题，立即作出更正裁定，将其更正为“本裁定作出后即发生法律效力”。该应用场景及其《撤销缓刑、假释案件生效方式规范提示预警应用场景办案指引》共同规范了此类文书统一正确的生效方式表述。

5. 规范上诉事项

针对审判实践中适用小额诉讼程序案件存在的错误给予上诉权、未出具转换程序裁定书，一审知识产权案件错误选择上诉法院等情形，研发“小额诉讼案件一审终审文书规范提示预警”“一审知识产权案件上诉法院名称规范表述提示预警”应用场景，对上诉事宜不规范情形加强监督提示。例如，根据《民事诉讼法》《最高人民法院关于适用〈中华人民共和国民事诉讼法〉的解释》的相关规定，适用小额诉讼程序审理的案件，实行一审终审。然而，在审判实践中，适用小额诉讼程序的案件，存在裁判文书中错误给予上诉权、转换为其他程序但未出具裁定书等情形。“小额诉讼案件一审终审文书规范提示预警”应用场景通过比对判决书和裁定书内容，对是否错误给予当事人上诉权进行预警提示，使得法官纠正错误表述。在上海市虹口区人民法院审理的一起融资租赁合同纠纷案件中，承办法官在结案时收到了系统的推送，提示该案“适用小额诉讼程序，但可能存在裁判文书中给予当事人上诉权”的情形。承办法官立即核实，发现裁判文书确实存在提示问题，及时依法出具民事裁定书予以补正。又如，针对一审知识产权案件上诉法院选择错误的问题，研发“一审知识产权案件上诉法院名称规范表述提示预警”应用场景，规范上诉法院的选择问题。上海市徐汇区人民法院在运用该应用场景对2024年上半年已结案件进行评查时，发现一起委托创作合同纠纷案件中，因该院无管辖权，承办法官遂作出不予受理裁定，该裁定书记载的上诉法院为“上海市第一中级人民法院”，实际上该案上诉法院应为“上海知识产权法院”。发现问题后，该院审监庭立即告知承办法官，督促其及时出具了更正裁定，保护了当事人的上诉权利。

（五）监督预警司法廉政风险

司法是维护社会公平正义的最后一道防线，廉政风险的存在可能导致司法裁判的偏颇和不公。通过构建应用场景，对案件的实体和程序信息进行碰撞分析，可以从中发现可能影响司法公正的廉政风险点，从而确保每一个司法案件都能得到公正的处理，维护司法公正和公民的合法权益。

一是聚焦缓刑适用率异常的辩护人，并对其进行预警监测。在刑事案件中，对判处三年以下有期徒刑或拘役的被告人是否适用缓刑，历来是被告人及其家属高度关注的问题。实践中发现，个别代理人所代理案件的缓刑适用率远远高于正常水平，蕴含着重大廉政风险。针对这一问题，上海法院研发了“刑事案件中辩护人行使辩护权风险防控与类案监督”应用场景，通过对被告人适用缓刑、辩护人、法院等关键信息进行筛选、比对，将缓刑适用率异常的代理人名单纳入监测范围，一旦再出现其代理的案件并拟判缓刑的，系统即自动向院庭长推送警示信息，提示其进行重点审核。

二是聚焦附长租约拍卖规避执行行为，并对此行为进行预警提示。在执行程序中，如果拟处置的房产上设置长达 5 年、10 年等的长租约，将显著削弱执行拍卖意向买受人的参拍动力，影响财产的处置价格。实践中发现，有些被执行人和案外人通过恶意设置长租约，不经执行异议程序确认租约便进行拍卖，以此阻碍执行或逃避执行。“附长租约拍卖规避执行甄别预警”应用场景通过关联分析后台案件数据，对可能存在上述执行风险的案件进行预警提示，以规范执行程序。例如，在上海市金山区人民法院审理的一起借款合同纠纷执行案件中，法官裁定拍卖、变卖被执行人名下一套房产并予以公告，在审理中承办法官收到场景提示，提醒该案存在附带租约拍卖且未经执行异议程序的情况。承办法官立即开展核查，发现被执行人与案外人张某签订了为期 10 年的房屋租赁合同，张某主张其合法租赁了案涉房产，请求附带租赁予以拍卖。承办法官及时告知案外人张某应向法院提出执行异议，后经审查，法院裁定张某异议请求成立。该场景不仅及时引导了承租人通过正当程序维护其承租权益，也有效预防了被执行人利用附长租约拍卖规避执行的行为。

二、流程监管的数字化转型升级

正义有时意味着效率，[①] 大多数情况下迟来的正义是被拒绝的正义。[②] 数字法院通过加强对案件审执过程中每个环节的精细监控、管理创新、全面监督和实时追踪，不断拓展审判流程管理平台及其相关应用程序的功能，有效提升了审判流程管理的科学性和规范化水平，全面提升审判效率，确保司法正义不迟到。

（一）科学设置审判流程管理节点

审判流程管理将案件处理细分至多个连续步骤，并在每个阶段设定明确的监控点和时间限制，旨在通过缩短每个阶段的处理时间来加速整个流程，从而提高案件处理的效率与质量。科学合理的流程节点设置是实现流程管理目标的基础，数字法院通过机器自动采集案件信息，全面准确地记录办案行为，并加以分析，精减合并不适应司法规律、无管理必要的流程节点，为法官办理案件提供足够的自主空间，避免管理过于机械。同时，遵循节点设置的开放性、共时性和个性化，在节点设定时，可根据实际对部分节点予以创新。[③]

（二）完善立审执过程节点管控

在核心审判流程管理中，遵循诉讼法及司法解释的规定，在

---

① ［美］理查德·波斯纳：《法律的经济分析》（第7版），蒋兆康译，法律出版社2012年版，第36页。

② 傅郁林、［荷］兰姆寇·凡瑞主编：《中欧民事审判管理比价研究》，法律出版社2015年版，第9页。

③ 参见李江蓉：《智能管控审判流程节点的实践与探索》，载《人民司法》2022年第13期。

立案、移案、送达、排庭、开庭、评议、文书制作及结案等关键时间点设定合理的预期时间框架，并将其编入审判流程管理系统之中。引入分级警示机制，直观反映督促案件处理时效状态；构建法定事由的真实性和与电子案件卷宗材料的一致性的验证机制，通过数字化管理手段，确保如实实施在线提交与审批流程，杜绝通过书面方式事后补填或倒签程序转换、审限延长申请及裁判文书签发记录等行为，避免隐性超审限问题。

（三）强化结案智能规范标准

在时限监管上，严抓民商事案件最后一次开庭至结案天数，对案件排期、评议、制发文书、结案的时限链条予以明确，以促进审判效率的进一步提升。在文书撰写上，裁判文书智能辅助系统可以自动关联案件基本信息及附录法条，并对文书格式、结构、专有名词、地名表述、错别字等进行智能纠错，实现动态监督留痕。在案件报结上，实现文书定稿签发盖章后自动报结，以系统自动抓取为主填报结案信息，办案人员主要负责校验核对工作。在归档上，以全流程的电子卷宗覆盖为基础，执行电子卷宗质量控制与归档流程综合管理，经对电子卷宗进行数字智能分类、消除冗余的整理后，再交办案人员审查认证后归档，确保信息的精确性、资料收集的完备性，以及法庭录音录像资料的高保真度。在案件生效后，建立民商事案件裁判生效信息即时推送机制，在结案同时填入生效日期并同步推送给当事人。

（四）推进流程管理平台优化整合

数字法院建设对原有流程管理平台进行优化整合，提升整体效能。首先，打通管理平台数据。一方面将法院立审执案件信息与电了卷宗关联，另 ·方面将法院间移送案件信息与电子卷宗关联，最高人民法院、高级人民法院、中级人民法院可于管理平台查看辖区内案件基础信息和归档卷宗，实现节点透明。其次，优化管理平台操作。统一不同地区、层级间法院所使用的节点名称、指标口径，解决审判管理数据来源多元和录入不同步问题，实现由系统自动抓取数据、自动录入系统等功能，确保审判管理数据的自动获取，分类统一。[①] 再次，分级赋权管理平台。根据审判委员会、审判管理部门、庭室负责人、团队负责人和承办法官的职责划分监管提示范围，通过系统全链条留痕，如实记录管理冲突与监管缺失，确保过程透明、责任明确。最后，动态延伸管理平台。在保持各级法院流程管理口径统一性的前提下，允许各法院结合本院实际情况，对重点节点、办理流程督促时限、提示对象范围等予以个性化设置，并保留各院所需特定管理事项的子模块端口。

三、质效管理的数字化转型升级

2023 年 12 月，最高人民法院印发《最高人民法院关于在全国法院正式施行人民法院审判质量管理指标体系的通知》，对审判质量管理指标体系进行了优化调整，强调“质量优先、兼顾效率、重视效果”的理念。借助数字化手段将人民法院审判质量管理指标体系落实到具体办案中，推动质效管理的数字化转型升级，这不仅是全面加强审判管理工作的重要抓手，也是“数助监

---

① 参见李晓倩:《信息公开与审判流程管理的转型升级》，载《法律适用》2018 年第 17 期。

督”场景建设关注的重点。

（一）进一步落实指标管理的应用性

目前，各级法院已基本实现指标数据分解至案、至人，并以案、人的指标均值为基础管理依据和标准。在数字法院背景下，指标管理强调从简单的因果关系分析拓展至更为复杂的相关关系分析。这种转变意味着我们不仅要关注单一指标的变化及其直接影响，更要深入地探索不同指标之间的相互作用和影响，以及它们如何共同促进司法效率和质量的整体提升。在最新版的《人民法院审判质量管理指标体系》中，不仅保留上诉率、审限内结案率、民事裁判申请执行率等直接反映审判质量、效率、效果的评估指标，还引入了更多综合性更强的指标，其中最为突出的是“案件比”这一指标，集中反映了法院实质性解决纠纷、推动案结事了的成效。随着数字法院建设的推进，大数据技术的应用和发展进入了一个新的阶段，其不再仅仅侧重于因果推理和审判态势，而是更加注重数据的实时性、准确性和预测性，从中提取有价值的信息，通过使用高级分析工具，实现对数据的自动化分析，识别出复杂的相关性，帮助发现不同变量之间的联系，并预测未来可能发生的情况。

（二）进一步转向全链条指标管理

指标管理是确保法院审判及执行工作高质量发展的关键，涵盖了从案件受理、审判、执行全过程，形成了一个环环相扣的完整链条。传统的法院指标管理倾向于采用科研思维方式的精确推理，通过验证、演绎来获得结果，但受限于获取数据的能力，往往只能事后发现数据指标中存在的问题，用于回溯评估的效果始终优于未来指引的效果。在数字化时代，司法数据收集和分析能力大幅提升，可以通过对类案数据的关联、分析，第一时间识别案件的易错点，实现风险的及时预防和有效处置。数字法院下的全流程指标分析可以在立审执各个环节实现动态调整，特别是在人员适配、案件分流上，以精准预测的方式化解案多人少的矛盾，为系统内实现跨地域、跨层级的人员流动奠定基础。

四、审级监督的数字化转型升级

数字赋能审级监督的核心在于通过精准识别案件基础信息中涉审级问题的相关要素，并将存疑案件及时向承办法官及受理法院发出审级风险预警。

（一）运用数字手段完善审级管辖机制

在立案阶段，利用数字技术及时识别应当“下交”和“上提”的案件，并对其进行标注。案件提级管辖应当遵循以下原则[①]：第一，根据当事人和所涉争议评估案件本身具有的社会影响力，这是由案件本身客观要素决定的。第二，对法律适用这一要素进行评价，这是由法院的职能决定的。第三，若涉及法律适用统一问题，则要判断是否系群体性的批量案件，利用数字化手段筛选出较为典型或疑难复杂的案件并进行会商，报请上级法院提级管辖，进而明确审理思路，打造示范判决，实现“审理一案，治理一片”的效果。对司法实践中可能存在的审级管辖错误

① 参见刘伟：《审级制度下民事案件提级审理标准的路径研究——以提高审级效能和参与社会治理互构共生为视角》，载《〈法治实务〉集刊》2024年第1卷。

问题，可以通过研发相应的数字应用场景予以系统性解决。例如，上海法院建立的“行政案件错误管辖提示预警”“劳动争议一裁终局案件两级法院立案规范提示预警”等应用场景，已经有效解决了相关领域的管辖问题。

（二）借助数字化手段完善审判监督法律适用机制

针对审判监督程序法律适用问题，应建立再审案件专项应用场景，核查申请再审主体、生效裁判认定、再审审查和审理范围、再审启动和改判尺度的法律要件，精准识别不符合条件的申请再审案件，做到及时提醒。借助数字化平台创新繁简分流机制，总结并推广部分法院已经建立的申请再审案件“简案快审、繁案精审”的分流机制，助力提高审判质效。① 同时，对审判监督程序中发现的共性法律问题进行系统梳理，总结常见易错风险点，并构建数字模型跟踪分析关联案件及同类案件的办理情况，对具有类似要素的案件进行及时预警提示。

五、重点案件监管的数字化转型升级

2015 年 9 月，最高人民法院在《最高人民法院关于完善人民法院司法责任制的若干意见》中首次明确，对特定类型案件，院庭长有权要求独任法官或者合议庭报告案件进展和评议结果。2020 年 7 月，最高人民法院在《最高人民法院关于深化司法责任

① 参见最高人民法院审判监督庭:《关于审级职能定位改革背景下民事审判监督机制创新问题的调研报告》，载《人民法院报》2023 年 8 月 21 日，第 4 版。

制综合配套改革的实施意见》中要求各级法院结合审级职能定位和审判工作实际，细化“四类案件”范围，探索“四类案件”智能化监管。2021年11月，《最高人民法院关于进一步完善“四类案件”监督管理工作机制的指导意见》对“四类案件”范围进行了微调，细化了对“四类案件”的界定，明确了主要监管方式，但要做到精准识别“四类案件”仍然存在较大难度。2023年，最高人民法院部署实施案件阅核制度，推动全面准确落实司法责任制。有效落实最高人民法院关于加强重点案件监管的要求，应当充分运用数字化手段，解决好监管什么、如何监管的问题。

（一）以数字方法分级管理“四类案件”

加强对“四类案件”的监督管理，首先要做到有效识别、分级处理。“四类案件”的识别机制融合了办案平台的智能识别与相关主体的主动识别，根据案件的具体情况及复杂程度，将案件分为高等级、中等级和低等级三个级别，作为“四类案件”参考库的纳入标准。各级法院可以根据本院实际情况动态调整管理参考库的内容，以更好地服务于社会稳定和发展大局。在监管措施的精准适配上，细化监管正面和负面清单，为每类案件定制监管方案指引，并预设于平台，赋予监管措施拦截、跟踪、预警等功能，为院庭长行使监管权提供参考。优化动态监管，建立智能“防火墙”预警拦截机制，平台通过采取拦截进程、说明理由、报请审批、跟踪预警等措施，实现对“四类案件”的精准监管。在程序监管方面，院庭长可根据案件特点灵活运用监管手段，实施一项或多项监管措施。若承办团队未能遵照院庭长指导，院庭长可依据程序决定权，介入并调整审判流程，确保程序正当。在实体监管方面，需严格遵循程序规范。院庭长的所有监管行为均需在办案平台上记录，并辅助生成电子文档，归档至案件电子卷宗中。院庭长不可要求审判组织更改实体处理结果，仅可要求复议并在符合条件时提交专业法官会议或审判委员会讨论。

（二）以数字方法建立智慧阅核系统

院庭长阅核制是在推进审判管理高质量发展、全面准确落实司法责任制的重要举措，旨在通过推行阅核制，切实提高院庭长监管职责，强化对审判权运行的监督制约，全面提升审判质效。上海法院在数字法院建设过程中，探索建立了智慧阅核系统。其一，通过场景建模解决质量问题，以实质阅核应对形式化风险。基于过往案例质量差错的分析，创建了专门的应用场景，既在案件处理各阶段给予法官警示，又在文书最终定稿阶段对院庭领导进行风险提醒，协助其识别并纠正实质性问题，从而提升案件质量。其二，通过分级提示突出重点问题，以特别标注应对侵蚀裁判权风险。在阅核流程中，对院庭领导的提示采用了色彩区分法：已根据前期预警修正的标记为绿色，收到反馈但未作调整的为黄色，既无改动也无反馈的则标红，帮助院庭领导精准锁定案件质量管理中的核心议题。其三，审慎介入干预正常审判行为，以回溯留痕应对滥用阅核权风险。通过智慧阅核建设，上线运行阅核案件管理系统，并与审判系统有机融合，采取线上阅核审签留痕的方式，在审判系统中增加阅核快捷登记、分层级设置阅核权限、院庭长在线阅核等功能，确保监管交流透明且全程留痕，既维护了阅核制度的正当运行边界，又发挥了其作为责任监督关键节点的功能。

第四节　“数助监督”的发展方向

以数字化赋能审判监督管理，已经被证明是提升监督效能和审判质效的有效手段和正确方向。展望未来，随着数字化技术的不断进步，审判监督管理类应用场景将朝着更为系统化、智能化和精准化的方向不断迈进。

一、提升“数助监督”系统化水平

（一）从个案纠错小场景拓展至复杂大场景

数字法院建设是一项没有先例可循的开创性工作，需要从开发个案纠错模型开始，先行先试、不断试错，随着经验积累及场景聚合，不断向更复杂的场景升级。目前，上海法院正在积极推进同类型小场景整合为大场景，并嵌入系统，推动“小切口”场景“串联合并”为“系统性”大场景，以充分发挥小场景集聚后的叠加效能。这不仅是未来数字法院建设的重要内容，也是数字法院能否实现高质量发展的关键。

未来，“数助监督”类复杂场景将朝着全面、系统、综合的目标不断迈进。通过建立复杂监督大场景，可以对案件中出现的同类型差错、瑕疵进行全面排查，使审判监督管理更加体系化。在全流程监管方面，通过构建案件办理时间轴，全面覆盖立审执各环节涉及的案件要素，强化对案件节点的实时管控，统筹事实要素、证据要素、裁判结果分析等功能，实现案件全流程的可视化管理。有机集成小模型的大场景，既包含综合性的全域数据，又包含个案数据，既可以实现对重点案件、重要环节的静态评查，也可以实现滚动式常态化评查。复杂大场景以其自动、精细、智能的优势和特点，能够自动分析审判执行的案件态势，动态发现审判实践中的突出问题，为重大决策和举措提供智力支持；实时监测办案数据，对异常波动情况进行预警提示，对长期未结案件、多发案件、超期案件等进行全面监督管理。

（二）从分散式监管到一体化监管的转型

传统的多类型平台各自为政的格局已经无法满足新时期审判监督管理的需要。在数字时代，监督管理正在经历从分散独立向集成协同的深刻转型。通过数字技术，我们可以集成各平台既有数据与功能，通过深度整合与智能分析，打造统一的监督管理平台，构建配套完善、衔接到位的监督管理体系，提高司法决策的效率及智能化水平。一个行之有效的数字法院审判监督管理大平台，需要集成数据、算法、算力、模型等要素，形成以数据计算分析、审判信息集成运用为核心，遍布审判工作全流程的综合智能化系统，实现从个案审判到类案监督的体系化变革。

全流程、数字化转型后的平台首先是数据平台，审判以及监督管理过程中形成的数据都汇集于此，便于实现“一站式”数据检索与运用；其次是功能平台，是行使审判监督管理职能的监督管理平台；再次是模型平台，数据碰撞、运算与建立模型均在该平台完成，可实现对审判工作全方位、全流程辅助。最终，通过体系化集成联动，形成以数据为基础、以平台为支撑，将算法、算力运用到审判及审判监督管理各流程节点的大审判监督管理格局。

二、增强“数助监督”智能化效果

（一）深化监督数据的管理与研判

“数助监督”功能的释放，依赖于对监管数据的深度管理和深度研判。数据标注的数字化、智能化是提升“数助监督”智能化水平的基础。数据标注是对原生性司法数据进行分类、梳理、统计，标识数据的属性和特征，以便数字应用场景利用标注的数据进行深度分析，在“数助监督”中具有基础性、战略性的重要意义。目前，司法数据标注还需要专业人员进行操作，且具有较高的保密性要求，尽管对简单的司法数据如时间、金额、名称等可以通过应用场景智能识别和标注，但是对复杂司法数据如“四类案件”的标准目前还无法实现自动标注，需要人工判断。这就要求司法人员在立案、审理以及裁判中录入更全面的数据要素，为后续的数据标注设置检索关键词提供便利。鉴于监督数据是在诉讼活动的不同环节、不同平台、不同阶段生成，建立一个流动互通的数据中台显得尤为重要。同时，动态采集和整合不同来源、不同构成的数据，并对综合数据进行处理、加工、分析，对后续深度监督管理至关重要。

审判监督数据是监督管理的基础，可以全面、客观、真实反映法官工作情况和审判工作态势。目前，各类数据效能还有待进一步提升，对监督数据分析研判深度需要加强，与新时代“数助监督”的长远目标还有一定差距。未来，应遵循审判规律、审判管理规律，从多维度分析提取监管模型输出的数据，提高问题分析的深度和精度；加强不同部门之间的沟通协作，提升数据的统一性和匹配度；善于借助“智库”“外脑”，邀请第三方参与案件质量评查等工作，运用专业的咨询意见解决专业难题。[①]

（二）构建人机交互驱动的监督模式

自数字技术兴起以来，技术与监督的关系处理一直是一个重要议题。“要想让算法更好地服务于人类，我们必须承认算法不是全能的”[②]，为避免审判监督管理对数字技术的路径依赖，需要在“数助监督”的过程中有意识地构建人机交互驱动的监督模式。首先，要坚持监督管理者的主导地位。在监督过程中，坚持人的决策主体地位，确保大数据、人工智能、区块链等数字技术作为人的辅助工具。审判监督者拥有大数据所不具备的“隐形价值”，如生活常识、内部习惯、社会经验等，在系统设计上应融入人文主义理念，将人类的心理、道德、情感等独特能力嵌入监管系统中。[③] 此外，审判管理者与法官同属法律共同体，共同接受法学教育和法律实践，对法律的理解和价值判断方面更为一致，这是数字技术无法替代的。其次，要加强数字系统与监管主体、监管对象的互动。算法解释对非专业人员而言可能难以理解，监管者或系统运营者应对监管理念、规则进行说明解释，而非对算法运行的内在逻辑进行解释。在监管的核心规则上，审判监督应用场景的建立应由法律专家参与审核，以确保其模型设计符合法律共同体的预期。

---

① 参见李郁军:《多维入手提升数据分析研判的针对性时效性》，载微信公众号“数字检察”，2024 年 5 月 10 日发布。

② ［美］凯西·奥尼尔:《算法霸权——数学杀伤性武器的威胁》，马青玲译，中信出版集团 2018 年版，第 243 页。

③ 参见张凌寒:《智慧司法中技术依赖的隐忧及应对》，载《法制与社会发展》2022 年第 4 期。

第四章 “数助便民”的建设与应用

方便当事人和人民群众诉讼既是人民法院工作的组成部分，又是提升司法公信力的重要方面。数字法院建设的一个重要方面是利用数字化技术对诉讼服务进行全方位的赋能和升级，实现从被动式服务向主动式服务转变，不断优化服务流程和服务质量，为人民群众提供更加优质、高效、精准、便民的诉讼服务，确保人民群众在诉讼过程中真正感受到公平正义的力量和司法服务的关怀。

第一节 “数助便民”总体概述

一、“数助便民”的建设背景

（一）诉讼便民服务实践探索

近年来，为满足人民群众日益增长的司法需求，上海法院先后建立了“诉讼服务中心”“12368 诉讼服务平台”“律师服务平台”等诉讼服务场所与系统，不断拓宽司法为民渠道。[①]

---

① 参见茆荣华主编:《全流程网上办案体系的探索与实践》，人民法院出版社 2022 年版，第 98 ~ 105 页；上海市高级人民法院:《以“三张名片”让群众诉讼便捷化 上海法院信息化建设——服务群众诉讼篇》，载微信公众号“上海高院”，2016 年 11 月 10 日发布。

1. 诉讼服务中心

近年来，为改善群众诉讼体验，提高诉讼服务水平，上海法院完成了诉讼服务大厅标准化建设，统一名称标识、基础设施和服务标准规范，所有诉讼服务场所统一使用“上海市 ×× 人民法院诉讼服务中心”名称和标识，并建立了立案窗口全程录音录像系统、诉讼服务窗口评价系统，开发了网上电子法庭，配备了诉讼服务自助机，提供庭审以外的全部诉讼和非诉讼服务。

2019 年以来，上海法院通过拓宽立体化诉讼服务渠道、拓展全方位诉讼服务功能、建设专业化调解平台等措施，推动诉讼服务制度机制更加规范完善，服务内容更加多元智能，在服务形式上更加人性化、便利化，形成了“线上一网通办、线下一站通办”的诉讼服务新格局。其中，上海市高级人民法院率先研发应用“上海法院一站式多元解纷平台”，对外与多家人民调解组织以及经贸、银行、证券等行业调解组织互联互通，对内与全国“人民法院调解平台”、审判执行系统全面贯通，为当事人提供在线申请调解、委派委托调解、司法确认、起诉立案、电子送达、智能问答等多项服务，实现案件全业务、全流程在线办理和矛盾纠纷线上“一网通调、一网解纷”。同时，持续拓宽诉讼服务渠道，建设诉讼服务“智慧舱”，依托人工智能、人脸识别、人证比对等新兴技术，为群众提供便利安全的自助式诉讼服务和“24小时不打烊”的诉讼服务。

2. 12368 诉讼服务平台

为解决群众反映突出的联系法官难、案件查询难、诉讼咨询难等问题，上海市高级人民法院通过整合 12368 短信平台、在线诉讼服务平台、当事人远程查阅电子诉讼档案服务平台等多个平台，建成上海法院12368诉讼服务平台，成为全国首个省级规格的集诉讼热线服务、网络在线服务、短信与微信服务、窗口现场服务等多元服务于一体的法院综合性诉讼便民服务平台。12368诉讼服务平台同时提供12368热线、12368短信、12368微信、网站、窗口接待等多种服务方式，具备联系法官、案件查询、诉讼咨询等在内的8项基本功能。

在此基础上，上海市高级人民法院实施“人工智能+诉讼服务”行动，将人工智能植入12368诉讼服务平台，开通了全国第一个12368诉讼服务智能平台。升级后的智能平台通过运用语音识别、自然语言理解、语音合成和图像识别、深度学习等人工智能新技术，自动识别来电人语音内容，并由系统自动在“上海法院诉讼服务知识库”进行检索对比，并将检索到的解答内容通过语音播报或发送短信的形式回复来电人，全天24小时为热线来电人提供案件查询、诉讼咨询、法院信息查询、联系法官、意见建议5项人工智能服务，为群众诉讼提供便利。目前，该平台已建设成为具有联系法官、诉讼咨询、案件查询、意见建议、网上立案、投诉举报、回访疏导、网上办理等功能，提供人工和智能两大类服务的综合性诉讼服务平台。

3. 律师服务平台

上海全市三级法院开通律师互联网服务平台，即上海法院律师服务平台，成为全国首家上线律师服务平台，为律师提供网上立案、网上办理、网上沟通、网上辅助等诉讼服务。该平台持续拓展服务功能，形成网上立案、网上申请再审、网上办理、网上沟通、网上辅助5大类26项服务功能。在此基础上，该平台进一步将服务对象拓展为基层法律服务工作者，上海全市基层法律服务工作者可通过法律工作者一卡通，在电脑端和手机端进行网上立案、联系法官、递交材料，与律师一样平等享受平台提供的各项诉讼服务。通过进一步升级改造，全国各个省级律协的全部律师均可以使用该平台的5大类（网上立案、网上申请再审、网上办理、网上沟通、网上辅助）26项服务功能。

（二）传统诉讼便民服务的局限性与迭代升级

诉讼便民服务一直以来都是司法体系中贴近民生、服务群众的重要一环，有效降低了民众参与诉讼的门槛，提升了司法效率，让公平正义更加可触可感。然而，随着时代的发展，传统的诉讼便民服务模式在满足群众多元化、个性化的司法需求方面，逐渐显露出一定的局限性。在传统模式下，人民法院在提供服务时，往往采用“被动式”服务模式，即等待当事人主动提出需求或问题后再进行响应。在该服务模式下，人民法院提供的服务内容往往局限于案件审理、法律咨询等方面，缺乏更广泛、更深入的服务内容，主动了解、预测和满足当事人需求的能力存在局限性。同时，由于缺乏有效的反馈机制，人民法院难以了解公众对服务的评价和意见，故不能及时对服务中存在的问题进行改进。

在传统的法院诉讼服务中，人民法院提供的服务流程和信息往往是标准化的，无论当事人的法律知识水平、经济条件、语言能力如何，所获得的服务和支持基本一致，个体差异化的需要无法精准满足。由于缺乏精细的需求分析，诉讼服务资源可能被均匀分配，而不是根据实际需求的紧迫性和重要性进行优化配置，致使真正急需帮助的当事人得不到足够支持。同时，在传统的法院诉讼服务中为当事人提供的便利措施通常限于部分环节，未能形成一个完整、连贯的服务链路。例如一些便利服务集中于立案阶段，对于案件跟踪、执行阶段的支持有所缺失，导致当事人在不同环节间需要适应不同的服务模式或自行摸索下一步行动。人民法院内部部门之间、法院与外部单位之间的信息共享机制缺失，增加了当事人获取必要信息的成本和难度，有时需要重复提交相同的材料或信息，降低了诉讼便民服务的连续性和用户体验。

为了进一步适应时代发展，更好地满足人民群众的司法需求，法院在诉讼便民服务方面必须进一步拓展升级，让人民群众在每一项司法活动中都能感受到公平正义和温暖关怀。

二、“数助便民”的内涵

“数助便民”是指人民法院通过建设各类便民应用场景，运用数字技术赋能升级诉讼服务，推动诉讼全流程留痕、精准推送、智能预测，让诉讼流程更加可知、诉讼服务更加可感、诉讼结果更加可期，不断满足人民群众日益多元化的司法需求。

利用数字化技术对诉讼服务进行赋能系实现“数助便民”的手段与途径，重点是将先进的信息技术、大数据、人工智能等现代科技手段引入诉讼服务的各个环节，通过建设数字化平台，搭建覆盖审判执行各个领域的场景模型，对诉讼服务进行全方位的赋能和升级，为诉讼服务注入新的活力与动力，使其更加高效、精准和便捷。这能够极大地提高诉讼服务的效率和质量，使人民群众在享受诉讼服务时能够感受到科技带来的便捷和高效。

以人民群众需求为中心是“数助便民”理念的核心与目

标。对于“数助便民”中的“便民”二字，不仅要理解其表面含义——即提供诉讼服务的便捷性，更要深挖其背后的深层含义。“便民”更多地体现了一种以人为本、以人民群众体验为中心的服务理念。在诉讼服务中，人民群众的需求是多元化和个性化的。人民法院诉讼服务要始终坚持以人民群众的需求为导向，关注人民群众的诉讼体验和感受，不断优化诉讼服务流程和服务方式，确保人民群众能够享受到更加优质的诉讼服务。

全面引导、开放共享和智能精准是“数助便民”的特点。全面引导意味着人民法院要运用数字技术手段，为人民群众提供诉讼引导，帮助其更好地维护自己的合法权益。开放共享则意味着要打破信息壁垒，实现诉讼服务信息的共享和互通，提高诉讼服务的透明度和公信力。智能精准则意味着人民法院要利用数字技术的优势，实现诉讼服务的智能化和精准化，为人民群众提供定制化、主动式的服务。总之，“数助便民”这一概念深植于诉讼服务领域的数字化转型之中，不仅仅是对诉讼流程的一种技术革新，更是对服务理念的全面升华。

对于便利人民群众的理念，虽然在不同领域和机构中有着共同的目标——即通过技术手段提升服务效率、增强人民群众的满意度，但人民法院的“数助便民”理念与其他机构的便民理念也有一定差异。人民法院的便民服务对象具有特殊性，主要面向诉讼当事人、律师等群体。同时，诉讼便民服务往往涉及复杂的法律程序和专业知识，对数字化服务的专业性、准确性、安全性要求更高，特别强调通过技术手段增强司法审判的透明度，以保障公众的知识权和监督权。

三、"数助便民"的目标定位

（一）坚持人民至上的目标

在数字化赋能诉讼服务便民的过程中，坚守人民至上的理念是核心目标定位。这一定位不仅体现了国家治理体系和治理能力现代化的要求，也彰显了我国法治建设的根本宗旨。习近平总书记强调，"要把体现人民利益、反映人民愿望、维护人民权益、增进人民福祉落实到全面依法治国各领域全过程"，"努力让人民群众在每一个司法案件中感受到公平正义"[①]。司法机关承担着大量司法服务职能，必须始终坚持人民至上，将人民群众的利益放在首位，努力提供普惠均等、便捷高效、智能精准的公共服务。在数字法院建设的过程中，各级法院都要积极践行人民至上理念，始终坚持以人民为中心的宗旨，一切为了人民，一切依靠人民，不断探索和创新便民诉讼服务方式，以更加便捷、高效、优质的服务满足人民群众对美好生活的向往和追求。

（二）智能高效便捷的目标

"数助便民"旨在通过数字化手段，优化诉讼服务流程，提升诉讼服务的质量和效率。如何让诉讼主体更便利有效地接近司法正义，涉及包括程序繁简的设置及运用、诉讼程序专业化水准的提升、法院与当事人之间诉讼成本及风险的分配等多方面因素。人民法院在涉及法院与当事人诉讼成本及风险的分配中起到主导地位，信息技术的恰当运用以及对诉讼能力较弱者提供必

① 习近平:《坚定不移走中国特色社会主义法治道路 为全面建设社会主义现代化国家提供有力法治保障》，载《求是》2021 年第 5 期。

要的诉讼辅助等，系人民法院低成本、便利化解决纠纷能力的体现。[①] “数助便民”的最大优势在于打破了时间和空间的局限。传统的诉讼服务往往受到法院工作时间和地理位置的限制，而“数助便民”则实现了全天候、全链条的在线服务，让民众随时都能享受到优质的法律服务。此外，数字平台还能实现跨地区、跨国界的法律服务，使民众在不同地方都能享受到同等的法律保障。在“数助便民”的实践中，应当坚持问题导向、需求导向，针对诉讼服务工作的难点、堵点，建设智能化管理模块，借助数字场景建设，提高诉讼服务质效，切实提升群众满意度；建立在线诉讼服务平台，实现案件信息的数字化管理，使得诉讼服务流程更加透明、规范，确保服务质量的持续优化；整合形成全流程数字场景服务体系，打造全流程智能查询系统、全天候联络对接系统，打通数据壁垒，畅通便民渠道。

（三）提供精准服务的目标

“数助便民”致力于提供精准诉讼服务的目标，主要聚焦于利用数字化手段，针对人民群众的具体需求，提供定制化、主动式的诉讼服务。在立案、审理、执行等节点进行必要信息的自动推送，按需定制智能化信息推送服务，切实保障当事人的诉讼权利不受损害。提供精准诉讼服务的前提是深度理解人民群众的需求，包括通过大数据分析、人工智能等技术手段对当事人的诉讼需求、行为模式等进行深入挖掘分析，对当事人真正需要的诉讼信息进行推送或提醒。同时，通过评价反馈机制积极收集民众的

① 参见顾培东：《人民法院改革取向的审视与思考》，载《法学研究》2020 年第 1 期。

意见和建议，作为优化服务的重要参考，更好地满足民众的需求，提升人民群众对诉讼服务的满意度。

（四）保持创新发展的目标

“数助便民”以技术创新为驱动力，紧跟科技发展的步伐，将最新的数字技术应用于诉讼服务领域。在数字化转型时期，无论是人工智能、大数据、云计算还是区块链技术，人民法院都应当积极引入并整合到诉讼服务流程中，通过技术底座的不断升级和场景智能化的实现，推动诉讼服务的改进和发展。“数助便民”将创新发展作为长期目标，在司法便民的理念下，不断探索技术应用和服务模式，优化服务流程和服务质量，以满足人民群众的多元化需求，为人民群众带来更加便捷、高效、智能的诉讼服务体验。随着“数助便民”的深入发展，还需持续利用最新的技术为诉讼服务赋能，注重技术底座的建设和升级，并通过引进先进的硬件设备、优化软件平台、加强网络安全防护等措施，确保技术底座的稳定性和可靠性，实现更高质量的智能化场景成果。

第二节　“数助便民”的逻辑架构

一、“数助便民”的全面引导逻辑

“数助便民”的引导逻辑主要体现在利用数字化手段在诉讼前引导纠纷化解，在立案、审判、执行等过程中引导当事人便捷高效参与诉讼，在诉讼后引导当事人服判息诉。

（一）全面引导的理论基础

“数助便民”的引导逻辑旨在借助决策理论、激励理论、社会认知理论等行为学理论，有效地引导当事人选择合理的纠纷解决方式，提高纠纷解决效率和效果。在“数助便民”的实践中，通过提供全面、准确的信息，帮助当事人了解不同纠纷解决方式的优缺点、成本效益等，进行诉讼风险评估，或者通过运用智能化工具和技术手段如智能推荐、案例对比等，为当事人提供更加便捷、高效的决策支持，引导当事人正确选择纠纷解决方式，作出更合理的决策。例如，从内在激励角度来说，强调非诉纠纷解决方式对于维护社会和谐、保护自身权益的重要性，促使当事人更加积极地参与调解、仲裁等非诉讼解决方式；从外在激励角度来说，可以通过提供外部奖励或惩罚来影响当事人的决策，对于选择不合理解决方式或恶意诉讼的当事人，可以给予一定的规制、释明，引导当事人更加合理地选择纠纷解决方式。

（二）全面引导的诉讼服务路径

1. 诉讼前引导纠纷化解

做好矛盾纠纷多元化解是践行新时代“枫桥经验”的必然要求。“数助便民”的全面引导逻辑在诉前体现为引导纠纷化解，通过数字化的手段促进纠纷的预防和早期解决，从源头上降低社会成本、司法成本。具体方式上，主要通过大数据、人工智能等技术手段对历史案件数据进行深度挖掘，分析纠纷产生的根本原因、高频领域和地域分布，为制定有针对性的预防措施提供依据；基于数据分析结果，建立智能预警系统，对可能引发纠纷的因素进行实时监控和预警。同时，对纠纷的潜在风险进行评估，通过智能预测、类案推送、法条导读等方式，对纠纷的性质、复杂程度、可能涉及的利益方等因素进行快速评估，为当事人提供法律风险评估服务，减少盲目诉讼，节约当事人成本。除了传统的诉讼方式外，诉讼服务平台还可以提供多种非诉讼纠纷解决方式，如调解、仲裁、协商等。平台可以根据纠纷的特点和当事人的需求，推荐最适合的解决方式，并提供相应的解决流程和资源支持；结合数据分析结果，针对高频纠纷领域和重点人群，开展有针对性的法治宣传和教育活动，提高群众的法律意识和法律素养，减少矛盾纠纷的发生。通过以上措施，“数助便民”的全面引导逻辑将在促进纠纷的预防和早期解决，提高纠纷解决效率和社会满意度方面发挥重要作用。

2. 诉讼中提供便捷引导服务

诉讼引导服务的数字化转型是推动司法创新的重要表现。通过引入数字化技术，法院可以探索新的服务模式和服务渠道，提供更加多样化、个性化的服务，满足当事人日益增长的诉讼需求。诉讼全过程中的诉讼引导服务能够为当事人提供清晰的诉讼流程和指南，通过在线平台或移动应用，让当事人随时随地获取关于诉讼流程的详细信息、案件状态、法律文书的模板和填写指南等，缩短当事人了解诉讼程序的时间，减少因信息不对称而带来的困扰和延误。同时，线上服务还能有效降低诉讼成本，使当事人能够以更低的经济负担参与诉讼活动。

3. 诉讼后引导服判息诉

“数助便民”系统利用数字化手段在诉讼后引导当事人服判息诉，能够进一步阐释司法裁判，改变对裁判说理、结论的不当理解，提升当事人对司法裁判的认可度。其一，及时推送裁判结果。通过数字化平台即时、全面地向当事人推送案件进展、裁判文书等信息，确保各方当事人都能及时、准确地了解判决依据和结果，减少因信息不对称导致的误解和不满，为服判息诉打下良好基础。其二，研发智能法律咨询系统。结合人工智能技术，开发智能咨询系统，用通俗易懂的语言帮助当事人理解复杂的法律条文和司法逻辑，增强判决的可接受性，减少因对法律不了解而引发“案生案”现象。总之，数字化手段在诉讼后的应用重点在于促进当事人对判决的接受，实现案结事了。

（三）全面引导的适度原则

在探讨“数助便民”的全面引导逻辑时，对“度”的把握至关重要，既不应过度干预，又不应放任自流，而是要在尊重当事人意愿、保障司法公正的前提下，合理引导群众获取便捷、高效的司法服务。尊重当事人的意愿是前提。数字化手段虽然能够提供便捷、高效的司法服务，但并不意味着可以强制当事人选择某种纠纷解决方式或司法服务，而应当充分听取当事人的意见和需求，根据其实际情况和意愿提供合适的引导和建议，尊重其自主权和决定权。其次，必须始终坚守司法公正的原则。数字化手段虽然能够提高司法服务的便捷性和高效性，但绝不能以牺牲司法公正为代价。在引导纠纷化解及源头治理的过程中，要遵循法律程序和规定，确保当事人的合法权益得到充分保障。当事人选择拒绝系统引导适用的诉前调解程序的，应当依法及时立案审理；当事人不接受相关系统对裁判结果释明，坚持上诉、申诉的，应当提供便利。总而言之，在“数助便民”的实践中，既要充分发挥数字化手段的优势实施合理、适度的引导，又要确保司法服务的公正性和有效性。

二、“数助便民”的开放共享逻辑

（一）建立司法协同机制

推动数据的开放共享是方便群众诉讼的重要方面，也是“数助便民”的逻辑基础之一。“数助便民”的开放共享逻辑强调的不仅是数据的收集和存储，更重要的是建立司法协同机制，对数据进行碰撞和深度挖掘，有效利用和共享数据，为人民群众提供更高效便捷的诉讼服务。第一步是实施跨域合作与信息共享。“在司法服务提供机制方面，法院或政府承担供给与生产责任，社会机构在司法服务中也应占有一席之地，通过各提供主体的协同合作，联合提供司法服务。”① 通过与政府部门、企业、社会组织等各个主体进行数据互联共享，人民法院可以实现数据资源的互通有无、优势互补，既为案件的审理提供支持，又更加有力地推动司法服务的优化和创新。跨域互联共享不仅可以提高数据的使用效率，还可以促进不同部门之间的协作和配合，形成工作合力。第二步是实施不同数据的碰撞与整合。在司法协同模式下，获取来自不同渠道、不同来源的数据如法院的案件数据、群众的行为数据、社会舆情数据后，即可通过数字技术对来自不同单位的数据进行深度分析和整合，发现数据之间的关联性和规律性，揭示出隐藏在数据背后的深层次信息，为主动精准提供诉讼服务奠定基础。

（二）建立普惠协同机制

“数助便民”的开放共享逻辑还体现在对公众开放信息和提

---

① 王福华:《民事司法公共服务论》，载《司法智库》2022 年第 2 卷。

供法治教育功能等方面。首先，通过依法公开信息，公众可以更加便捷地获取到司法服务的相关信息，了解案件进展、司法流程、法律法规等内容，不仅提高了司法服务的透明度，也增强了公众对司法工作的信任度和满意度。其次，通过数字化平台，可以向公众普及法律知识，提高公众的法律素养和法治意识。例如发布法律案例、法律解读等内容，帮助公众更好地理解法律、运用法律，不仅有助于提升公众的法律素质，也为优化司法服务提供有力的支持。

三、“数助便民”的智能精准逻辑

（一）定制化、主动式的诉讼便民服务

“数助便民”的智能精准逻辑主要体现为提供定制化、主动式的诉讼便民服务，即通过运用数字化手段，结合当事人的诉讼需求、行为模式等信息，为当事人提供主动式、定制化的司法服务，提高诉讼服务的精准度。首先，对数据进行深度挖掘和分析。通过收集和分析当事人司法诉求、行为模式等各种信息，构建当事人的独特画像，为后续的个性化服务提供基础。其次，基于数据深度分析为当事人提供主动式的司法服务。人民法院不再是被动地等待当事人提出需求，而是能够预测发现需求并提前提供相应的服务，让每个当事人都能够获得满足自己需求的服务，提高司法服务的针对性和有效性。

（二）个性化、精准式的诉讼便民服务

通过细化区分不同主体进行个性化推送和服务，“数助便民”场景不仅可提高司法服务的精准度，更在细节上体现出对各类人

群的尊重与关怀。司法案件中原告、被告和第三人等不同当事人的需求点和关注点往往不同，人民法院可以根据其诉讼身份和案件进展，推送与其紧密相关的信息，提升个性化服务需求的精准度。另外，对特殊群体，如老年人、残障人士、农民工等，人民法院需要制定专门的服务措施和方案，提供更加贴心、周到的服务。例如，对于老年人应当采用更加简洁明了的文字和图片，通过语音播报等方式，帮助其更好地了解司法服务信息；对于残障人士应当提供无障碍的网站设计和辅助设备，确保其平等地获取司法服务；对于农民工等弱势群体可以提供法律咨询和法律援助服务，帮助其维护自身权益。

（三）恪守诉讼便民服务的边界

“数助便民”场景建设的出发点是为了便利当事人、诉讼代理人诉讼，为人民群众提供数字化诉讼服务，应当有自身的边界，不仅应保障信息推送的准确性，还要尊重当事人的选择和感受，避免带来不必要的困扰。在数字法院建设中，需要在功能设置上充分考虑当事人的需求和偏好。首先，要通过用户调研和数据分析，深入了解当事人的需求，为其提供真正有价值的信息。其次，应当设置多种筛选和定制选项，让当事人能够根据自己的真实需求选择接收的信息内容、接收频率以及接收方式等，避免对当事人造成不便。同时，人民法院还需要对推送的信息进行严格的审核和筛选，通过加强数据安全和隐私保护、提高技术可靠性与稳定性、保障智能决策的准确性、明确主动式服务的责任与范围、建立异常处理机制等措施，推动诉讼便民服务的数字化转型和发展。

总之，“数助便民”的智能精准逻辑要求在提供司法服务时注重服务的精准性和用户体验的平衡，为当事人提供更加个性化的司法服务，提高当事人的司法满意度和信任度。

第三节 “数助便民”的主要功能

数字赋能司法便民既是积极融入数字化发展的必然要求，也是对新时代人民群众司法需求的回应。“数助便民”整合形成标准化的数字法院诉讼服务应用体系，主要功能体现为数字化分流引导诉讼、智能化传递共享信息、智慧化提供精准服务。上海法院依托大数据、区块链、垂直模型等技术，打造的“案沪通”数助便民平台，目前已嵌入31项应用场景。该平台架设于上海法院12368微信公众号，“案”是指以“案”为连接纽带，根据不同使用角色所关注的自身案件为核心，链条式展现诉讼全进程，更加贴合用户司法需求和使用习惯；“沪”谐音“互”，既是上海法院诉讼服务品牌锚点，突出强调信息流动的“交互性”，又充分体现上海法院的地域特色；“通”是强化平台内外互通、线上线下连通，通过畅通线上上海法院诉讼服务网和线下实体设备智慧舱，提供以人为本、数智为民的司法服务。

一、数字化分流引导诉讼

（一）诉讼风险智能化评估

诉讼风险智能化评估是指依托大数据和数字技术建立评估系统，帮助当事人了解诉讼风险，引导当事人理性维权，减少其不必要的损失，有效保障其合法权益。

1. 诉讼风险的预判提示

在诉讼风险评估类场景中，当事人可根据自身纠纷的实际情况，通过问答互动方式选择相对应选项。以继承纠纷为例，应用场景通过当事人作出的单选或多选答案快速了解案情，如“与被继承人的关系”“被继承人是否留有遗嘱”“请求继承的遗产类型是房产、存款还是其他”等。当事人选择完成后，应用场景通过将选项内容与法答网和人民法院案例库中的问题或案例自动匹配，展示相似案件中得到支持的案件比例，以胜诉率的形式直观展现诉讼风险。同时提供“相似案例”展示功能，当事人点击查阅后即可获得其他同类案件的裁判结果，以印证风险提示的客观性。

2. 时间成本与费用成本的提前测算

相较于诉前调解程序，诉讼程序更为烦琐、审理时间更长、成本更高。将不同诉讼方式的时间与费用成本测算后向当事人展示，有利于当事人作出合理的抉择。诉讼风险评估类场景具有测算功能，根据案情的具体情况分别展示诉讼与调解将要花费的时间和费用。当事人点击进行诉讼风险评估后，系统向当事人发送如下提示信息:“当事人，经测算，您自起诉之日到一审判决相似案件平均耗时 ×天。若调解，相似案件经调解结案的平均耗时为 ×天。财产案件的诉讼费根据诉讼请求的金额或者价值确定，您当前案件的诉讼费用约为 ×元。若在起诉前进行调解，您可联系调解机构了解相关费用；若立案后进行调解，并以调解结案的，人民法院将减半收取诉讼费。”

3. 可行性行动建议指引

法的可预期性是现代法治的重要特征。“法律要具有权威和发挥功用，就必须保持稳定性，并能提供稳定的预期。”[①] 当事人了解胜诉概率及诉讼时间、费用成本后，可对纠纷解决的方式进行选择。诉讼风险评估类应用场景提供程序指引与衔接功能，在当事人作出选择后进行诉讼指导，引导当事人注意时间节点和证据收集，向当事人推送如下行动建议：“从大数据分析来看，同类案件胜诉较多，但诉讼有风险，请注意收集和保存有利的证据。”针对诉讼标的不大但被告已被列为失信被执行人的案件，系统引导当事人预估诉讼成本与可执行到位情况，如向当事人发送如下行动建议：“从大数据分析来看，您起诉的被告已被列为失信被执行人，请合理预判诉讼后果及时调整策略。”针对双方争议事实清楚，矛盾纠纷不大的案件，系统引导当事人通过诉前调解解决，如向当事人发送如下行动建议：“从大数据分析来看，同类案件调解结案较多，建议选择诉前调解程序，相关诉讼文书请见诉前调解程序指引。”

（二）诉讼程序智能化分流

1. 更便捷的在线诉前调解解纷

诉前调解是我国多元纠纷解决机制的重要组成部分，具有简便灵活、节约司法资源、实质性化解纠纷等优点，是减轻群众诉累、践行司法为民宗旨的有力举措。在当前强调多元化解的政策背景下，深化数字法院建设成果，通过应用场景建设进一步优化在线诉前调解机制，对于提高纠纷解决效率具有重要意义。

在线诉前调解机制类应用场景通过数字化建设，在以下四个阶段对在线诉前调解效果进行提升：一是在线研判诊断阶段。通过应用场景对案件进行在线研判，自动比对数据库中已有的调解

---

① 梁迎修：《理解法治的中国之道》，载《法学研究》2012 年第 6 期。

纠纷案例，一键初拟并自动推送解纷方案，并将诉调案件指导法官主动推送给当事人，便于当事人和指导法官之间充分沟通调解意见。二是智能辅助协商阶段。当事人在应用场景程序辅助下，利用异步交互等方式进行磋商，节省线下调解时间与距离成本。三是人工干预调解阶段。通过调解员或指导法官组织线上调解活动，促使调解成功。四是司法确认与执行阶段。调解成功案件依次流转进入司法确认和执行程序，相关数据通过电子数据保存形式进入全国案例调解数据库，供专家学者研究纠纷的趋势和特征模式，达到预防纠纷的目的。①

优化在线诉前调解机制的意义在于：一是让沟通形式更加多样，打破空间隔阂，不需要当事人在有限、特定的现实空间中与调解员或指导法官沟通，满足当事人异步沟通的需求，提升沟通的便捷性。二是流程管理更加多样，应用场景可以自动收集所有纠纷数据，形成电子文件和数据库，为后续案件审理提供可查询的电子文件，同时也为全国调解案例数据库打下基础，有利于进行纠纷预防。三是解纷方案更加科学，通过应用场景智能分析当事人诉请的案由和理由，对解纷方案进行科学评估，对当事人进行正确引导，提升解决纠纷的效率。

2. 更精准的小额诉讼程序引导

相较于其他诉讼程序，小额诉讼程序具有更加快捷、更低成本的特征。2020 年，最高人民法院将“完善小额诉讼程序”纳入民事诉讼程序繁简分流改革试点。试点结束后，《民事诉讼法》

① 参见吴子越、陈泽鑫:《论“智慧法院”在线诉前调解的合理建构》，载《湖北科技学院学报》2021 年第 3 期。

及相关司法解释作出修改，在遵循普通程序与简易程序二元模式的框架下，细化了小额诉讼制度的运行模式。数字法院应用场景建设优化了小额诉讼程序的适用，形成了体系化、多层次的分流机制，更精准地引导当事人适用小额程序，避免诉讼资源浪费，提升审判效率。

小额诉讼程序引导类应用场景分为以下三个阶段：一是进行要素式繁简识别，以案由、标的额、案件要素和案件类型四种要素形成评判案件繁简程度的识别方法，运用数据模型分析，抓取当事人提交的诉状中案由、争议标的额大小、案件类型等信息，进行综合评判，对符合小额诉讼程序适用条件的，发放《小额程序适用告知书》，释明小额诉讼程序适用的高效性、便捷性以及一审终审的案件特征，引导当事人自主选择。二是匹配专门分流团队及人员，形成立案庭、立案庭与审判业务庭、立案庭与派出法庭等不同分流模式，采用诉前分流→立案分流、立案分流→庭审分流等不同运行流程对小额诉讼案件分流审理。三是要素式文书初拟。由于小额诉讼程序案件往往事实清楚，争议不大，适合简化文书内容，小额诉讼程序引导类场景与要素式审判场景相结合，推出“菜单”要素式判决书模型，就信用卡纠纷、民间借贷纠纷、金融借款合同纠纷、物业服务合同纠纷、机动车交通事故责任纠纷等常见案由，进行整理、归纳，提取审判要素，制作案件审判要素表供审判人员参考适用。[①] 小额诉讼程序引导分流场

① 参见杨咏梅、吴双、吴迪：《回顾与展望：新民诉法背景下小额诉讼程序适用研究——以C市法院民事诉讼程序繁简分流改革试点为视角》，载《法治现代化研究》2023年第1期。

景的建设显著提升了小额诉讼程序适用率，有利于促成一次开庭宣判，实现小额诉讼程序“高效、便捷、普惠”的程序价值，回应了人民群众提升司法效率、司法便捷性的期许。

3. 更快速的案件审理程序

“数助便民”应用场景通过大量的司法数据来训练和优化机器智能模型，与立案审查人员的专业知识和经验相结合，形成人机融合智能。这种协作模式不仅能够弥补立案审查原有认知能力和信息处理上的局限性，还能突破个人认知极限，[①] 使立案审查工作更加高效精准，快速分流简单案件，从而实现简案快审的目标，极大程度缩短了案件审理时间，减少了当事人诉讼时间成本。

利用数字化手段，应用场景从以下四个环节提高案件分流效率：一是情节提取。在案件的起诉状与证据材料中自动抽取信息，经过清理与整合，形成结构化数据，再通过知识加工，得到与识别要素紧密相连的案件事实表达。[②] 二是匹配度识别。场景自动将这些事实表达匹配到相应的待对比识别要素之下，无法匹配的，将分配人机协同任务，由立案审查人员对相关待确认事项进行修正与审定。三是输出结果。对于不需要人工协同的案件，由场景自动匹配对比，判断繁简；对需要人工协同的案件，在修正相关数据后，亦可交由场景进一步判断繁简。四是评价校验。应用场景与立案审查人员共同分析案件庭审时长、审理次数及可能引发

① 参见刘智铭、王晓利：《人机协同视阈下的民事案件繁简分流智能化模式建构》，载《数字法治》2024 年第 1 期。

② 参见屈茂辉：《基于裁判文书的法学实证研究之审视》，载《现代法学》2020 年第 3 期。

的社会舆情等因素，探寻识别分流过程中的功能性偏差，对现有流程及其中的各类影响因素是否需要修正作出理性判断。①

（三）诉讼准备智能化引导

1.“图谱式”诉讼材料模板

为方便当事人聚焦诉讼请求、争议问题和事实理由，有针对性地提供诉讼材料，回应人民群众对于司法审判质效的需求，“数助便民”应用场景提供了大量“图谱式”诉讼准备指导提示和诉状辅助生成模块，区分不同案由、不同类型诉讼材料图表指引，让群众看得明白、用得方便。例如，“证券虚假陈述责任纠纷起诉状智能生成”应用场景针对证券虚假陈述责任纠纷专业性强、当事人取证难、损失计算难等问题，通过数据模型关联系列案件中的示范案件信息，为原告提供身份信息自动导入、诉状辅助生成等服务。原告在示范案件中勾选被告，完成当事人信息抓取及事实和理由的填写，并根据示范案件确定的事实和法律标准初步计算损失，形成要素式诉状，为后续的审判打下基础。

2.“便捷式”费用计算模型

司法实践中，关于金额的计算往往十分繁复，容易出现错误。如民间借贷纠纷中关于利息、逾期利息、超过4倍LPR利息冲抵本金后尚欠本金的计算都极易出错。通过“数助便民”应用场景的建设，形成了“一键式迟延履行债务利息计算辅助模型”“阶梯式民间借贷计算辅助模型”“向执行案件当事人发送本金及利息计算方式模型”等应用场景，为当事人和法官提供了一

① 参见刘智铭、王晓利：《人机协同视阈下的民事案件繁简分流智能化模式建构》，载《数字法治》2024年第1期。

键计算服务，为当事人准确确定诉讼请求金额提供了有效帮助。

3. “贴心式”诉讼程序指引

司法实践中，存在部分当事人未聘请律师、对法律了解不足，没有依据法律规定行使诉讼权利造成自身权益损害的情形。基于此，“数助便民”场景提前告知提醒，便于当事人了解诉讼程序，遵守诉讼规则，更好地参与诉讼。例如，“网上立案行政、破产案件集中管辖提示”应用场景针对因集中管辖的政策性变化，部分当事人尤其是外地当事人或律师因不清楚上述规则而无法正确选择管辖法院的问题，在网上立案系统中设置了关于集中、专门管辖的提示弹窗，便于当事人、律师准确选择管辖法院进行起诉。该场景嵌入系统以来，共发布提示信息 6000 余条，有效为当事人提供了诉讼服务指引。又如，“不公开开庭审理事项告知”应用场景、“未按期预交诉讼费后果告知、开庭携带材料、缺席后果告知同步送达”等应用场景均对当事人参与诉讼的程序性事项进行了预先告知，避免了当事人因不了解相关法律规定而失去权利行使的机会。又如，“关于股东知情权案件需履行前置程序的提示”应用场景为当事人提供审查指引，引导当事人遵照法律规定行使权利，避免前置程序尚未履行而导致诉讼中被驳回诉请，引发程序空转。

二、智能化传递共享信息

（一）升级个案信息查询，畅通信息传递通道

1. 信息查询方式更便捷

“数助便民”应用场景建设优化线下诉讼服务机制，助力诉讼服务产品迭代升级。例如，“智慧舱”是上海法院的一项集约

化、信息化诉讼服务便民举措，具备20多项功能，分为“我要查”“我要办”两大类，可为当事人提供立案登记、诉讼辅助书写、案件查询、诉讼费交纳等服务，充分满足群众的多元化司法需求。上海法院整合司法大数据，运用数字模型筛选、碰撞、提取有效信息，为“智慧舱”增添语音交互功能、要素式诉状识别功能、遗漏当事人、案件主要信息提示功能等，进一步提升“智慧舱”的数智化、精准化、便捷化水平。

同时，“数助便民”应用场景也丰富了线上诉讼服务模块。“案沪通”平台集多元主体参与、包容各类主体需求、聚合多种诉讼服务体验于一体，提供综合性服务。例如，推出基于垂直模型构建的“AI法宝”，将《上海法院2300问》解构，建立知识库，可精准解析用户问题，如用户输入“孩子离婚了，婚房登记在他们名下，但是我们出的钱，怎么要回来”问题，系统会归纳问题并提供相关处理建议，有效分流12368诉讼服务热线压力。搭建“元宇宙宣传厅”，通过导诉咨询、政策解读、案例旁听、小案大道理等虚拟场景，实现沉浸式法治宣传。创建动态身份适配机制，根据用户角色自动匹配服务模块，如以“调解员”身份登录，可以了解其所负责全部调解案件情况及进程，并获得调解参考案例推送、生效裁判文书推送等服务。提供“电子文书核验”服务，电子送达在给当事人带来便利的同时，也带来了真实性核验的问题，对此，“案沪通”平台基于区块链技术，推出了“电子文书核验”服务，向诉讼参与人提供电子文书的验证服务，保障司法权威。自2024年12月上线以来，“案沪通”平台两个月内累计推送便民提示逾180万次，登录量近20万人次，绑定微信接收实时推送信息用户近3万。

2. 信息查询内容更多样

数字法院通过对互联网技术的深度应用，在司法公开的道路上探索出新的路径，向公众依法合理公开审判内部信息，便于人民群众进行外部监督。例如，受制于有限的调解力量，一些案件在调解阶段未进行实质化解，转为正式立案才得到实质处理。为延长调解期限，个别法院诉前调解阶段存在虚假鉴定的现象，即通过点击司法鉴定延长调解期限，但未真正启动鉴定程序，虚增“调解时间”，加重了当事人诉讼时间成本。为预防前述情况的发生，“诉前调解虚假鉴定行为的监督管理”应用场景在调解员点击司法鉴定延长调解期限的同时，即向当事人推送相关信息进行验证，若当事人未申请鉴定将第一时间发现并反映相关问题。该应用场景将“司法鉴定延长调解期限”这一以往不对外公布的内部信息，开放提供给当事人，保障了当事人的知情权。

（二）优化审判信息公示机制，拓宽信息传播范围

1. 从“内部数据统计”迈向“公众监督利用”的审判流程信息

审判流程信息公开是司法公开的重要组成部分，有利于保障当事人的司法知情权，实现对审判权运行过程的监督，维护司法公正和提升司法效率。[①] “数助便民”应用场景运用数字技术让审判管理数据能够更直观、多维地展现在社会公众面前，便于人民群众有效行使监督权。例如，在诉讼服务平台链接审判管理平台部分数据，将立案、审判、执行过程中的流程节点信息向当事人及时公开，当事人可以通过选项选择了解受案法院乃至其他法

① 李晓倩：《信息公开与审判流程管理的转型升级》，载《法律适用》2018年第17期。

院的审判流程数据。该功能就像在电子商务领域中消费者购物后可以实时跟踪和查询物流状态一样，如果超过事先约定的时间物流未到达指定地点，就可以提出异议，从而促进问题解决。①

2. 从“绝对保护”迈向“动态公开”的案件当事人信息

进入数字化时代，个人信息天然具有交互性、公共性，其自由流动与利用具有巨大社会和经济价值。② 出于对当事人隐私权的保护，在裁判文书公开的过程中，人民法院会对当事人信息进行隐藏。但在当下，司法审判领域个人信息的交互性、公共性亦不断强化，在合法保障当事人权利的前提下，部分公开案件当事人信息能够在保护相关个体利益的同时，实现社会公共利益的维护。例如，企业涉诉案件信息以往是通过商业软件被社会公众获取，由于非司法机关直接提供，其信息的有效性、权威性都有所欠缺。“数助便民”场景将生效案件的当事人信息在公共平台上予以存留，可供当事人本人查询，或者开具在法院的涉诉情况证明上，以作贷款、经营能力证明之用途；此外，可以考虑对部分涉食品安全问题企业予以适当披露，提升社会惩戒性，增加涉诉企业的违规成本。

按照传统做法，部分法院通过官方微信公众号等公众媒体平台对失信被执行人进行公开，但受限于平台的关注人数，信息的公示性存在局限。“数助便民”场景开拓更为丰富多元的数字化

① 杨炎辉:《让司法公开发挥全方位倒逼效应》，载《人民法院报》2014 年 1 月 29 日，第 2 版。

② 王锡锌、彭錞:《个人信息保护法律体系的宪法基础》，载《清华法学》2021 年第 3 期。

信息公示平台，在法院大屏幕、诉讼服务平台、公共媒体资源中公布失信被执行人信息，有利于形成“一处失信，处处受限”的局面，促使被执行人自动履行生效法律文书所确定的义务，推进社会信用体系建设。同时，“数助便民”应用场景也着力完善失信被执行人的信用修复方式。纳入失信名单的被执行人履行完毕生效法律文书所确定的义务后，可以向法院提出申请，开具信用修复证明。但该种线下途径的信用修复方式必须在当事人申请后才能开启，具有信用修复上的滞后性。同时，信用修复证明书未在裁判文书网等信息平台公示，信息修复效果有待提升。在“司法＋大数据”控制视域下，通过疏通大数据技术障碍，失信被执行人信用修复系统将变得更为完善：一方面利用大数据信息共享机制，打破法院系统内外之间的“信息割据”，提升信用修复的效率；另一方面利用大数据算法技术，加强对失信被执行人信息的收集和处理力度，更加准确界定失信被执行人是否符合失信联合惩戒“退出”条件，及时动态地为当事人提供信用修复。①

（三）一网提供关联信息，方便当事人查阅办理

互联网的低成本、便捷性、匿名性、可见性和传播性，使广大公众愿意在网络空间表达自己的诉求。通过数字法院建设，可以一网提供案件关联信息，方便公众查询到相关信息，更广泛地参与社会治理。

1. 数据开放共享的创新生态

2018 年 7 月，国务院出台《国务院关于加快推进全国一体

① 参见马龙:《“司法＋大数据”控制视域下失信被执行人信用修复研究》，载《法律适用》2023 年第 2 期。

化在线政务服务平台建设的指导意见》，提出要“坚持协同共享”“以数据共享为核心，不断提升跨地区、跨部门、跨层级业务协同能力，推动面向市场主体和人民群众的政务服务事项公开、政务服务数据开放共享”。“数助便民”应用场景打破以往内部司法数据与外部行政部门相关数据之间的壁垒，促进司法数据与行政部门数据平台化畅联，让人民群众通过一个平台即可实现信息共享查询。当前，上海法院“数助便民”应用场景正在推动与“随申办”App（“随申办”App是上海市政府推出的政务服务“一网通办”移动端）等平台对接，与工商机关、公安机关等更多行政部门形成数据共享网络，当事人通过“一网通”获取与案件相关的其他政府数据信息及业务办理入口。如房屋买卖合同纠纷中，当事人可以通过平台链接，查询房屋产权信息；在获得胜诉判决并生效后，房屋产权人可通过平台链接到房屋产权变更申请系统，实现生效案件与行政程序办理的无缝衔接，减少了线下调取材料、程序办理的时间成本与经济成本。

2. 普惠协同治理的全民工程

在数字治理时代，每个人既是数据的生产者，又是数据的使用者。从数据挖掘和智能分析中发现和评估社会治理的风险，可以提升政府回应的时效性、精准性。数字技术为实现多元主体合作共治带来更多机会，数字政府建设有望成为也理应成为具有普惠性的全民工程。“数助便民”应用场景为人民群众提供了畅通的信息查询与意见反馈通道，由司法审判“一点”，联动综合治理“一面”，助力数字政府建设。司法案件的当事人通过共享化、互联化的平台建设，可以快速链接其他行政机关的程序事项办理，对不合法、不合理的行政行为可以及时提出异议，或者运用司法手段维护自身合法权益。同时，每一个案件所包含的社会信息点、矛盾纠纷点，经过充分挖掘和智能分析可用于评估社会治理的潜在风险。诉讼参与人在参与司法审判的同时，也为社会综合治理提供了鲜活的数据样本。

三、智慧化提供精准服务

（一）特殊群体服务保障

被数字技术赋能的政府和社会不仅应该更加高效和智能，也应该更加普惠和包容。数字法院建设进程中，应当关注弱势群体的诉讼服务，提供“画像式”的案件信息推送，在兼顾效率与公平前提下，更多体现人性关怀，更好体现诉讼服务的均等化和可及性。

1. 对数字边缘群体的关怀

数字技术的发展为政策制定者和社会治理者的柔性治理提供了更多的现代化工具，比如语音识别、语义识别、视觉智能、知识图谱、生物识别等，这为人民法院提供人性化服务形成了有力的技术支撑。“数助便民”应用场景精准识别老年人、视觉障碍人群、听觉障碍人群、阅读障碍人群等不便于利用信息技术的数字边缘群体，从立案接待的第一步起即为其提供便捷的诉讼通道。如存在阅读障碍的当事人只要向诉状生成系统口头陈述自己的诉讼请求和事实理由，加载了最新语音识别、语义识别技术的智能系统将会辅助生成相应的诉讼文书，并朗读给当事人予以确认。系统自动标记该当事人为阅读障碍人群，后续将为其开辟专门的人脸识别缴费通道，让当事人感受到智能技术带来的人文关怀。再如，在立案、交费、材料递交等环节设置语音交互场景，为老年人、不识字的当事人、手指活动不方便的诉讼参与人等提供便捷服务入口，让当事人拥有更为舒适的诉讼体验。

2. 对社会弱势群体的保护

《民法典》中设置了专门条款以加强对诉讼能力偏弱的特殊群体的保护，但在诉讼实践中，这部分弱势群体受制于法律知识的欠缺，对法律的保护往往不知晓或无途径知晓。“数助便民”应用场景针对诉讼弱势群体，提供“画像式”的信息推送，成为其提升诉讼参与能力的数字助手。例如，针对离婚案件，通过“人身安全保护令提示”应用场景，可识别案件信息中是否有“家庭暴力”，对确有相关线索的，向当事人发送提示“如您正遭受家庭暴力或者面临家庭暴力的现实危险，可向人民法院申请人身安全保护令”的提示，在保护令有效期即将结束时发送提示信息“若您人身安全仍在受到威胁，可及时向法院申请延长，以保护自己的合法权益”，为家暴受害者撑起法律的“保护伞”，为“不知道、不愿用、不敢用”人身安全保护令的家暴受害人提供人身安全保护，解决当事人举证难与执行难等多重现实困境。又如，建立“诉讼费缓交、免交提示”应用场景，可通过构建相关数字模型，识别当事人诉状中是否包含无固定生活来源的残疾人、最低生活保障对象、农村特困定期救济对象等符合诉讼费缓交、免交情形。对符合条件的，系统向当事人发送提醒“如果您交纳诉讼费用的确有困难且符合相关条件，可以在立案时向立案部门提出或立案后向承办部门提出诉讼费缓减免的申请”，避免弱势群体因不了解相关规定而丧失了申请减免诉讼费的机会，确保经济确有困难的当事人能够依法行使诉讼权利。

（二）“定制式”信息主动推送

在传统诉讼服务的实践中，可供当事人查询的案件信息范围往往是固定而有限的，无法根据个案当事人的需求提供不同的信息选项。“数助便民”应用场景打破常规，为当事人提供了可选择、可定制的信息选项，让诉讼服务更加贴心、有用、有效。例如，“案沪通”平台可以随着案件的推进，智能调整“推荐服务”的内容。如所涉案件已立案但尚未缴费，则“诉讼费缴纳”“联系法官”等服务会优先呈现，并自动推送消息提醒按时缴费。当案件进入审理阶段，“微法庭”“一案一群”等服务会优先呈现。点开“一案一群”，包含原告、被告、代理人、第三人、法官、书记员等在内的全部案件参与主体将以“群聊”方式展开实时对话，诉讼参与人还可提交诉讼材料、办理诉讼事项，法官将在办公电脑或手机上收到即时提醒，极大地缩短了案件信息传输的时空距离。

针对避免当事人被过多信息打扰的需求，“数助便民”应用场景还设置了自主订阅功能，用户可根据需求自主选择推送消息范畴，让当事人可根据不同的程序阶段选择是否接受诉讼服务程序中的各项提醒，避免了不必要的“信息提醒”造成信息干扰或淹没重要信息。

针对当事人不同程序、场景下的需求，上海法院研发了多项案件材料“一键生成”应用场景，将以往当事人需要频繁联系法官、反复提交申请、奔波现场办理程序性文书等事项，通过线上点击申请、大数据筛查比对等辅助生成文书并发送给当事人，以智能化手段减轻了人工操作负担，大大缩短了信息材料提供的时间，真正实现了让数据多跑路、让群众少跑腿。例如，离婚案件中当事人通过法院判决或调解离婚后，需要持离婚证明书至民政局或派出所办理解除身份关系与相关户口事宜。通过线下申请离婚证明书，往往需经过电话询问、身份核验、申请递交、文书制作、文书送达等环节。“离婚证明书自助生成推送”应用场景针对有需求的当事人，通过筛选已经生效的离婚案件法律文书，提取当事人姓名、身份证件及法律文书生效时间，辅助生成离婚证明书并向当事人发送，实现离婚证明书“一键获取”。该场景嵌入“案沪通”后，平台能自动对案件信息、生效日期等数据进行关联，当事人如有需要，可以通过“案沪通”线上申请开具，节约了大量时间。

（三）“主动式”时间节点提醒

传统的诉讼服务中，对非开庭类的时间节点信息，往往需要当事人向人民法院提出申请才可以获得告知。但囿于诉讼能力的限制，部分当事人对自己的权利义务并不明确，或缺乏期限意识而未能及时行使权利，导致自身的合法权利受损。在数字法院建设的背景下，“数助便民”场景跨前一步，将“被动式”回复变为“主动式”提醒，及时提醒当事人易遗忘、易错过的时间节点，主动告知当事人不清楚、易混淆的诉讼权利，受到当事人的青睐。

1. 定时提醒的诉讼“闹钟”

申请再审案件中，承办人往往通过电话告知的方式通知当事人听证时间，审判实践发现不少当事人忘记在法院通知的时间、地点（含在线、微法庭）听证，既影响司法听证程序的进行，也影响当事人的司法感受度和获得感。为解决该问题，上海法院开发了“民商事申请再审案件临期听证提示信息推送”应用场景，通过大数据筛选出听证日期距听证申请日期10天以上的民商事申请再审案件（易遗忘日期），在听证前一天提醒当事人准时参加听证，确保已安排的听证顺利进行。

2. 主动发送的诉讼提示

针对实践中因一次查封的时间较长，且不同类型的财产查封期限不同，当事人在查封期间即将届满时容易因忘记申请续封导致保全失效的情况，上海法院开发“财产保全到期前续保提示”等应用场景，并嵌入“案沪通”平台，通过数字模型筛选执保案件保全信息，在执保案件保全申请保全项结束日期前30日，以保全分项为单位提示当事人申请续保。该场景自建设并嵌入审判系统以来，共推送900余条提示信息，对当事人易遗忘的时间节点进行了有效提示。又如，“驳回原告全部诉讼请求的判决生效后申请解封提醒”“准予撤诉后申请解封提醒”等应用场景，针对的是驳回原告全部诉请或准予原告撤诉后，双方当事人均未及时主动提起解除保全查封申请，导致被查封账户等财产持续处于被冻结、查封状态的情形。该应用场景通过大数据比对分析，对结案方式属于以上两种情形的案件查询是否已经解封，对未解封的案件主动推送信息提示“该案件已经审结并生效，请及时提出解除保全申请，避免影响其他相关当事人权益”，有效减少当事人因遗忘、不了解而造成的诉讼程序迟延。

第四节 “数助便民”的发展方向

一、迭代全领域多元化的司法平台

（一）办案办公服务平台一体化

当前，人民法院正在逐步完善线上诉讼服务平台、人民法院律师服务平台、人民法院调解平台建设，提供统一的在线诉讼服务通道和一体化的办案办公服务，为“数助便民”建设开启新的篇章。主要发展方向如下：

线上诉讼服务平台更高效。构建融合司法公开、诉讼服务、申诉信访三位一体的法院统一在线服务门户，使人民群众从过去需要多次往返法院解决纠纷转变为指尖轻轻一点即可完成在线诉讼，以司法公正感受度提升人民群众满意度。

律师服务平台更便捷。一是便利律师参与诉讼。为律师提供“一码通”服务，通过律师服务平台办理立案、阅卷、保全、鉴定、庭审等诉讼活动，真正实现诉讼事务在线办理、网上流转、全程留痕。二是加强诉讼评价。律师可以通过 12368 诉讼服务热线、律师服务平台对诉讼服务事项进行满意度评价，或者提出意见建议。三是化解矛盾纠纷。加大律师在线调解工作力度，打造律师调解品牌，充分发挥律师在预防化解矛盾纠纷中的重要作用。

调解平台更顺畅。逐步构建纵向贯通四级法院内外网系统的人民法院调解平台，与工商联、人民银行、证监会、司法部等调解平台互相联通，实时共享调解信息，打破信息孤岛，加快调解进程，为当事人提供全时空、跨地域、全流程、菜单式、集约化的在线解纷服务。

（二）案件办理平台协同化

推进政法机关协同办案，将人民法院案件办理平台与人民检察院、公安机关、司法行政机关等办案系统深度融合，形成多元化的联动平台，便捷当事人涉诉信息办理查询。其主要发展方向是：构建“网上办案、网上协同”信息共享方式，将案件信息在上下级法院之间以及法院与检察机关、公安机关、刑罚执行机关、行政机关之间互联互通，既方便办案人员工作，又方便当事人和律师查询；[①] 构建“一码查询，一网通办”信息交互方式，全面推动将法院司法审判信息与“随申码”等政务民生服务平台深度对接，通过数字身份识别码，当事人可便捷查询涉诉信息；与政务民生服务平台、工商登记、房产信息查询、户籍信息查询等行政部门网站数据连通共享，便于当事人即刻办理涉诉相关的行政审批、报送、查询等业务。如破产清算后，直接通过司法平台链接工商登记机关办理注销登记手续，通过链接房产信息登记平台申请查询房产信息。

二、升级智能便捷的司法服务

（一）以智能化程度降低错误风险

对于“数助便民”应用场景而言，现有技术手段的智能化程

---

① 参见中国社会科学院法学研究所法治指数创新工程项目组：《2020年中国法院信息化发展与2021年展望》，载陈甦、田禾主编：《中国法院信息化发展报告No.5(2021)》，社会科学文献出版社2021年版，第12～13页。

度能否持续保障服务的精准性是一个长期挑战。未来，“数助便民”建设需要进一步利用更先进的技术手段进行升级，如进一步提升诉讼服务的智能程度，确保技术系统能够稳定运行，避免因技术故障或性能波动影响诉讼服务的连续性和稳定性；降低人工智能系统的复杂性和数据的不确定性，有效避免智能决策及信息推送中可能出现的错误或偏差；加强对主动式诉讼服务上线前的审核和校验把关，确保信息的准确性和可靠性，防止误导性信息或错误导致用户权益受损。在智能化技术和严格审核的双重保障下，才能更好地降低错误风险，提升用户对数字化服务的信任和依赖。

（二）以人性化服务延伸跨越数字鸿沟

尽管数字化带来了诸多便利，但客观上也存在数字鸿沟问题。由于年龄、技能或经济等原因，部分人群特别是老年人、残疾人等弱势群体在享受数字技术便利方面仍有障碍，甚至面临使用数字诉讼服务的现实困难。未来，“数助便民”场景建设需要更加注重以人为本，从用户的实际需求出发，研发更多实用和易于操作的应用场景，例如为老年人设计更为直观的操作界面或者辅助，为残疾人提供辅助技术支持，或通过线下渠道为没有网络条件的人提供帮助，使优质司法诉讼服务能够覆盖全部人群。

（三）以数字化安全保障实现服务转型

随着数字技术的广泛应用，现代化审判改革进程得到了显著推进。然而大量的个人信息和司法数据在网络上进行传输和存储，存在着数据泄露和滥用的风险。为应对这些挑战，必须更加聚焦数据安全性保障和用户个人隐私保护，如采用先进的加密技术、建立严格的访问控制机制、定期进行安全审计和风险评估等，确保信息在传输和存储过程中的安全性，防止数据泄露、篡改等风险。

三、打造全覆盖的数据通道

（一）案件“全生命周期”检索通道

对司法审判案件提供案件“全生命周期”检索通道，打通一二审层级，贯穿立审执阶段，让司法数据“一触即达”。一是实现诉讼数据跨区域远程查询。夯实数据基础，优化数据中心供给，形成全国法院统管下的司法数据中心直连，畅通不同辖区法院之间的电子数据交换通道，从以往的单一法院单一窗口查询升级为全国法院一网全覆盖查询。当事人只需进入一个端口即可实现跨区域远程案件信息检索，打破地理空间的查询限制。二是实现诉讼数据跨层级联动查询。以往司法实践中，在不同司法程序中，由于涉及不同层级法院或不同部门，当事人难以获取或查询案件相关流转信息。如上诉案件的流转，涉及不同法院不同部门，案件移出一审法院与案件移入二审法院的节点难以获取，形成“时间盲区”。应当通过司法数据的有机整合打破案件审级限制，当事人搜索相关案号即可获取案件一审、二审、再审、保全、执行等所有相关信息，实现案件的全流程检索。三是实现诉讼数据跨部门协同查询。在现有系统设计下，立案、审判、执行系统之间相互隔断，当事人联系法官询问信息往往得到因业务部门不同而无法查询的答复。推动诉讼数据跨部门协同查询，必须进一步推动司法数据的畅通互联，打破不同部门之间的系统阻隔，消除案件审判中的“数据烟囱”“信息孤岛”，实现业务互联、一键检索。

（二）关联信息“矩阵式”检索通道

推动诉讼领域数据共享，还要打通关联信息“矩阵式”检索通道。一是构建“理论→实践”双向信息检索通道。与高校法学院、司法智库等研究部门联点布局，打造具有影响力的区域法律专业数据中心集群，为专家学者、法学研究人员提供鲜活的审判信息，同时也为审判人员提供丰富的学术资源，以前沿的理论研讨拓宽案件审理思路，为裁判文书说理提供扎实的理论支撑。二是构建“一点→多维”共享信息检索通道。通过深度挖掘利用司法“数据富矿”，以案件审判信息为基础，与行政机关“多维”信息有效碰撞，以数据接口、数据沙箱等多种方式推动数据共享，形成覆盖人、案、事、物全方位各环节的数据共享模式，将涉及法人注销、房产过户、车辆转移等外部数据第一时间推送给当事人，保障当事人合法权益。三是构建“汇聚→融合”决策信息共享通道。进一步提升法院知识供给水平与城市治理服务水平，对关系人民群众直接利益的热点案件、重大事件、突发事件加强与行政机关的数据推送共享，加快建设数据驱动型的综合展示、科学决策、协同治理的新格局。

四、实现全方位的管理目标

（一）完善现代化诉讼服务管理体系

推动数字法院建设，应当探索构建一套适应数字时代和数字化社会的诉讼服务管理体系，推动技术理性向制度理性跨越，提升诉讼服务体系和审判能力现代化水平。一是优化工作流程。完善数字化诉讼服务及“数字便民”场景建设工作指南，落实诉讼服务首办负责制，推动更多诉讼事项线上办理、简单事项即时办结。建立健全在线诉讼服务平台标准规范体系，推动实现同一诉讼服务事项、办理指南线上线下服务同源发布、同步更新，做到线上线下无差别受理、同标准办理。充分尊重人民群众多元化司法需求，由当事人自主选择网上平台、自助终端、现场窗口、12368 热线等办理渠道。二是完善诉讼规则。在《人民法院在线诉讼规则》基础上，引入新的技术力量，对规则予以细化完善。如对异步庭审中当事人身份核实存在的风险问题，可以引入设置动态人脸识别验证，在异步审理的开始和结束前各验证一次，以确保账号由本人操作，避免当事人与代理人之间的责任风险，降低法官对账号主体的审查义务，同时督促法官勤勉尽职。三是监督管理升级。“传统的案件审批监管，直接作用于法官裁判权本身。”① 这是一种对审判权力运行结果层面的风险管控，属于事后防控。未来，对诉讼服务的监督管理既要着眼于结果，又要着眼于整个过程，通过数字技术再造诉讼服务流程，不断升级硬件建设，完善系统功能，及时生成诉讼服务信息数据，逐步形成事前、事中、事后全过程的诉讼服务监管体系。

（二）建立智能化诉讼服务质量评估机制

依托数字化手段，持续推动诉讼服务功能改造升级，为人民群众提供线上线下、多元可选的全方位优质诉讼服务。一是评价分级，覆盖全程。在诉讼服务大厅、在线诉讼服务平台、12368

① 李少平：《正确处理放权与监督　坚定不移全面落实司法责任制》，载《人民法院报》2018 年 3 月 28 日，第 5 版。

诉讼服务热线全面应用满意度评价系统，通过“一键打分”，收集群众对诉讼服务的评价意见。测评内容包括立案、审判、执行过程中为当事人提供的诉讼服务事项管理、办事流程、服务效率、服务便民度，工作人员的服务态度、服务水平，诉讼服务平台的便捷性、完善性等。二是及时转办，定向督办。对当事人做出的负面评价，通过电子数据自动转入审判管理部门及相关业务部门负责人信息平台，并生成办理期限，由专人回访核实，有针对性地进行整改，办理流程节点将自动推送给参与评价的当事人。整改完成之后，由评价主体对整改情况再次作出评价，切实提升诉讼服务质量。三是奖惩分明，服务提升。将智能化诉讼服务评价情况纳入年度绩效考核，形成评价、整改、反馈、监管全流程衔接的诉讼服务评价机制。

第五章 “数助治理”的建设与应用

“数助治理”作为“数字法院”建设体系中的重要组成部分，通过强化司法大数据挖掘应用，搭建数字化模型，从审判中发现社会治理中存在的趋势性、规律性问题，查找系统性漏洞和薄弱环节，有针对性地提出决策建议、司法建议、提供司法数据服务，助力社会治理水平提升。

第一节 “数助治理”总体概述

司法案件是社会矛盾在审判领域的具体体现，司法大数据背后隐藏着社会治理风险点和问题隐患。通过唤醒沉睡的司法大数据，深度挖掘司法案件与经济社会发展之间的规律关系，以数据碰撞、结果对比、趋势分析等方式揭示预警各类风险，可以极大地升级司法参与社会治理的手段和成效，推动司法职能从“抓末端、治已病”向“抓前端、治未病”延伸。

一、“数助治理”的建设背景

最高人民法院党组书记、院长张军提出：“人民法院作为讲政治的审判机关、讲法治的政治机关，必须将工作立足维护法律实施、服务法治建设职能，置身提升国家治理效能全局来考量。”当前，经济社会发展中各种错综复杂的关系交织，社会行为模式多元，人民群众权利意识增强，大量纠纷矛盾涌入人民法院，形成海量司法数据。[①] 人民法院作为我国建设社会主义法治强国的重要力量，不仅要办好案件，把对当下社会关系中是与非、对与错的价值判断传导至全社会，引导人民群众树立正确的公平观，营造公正、和谐的社会氛围，从源头上消弭争议与化解矛盾，还需要把个案反映的社会性问题放在大局中审视，为国家治理提供决策依据，为经济社会发展提供支持保障，不断厚植党的执政根基。这既是司法机关义不容辞的社会责任，更是政治责任的集中表现。

2023 年以来，上海法院把数字化改革作为转变发展理念、引领法院科学发展的关键变量，对参与社会治理的体制机制进行系统性重塑，使之成为推动社会治理体系和治理能力现代化的新路径。面对数字时代的新机遇和新挑战，上海法院深刻把握个案办理与社会治理的关系，将积极参与社会治理、推进依法履职作为数字法院建设的重要内容，通过数字模型筛查出类案中存在的共性特征，深入分析案件反映出的经济社会发展问题，同时唤醒沉默数据，打破数据壁垒，发挥数据要素的“乘数”效应，解决司法大数据“大而无用”以及“大而不用”的问题，努力实现数据智联，打造数据平台矩阵，积极服务社会治理，为党委政府决策提供参考，努力实现双赢、多赢、共赢。

---

① 参见范明志:《论司法信息公开的“三重属性”及规则体系》，载《法律适用》2024 年第 6 期。

二、“数助治理”的内涵

“数助治理”是指人民法院通过深入挖掘、分析海量司法数据，发现案件背后蕴含的具有社会治理价值的信息，以司法决策参考、司法数据推送、司法数据查询、司法建议等为具体方式，推动司法职能从“抓末端、治已病”向“抓前端、治未病”能动延伸，为更好化解矛盾、防范风险、促进治理提供支持，推动实现由办案到治理的跨越。数字法院建设中，主要通过四类司法大数据应用模式来实现“数助治理”。

（一）决策参考

通过深入挖掘内部司法大数据及与外部数据进行碰撞、比对，发现某一类社会治理中存在的问题，形成深度分析及对策建议要情专报，报送党委参考决策。如通过对涉诉主体的海量身份、行为、关系、财产等数据融合分析，挖掘梳理类型化案件特征，建立智能化知识图谱和规则引擎，生成各类风险防范报告，揭示预警行业风险、金融风险等，提升风险防范及时性和有效性。自开展数字法院建设以来，上海法院已针对机构养老服务行业治理、新能源汽车产业发展、民营企业融资等二十多个社会治理问题建立数据模型，开展深度分析，形成专题报告，得到地方党委充分肯定，并推动相关领域治理整改，在社会治理参与量与贡献度上均呈现指数级增长。

（二）司法数据推送

通过将数字模型发现的蕴含某一社会治理价值的案件线索实时推送给主管单位，进行核查处理，健全工作机制，堵塞管理漏洞。如司法案件中常见的二手房交易双方“做低”房价、股权转让签订“阴阳合同”、企业高管离职后通过司法途径追索薪酬等情形，往往蕴含着偷逃税的可能，法院通过建立数字模型进行筛查，实时生成涉嫌逃漏税款的具体案件清单，自动推送给税务部门核查，助力健全税收征管体系。

（三）司法数据查询

通过开通查询端口，将法院掌握的相关数据信息提供给有特定社会治理需求的政府单位、监管部门、企业平台等查询，反向打破数据壁垒，助力社会治理。如针对有暴力、吸毒及涉交通肇事等犯罪记录的人员违规从事网约车服务乱象，可为公安、交通主管部门提供相关数据查询服务，助力行业监管和消弭隐患。

（四）司法建议制发

通过将数字技术与审判经验进行深度交融、整合，在大数据精准分析与研判的基础上，向各类主体制发司法建议书与审判白皮书，积极延伸审判职能，为政府依法行政、企业规范运营、促推社会治理等建言献策。如上海法院研发了“一人多卡”治理应用场景，对涉“一人多卡”的 1 万余件案件 1.9 万名被告进行分析，分别向国家金融监督管理总局上海监管局及相关银行制发司法建议，规范信用卡发放流程，助力防范金融风险。

三、“数助治理”的目标定位

“数助治理”致力于把握个案办理与社会治理的关系，将积极参与社会治理、源头上防范矛盾纠纷作为数字法院建设的重要内容，通过数字模型筛查出类案中存在的共性特征和问题，深入分析案件反映出的经济社会发展和社会治理问题，为党委政府决策提供参考，服务社会主体发展需求，努力实现双赢、多赢、共赢。

（一）实现依法履职与服务大局相结合

实现依法履职与服务大局相结合，要求法官发挥司法智慧，在审判过程中讲政治、顾大局，实现矛盾纠纷实质性解决，而非因循于具体法律条文的字面含义，陷入机械司法、就案办案的泥潭。[①] 实践表明，个案的形式化处理往往不意味着纠纷的实质化解决，也不意味着当事人之间由纠纷所引发的对抗实际消除。这要求司法必须要转变理念：第一，在审判工作上必须坚持从单一维度的案件办理转向对国家治理和社会发展的自觉参与；第二，在审判效果上必须坚持从传统三段式逻辑的运用转向对案件相关因素的全面考量。在上海数字法院建设中，专门开发“数助治理”功能板块，广泛发动全市法院一线干警敏于发现个案背后的社会治理盲点、雷区、黑灰地带，积极通过数字法院的大数据中台、研发模型平台开发“数助治理”类应用场景，在全市范围筛查存在同类问题的案件情况，及时发现社会治理趋势性、苗头性、典型性问题。

（二）实现“抓前端、治未病”

习近平总书记强调，“法治建设既要抓末端、治已病，更要抓前端、治未病”[②]。在新的发展阶段，人民法院依法履职关键是

① 参见程琥：《从案结到事了：行政争议实质性解决的法治建构》，载《中国应用法学》2024 年第 4 期。

② 习近平：《习近平谈治国理政（第四卷）》，外文出版社 2022 年版，第 295 页。

要以问题为导向，紧扣依法履职工作中发现的难点重点、薄弱环节，以加快理念转变、找准工作方向、提升队伍素质为切入点，有的放矢，重点突破。法院工作应当坚持“如我在诉”意识，设身处地、将心比心站在当事人角度，要以司法裁判为核心横向拓展诉讼服务、法治宣传、司法建议等延伸工作，推动在法律框架内寻找矛盾纠纷化解的最优解。推动“数助治理”工作，就是要借助大数据手段将办案与治理紧密结合。

（三）实现双赢多赢共赢

传统的司法方式侧重事后的补救和平衡，解决矛盾纠纷具有一定的滞后性，难以将矛盾纠纷消除在萌芽状态。上海法院提出“数助治理”概念和探索实践，旨在用好用足人工智能、大数据这一技术手段，全面谋划司法大数据深度参与审判工作布局，深挖司法大数据潜能，为决策部署提供科学支撑，推动实现从经验治理向数字治理、从被动响应治理向主动预见治理的转变，更好地为发展大局提供司法助力。上海法院不断探索将司法大数据融入基层社会治理，通过司法数据的自动筛选、比对、碰撞，为公共决策输出数据支持和智能分析研判，提升社会治理效能，从源头上减少诉讼纠纷，努力营造安全、和谐、稳定的经济社会发展大格局。推动“数助治理”工作，不止步于报送报告和推送数据，重要的是要在党委领导下，主动与主管单位对接沟通，共商问题治理方案、举措，持续跟踪、参与相关问题的后续治理，实现双赢多赢共赢。

第二节 “数助治理”的逻辑架构

“数助治理”的出发点在于充分发挥司法的预防功能，推动矛盾纠纷源头预防和前端化解，其关注点和落脚点在于数据信息的社会治理价值及最终所取得的社会治理成效，具有独特的数据逻辑和推进路径。

一、“数助治理”的数据逻辑

挖掘并推动实现司法数据的社会治理价值，是“数助治理”工作的核心要旨。这对相关数据信息的准确性、可用性提出了更高要求。只有依托准确、可用的司法数据，才能真正将治理场景模型转化成实实在在的社会治理成效。“数助治理”的建设路径也正是围绕这两个方面的内在要求，从内外两个维度协同展开。

（一）数据的准确性

“数助治理”场景以司法数据分析抓取为基础，发挥服务助推社会治理的功能。“数助治理”场景建模输出的数据信息必须转化成为主管单位在特定社会治理领域的治理线索，或成为分析社会治理问题的有力工具，才能成为决策建议的底层依据。数据模型是否准确，直接关系到场景功能的实现，决定相关社会治理工作的最终效能，故必须具有较高的准确性标准。这不仅要求录入系统的司法数据本身应当准确，也要求场景模型规则应当科学完善，能够对目标数据进行精准识别和全面抓取。由于社会治理问题及司法案例的多样性和复杂性，以及当前技术手段的有限性，对于大多数场景而言，很难实现百分之百的绝对精准。对此，必须在通过优化模型规则、提高数据抓取准确率的基础上辅以人工核验，确保决策建议具有精准的数据基础；对于实时输出的数据推送类及数据查询类场景，则需要在输出数据的同时附录裁判文书主文或全文，为主管单位精准获取社会治理线索提供甄别手段和依据。

（二）数据的可用性

“数助治理”的目标在于“治理”，关键在于对数据的运用。因此，抓取的数据必须符合社会治理的真实要求。在“数助治理”场景建设中，一方面要坚持问题导向，善于通过司法案件敏锐发现和准确分析社会治理中存在的问题，抓住能反映问题及可以成为治理线索的关键数据点，搭建数据模型，为问题的梳理分析、化解治理提供思路和依据；另一方面要坚持需求导向，调研先行，充分了解和掌握主管单位在社会治理方面的实际需求，找准司法的发力点，按需供给，从选题建模到成效跟踪都要保持密切对接，确保场景建设的针对性，让司法数据真正满足社会治理需要，推动提升社会治理水平。

二、“数助治理”的内部推进路径

围绕数据的准确性要求，“数助治理”在内部推进中遵循问题发现→建模核验→嵌入输出的逻辑路径。

（一）问题发现

随着经济贸易和社会交往的日益频繁，社会矛盾纠纷不断增加。作为纠纷解决的权威性和终局性方式，社会治理中存在的堵点漏洞在个案中均有一定程度的体现，海量司法案件样本中则隐藏着社会治理问题的规律和发展趋势。法官从个案办理中可以敏锐捕捉到社会治理问题的苗头，对海量的司法案件进一步深入分析，可以充分挖掘数据背后蕴含的社会信息，研判社会治理中存在的规律性问题。推动“数助治理”建设，要从司法数据中发现背后存在的普遍社会现象和问题，归纳梳理社会治理堵点和漏洞，推动完善社会治理体系。如“网约车司机禁业限制风险预警”场景的开发，就源于审判实践发现的一起网约车司机犯罪案件。审理案件的法官从该案件反映的从业禁止制度未落实入手，系统筛查暴力犯罪或涉交通肇事犯罪人员违规从事网约车类案数据，发现背后存在一批类似情形，从而引起该场景的研发和应用。

（二）建模核验

发现问题的下一步是从海量司法数据中精准抓取有效数据，在对问题进行进一步分析论证的同时，为推动相关社会治理问题解决提供直接线索、补强信息，或者提出决策参考建议。精准抓取有效案件数据，一方面要求科学构建数字化模型，明确场景的建设方向，依据司法经验对模型规则进行合理设定，依托技术手段对审判监督管理系统及裁判文书中的重要数据点进行解构、抓取；另一方面，必须对建模抓取的数据进行全面核验，验证模型的准确率，并依据核验查找的原因对模型进行针对性优化，尽可能提升数据信息的准确性。“数助治理”场景建设遵循自下而上的原则，上海中基层法院在上海市高级人民法院指导下完成建模后，首先对本院辖区相关案件信息进行数据核验，准确率达标后方可推广至上海全市，进一步开展全市数据核验和优化，最终达到较为理想的准确率。在司法数据推送类场景和司法数据查询类场景建设中，一旦后续链接至大数据中心将不再进行人工核验，而实行系统自动抓取、自动更新，则数字模型的准确率显得尤为重要。

（三）嵌入输出

在建立模型并完成数据核验、持续优化之后，只要嵌入法院办案系统，即可实现案件数据的实时抓取，辅助生成相关案件信息清单目录，并向外部单位进行即时推送。由于各单位之间没有直接的数据通道，一个兼顾数据安全和数据融通的数据共享和中转平台必不可少。在上海法院"数助治理"建设中，上海市大数据中心成为数据交互的中枢平台。作为上海市数据局下属事业单位，上海市大数据中心负责推进全市公共数据传输、整合、清理、共享与应用工作，具有强大的数据管理和安全防范能力，能有效保障数据安全，目前已与上海市各单位、各领域实现数据对接，数据上行、下行通道已经完全打通。上海法院借助全市大数据中心平台，通过数据分享→使用申请→审核许可的方式及技术手段加持，实现了司法数据的安全、有序共享，成为连接数据准确性和可用性的桥梁。

三、"数助治理"的外部推进路径

围绕数据的可用性要求，"数助治理"在外部推进中遵循需求对接→数据运用→协同治理的逻辑路径。

（一）需求对接

运用数字化手段助推社会治理，最终需要党委政府各主管单位的采纳运用。这就要求建设中不仅应根据司法经验和普遍认知去发掘问题、建立模型，更应当始终关注社会治理各领域主管单位的真实需求和实际情况。在推进“数助治理”建设中，必须坚持“调研先行”理念，在开发建模前主动调研了解情况，摸清主管单位在社会治理方面的实际需求，确保场景选题精准、切合实际、有针对性，能解决社会治理的“真问题”。在场景建设过程中，必须坚持实效导向，把与主管单位的沟通协调对接作为工作重心，围绕治理需求完善规则、优化模型，紧盯“数助治理”场景的实际应用效果，推动场景在辖区内先行测试、取得成效，进而在市级层面推广应用，确保建设质量。

（二）数据运用

数据的输出和运用是赋能社会治理的关键步骤，主要有三种方式：一是原始输出、破除壁垒。对司法系统内部、司法系统与其他单位系统之间的数据孤岛现象，需要通过对相关司法数据的推送，打破数据传输壁垒，为主管单位提供数据资源。这些数据既可能是社会治理的直接线索，比如通过劳动争议案件发现的未为劳动者足额缴纳社保的相关治理线索、通过合同纠纷发现的偷税漏税线索；也可能成为排查线索的底层数据资源，供相关主管单位与自有数据比对分析后，再针对性开展治理，比如将判处缓刑人员信息推送至司法局，与公安机关行政违法和被采取刑事强制措施信息碰撞，发现需要撤销缓刑的治理对象，确保刑罚依法执行。二是碰撞输出、消除盲区。这种方式不直接输出全量原始数据，而是通过与外部数据的前端或后端碰撞，输出目标数据。在前端，通过先期获取外部数据，与法院案件数据进行比对碰撞，准确抓取目标数据信息并向主管单位推送，比如将国有企业名单与企业涉诉信息碰撞后向国务院国有资产监督管理委员会推送国有企业重要涉诉信息，助力国有资产监管。在后端，通过提供查询服务，由主管单位将自身掌握的人员信息、企业信息等输入法院数据池查询，进行反向数据碰撞，锁定治理目标。比如教育部门将教育从业人员信息批量输入法院从业禁止数据库进行查询，从中发现从业禁止人员，筑牢未成年人保护屏障。三是加工输出，服务决策。依托海量司法数据及内外部数据碰撞，准确识别社会治理中存在的普遍性、趋势性、规律性问题，通过数据抓取和量化分析，对社会治理盲点、短板主动深挖，从全局高度和司法视角指出存在的问题，提出对策建议，服务公共决策。

（三）协同治理

治理成效是检验“数助治理”场景价值的“试金石”。尽管“数助治理”的最终成效依赖于主管单位的应用，但数据输出推动对法院来说绝不意味着任务完成。要确保“数助治理”场景建设取得实际成效，必须围绕“数助治理”场景建设的初衷，建立健全与相关行政主管单位的协同推进机制，对数据运用进行积极推动和成效跟踪，确保输出数据真正转化为对社会治理盲点、难点、堵点问题的破解之举，推动有效防范化解重大风险、堵塞管理漏洞、完善社会治理。这种成效既包括输出线索经核查后取得具体成果，也包括与职能单位建立常态化数据融通交互机制，还包括相关工作建议得到重视采纳、推动整改等。为使推送的数据信息能够得到更好地采纳和使用，还可以同步辅之以司法建议、分析报告等，强化相关领域协同治理力度。

第三节 “数助治理”的主要功能

在数字法院建设背景下，人民法院在社会治理中的作用：在参与方式上，依托数字化分析研判，跨前一步为党委政府提供决策参考和司法服务；在参与手段上，对社会治理盲点、短板主动深挖，实现数据功能的最大化。数字法院不仅以数据的共通共享促进共建共治，还从超大量级的司法数据碰撞中及时发现苗头性隐患，将矛盾纠纷预防化解关口有效前移，使司法审判与社会治理真正达成融合互动。“数助治理”类场景主要有以下功能：

一、为公共决策提供参考

为党委政府公共决策提供参考，就是依托数字场景模型深入分析司法案件反映出的某一社会治理领域存在的突出问题，提出有针对性的对策建议，形成大数据专题分析报告，供党委政府作公共决策参考。自上海法院开展“数助治理”建设以来，已形成大数据专题报告30余份，得到相关领导的高度重视和批示肯定，推动相关主管单位积极开展反馈整改，有效促进了相关问题的解决。

（一）聚焦保障经济社会发展

1. 新业态经济方面

审判实践中发现，近年来以平台经济为代表的新经济业态逐渐发展壮大，相关纠纷案件迅速增加，折射出背后存在不少社会治理问题有待解决。上海法院通过数字化建模，筛查出2022年至2023年所判决涉新业态劳动者纠纷案件3075件，其中侵权类纠纷案件2177件，占70.8%；涉用工关系类纠纷案件745件，占24.2%；保险类纠纷案件153件，占5%，近九成案件涉及快递、网约车、外卖等劳动密集型服务行业。大数据专题报告通过分析相关案件数据发现，平台企业用工不规范情况较为突出，从业者权益保障问题亟待关注；用工关系链条复杂化，从业者维权存在难点；从业者休息休假权益保障难，高强度工作下安全保障待完善；传统社保覆盖率低，灵活职业伤害保障待推广；涉服务质量投诉案件较多，职业技能培训有待加强。在对大数据分析研判的基础上，上海法院从畅通救济渠道、开展常态监督、完善保险制度、加强职业培训四个方面提出对策建议，推动完善新业态从业者权益保障。上海市民政局、市场监管局、司法局、国家金融监督管理总局上海监管局、人民银行等部门就此问题开展了多次专题会商，有力推动了相关问题的解决。

2. 民营企业反腐败建设方面

针对近年来上海法院审理案件中发现的民营企业内部腐败问题，上海法院通过数字建模，形成专题分析报告。大数据专题报告通过分析相关案件数据发现，民营企业内部腐败案件情况相对集中；通过分析作案手段数据发现，此类犯罪行为样态趋同，群体性腐败现象值得关注；通过分析案发环节数据发现，销售、仓管、财务、采购等环节风险突出，超案件总量的70%；通过分析案发行业数据发现，民营企业合法经营需关注的制造领域仓储管理、财会审批不规范滋生员工监守自盗，电商物流领域通过制造虚假订单截留承运货物，保险领域内部挂单骗贴侵犯保险公司和投保人双重利益等重点领域和关键环节。在对大数据分析研判的基础上，上海法院从健全民营企业内部依法依规监管制度，加快建立多层级的行业自律组织和自律规范，构建多元主体参与的企业内部腐败治理机制三方面提出对策建议，推动民营企业依规守法经营。

（二）聚焦服务保障社会民生

1.“三农”工作方面

针对农村集体“三资”（农村集体资金、资产、资源）管理问题，上海法院通过建立数字模型，形成专题分析报告。大数据专题报告通过分析涉农村集体“三资”合同纠纷数据发现，部分村镇人员存在履职不力、消极作为的问题；通过分析刑事案件数据发现，拆迁领域村镇基层工作人员贪污侵占“三资”问题严重，部分“三资”监管人员疏于履行集体资金发放审核义务，造成集体资产流失严重；通过分析案涉“三资”工程特点发现，农村小微工程点多面广，成为基层小微权力监督难点。为更好维护农民权益，以精准监督护航乡村振兴，上海法院从加强对村干部监督管理；加强对重点项目、重大资金、重要环节的监督检查；规范资产管理；加大对违规违纪问题的查处和问责力度四个方面提出对策建议。后上海市农业农村委专门到上海市高级人民法院了解、沟通相关刑事及民事案件中反映出的农村“三资”管理问题，并出台了上海市《关于进一步加强本市农村集体经济组织土地补偿费管理监督的指导意见》《上海市村级集体经济组织工作指引》等文件，推动相关工作机制进一步完善。

2. 预付式消费方面

预付式消费是商家和消费者基于诚信而建立的民事法律关系，常见于教育培训、美容美发、洗车洗衣、运动健身等服务合同领域，涉众面广、关涉民生利益。近年来预付卡消费迅猛发展的同时，经营者闭店“跑路”、换壳后“另起炉灶”等情况频发，严重损害消费者合法权益，扰乱市场经济秩序，相关纠纷亦不断增多。上海法院通过建模分析，筛选出全市法院2020年至2023年预付卡消费相关纠纷案件近9000件，涉及1600余家企业。大数据专题报告分析相关案件数据发现，预付卡消费仍存在诸多社会治理隐患，须进一步加强监管；通过将案涉企业法定代表人或实际控制人的身份信息与工商登记情况进行数据对比发现，“换壳逃债”现象突出，甚至出现专业运作团队；通过对案件标的和移送数据的分析发现，部分企业诱导消费者高额充值并嵌套消费，存在经济犯罪嫌疑；通过将涉案企业与政府相关协同监管服务平台备案登记企业信息进行比对发现，预付卡发行备案机制落实不到位，平台管理有待加强；通过对文书中争议焦点的抓取分析发现，大量服务合同签订及履行不规范，消费者维权遭遇困境。在对大数据分析研判的基础上，上海法院从推动职能部门数据互通共享，强化预付卡消费监督及指导力度；强化多元联动治理，促进企业、行业协会风险自治；加强消费风险提示，增强消费者风险识别及维权能力三方面提出对策建议，推动强化预付式消费管理，保障消费者合法权益。

（三）聚焦社会矛盾纠纷解决机制

1. 矛盾纠纷多元化解方面

受经济社会快速发展、超大城市人口聚集等因素影响，直辖市万人起诉率偏高。[①] 2022年，上海地区万人起诉率高于全

① 万人起诉率是指某一行政区域一定时间段内，以万人为单位，人民法院受理的一审民事、行政案件数与该地区常住人口和登记在册的流动人口总数之间的比率，一定程度上反映该地区社会矛盾激烈程度及社会治理效果。

国平均水平近一倍，亟须加强预防修复治理，将上海地区万人起诉率降至合理区间，助力市域社会治理现代化。2023 年上半年，上海法院结合实践，对相关数据进一步梳理分析，发现相关工作推进中尚存在多元化解积极性不足、万人起诉率考核细化不够、非诉方式解决纠纷工作保障不充分等问题。在此基础上，上海法院提出以下建议：一是积极依托社区法官工作室、巡回审判工作站等，将人民法院职能向源头和前端延伸；二是主动依靠党委、政法委领导，建立健全“区、街镇、村居”三位一体的万人起诉率考评机制，积极融入党组织领导的自治、法治、德治相结合的城乡基层治理体系；三是配齐配强专职人民调解员，加强各区、街镇调解经费保障；四是坚持以人民为中心，加快推进调解组织、仲裁机构、行政裁决、行政复议等部门资源整合。上海市人社局联合上海市高级人民法院印发了《关于进一步加强劳动人事争议“总对总”在线诉调对接工作的实施意见》，上海市司法局、市委金融办联合上海市高级人民法院制定了《关于开展融资租赁纠纷诉前调解工作试点的通知》，合力推进矛盾纠纷多元化解。

2. 域外法治方面

当前，新一轮科技革命和产业变革深入发展，全球科技创新空前密集活跃，在高新技术领域的贸易竞争中，部分西方国家越来越频繁地使用知识产权诉讼手段打击遏制我国企业发展。上海法院建立场景模型梳理上海企业涉外技术类知识产权纠纷案件，筛查出 2020 年至 2023 年 6 月外国企业针对上海企业提起技术类知识产权案件共 193 件，其中在上海法院的起诉为 159 件，另有

34件为上海企业在域外法院被起诉[①]；79%为发明专利权纠纷，有60%以上案件涉及计算机通信、软件、生物医药等前沿技术领域。大数据专题报告分析相关案件数据发现，本地企业面临诸多技术类知识产权纠纷的风险挑战；通过分析不同类型案件数量发展趋势发现，技术脱钩背景下美国加大对中国集成电路产业的知识产权博弈，“标准必要专利纠纷”凸显，制约相关产业科技创新；通过分析案件涉及的行业领域数据发现，传统制造业智能化建设基础薄弱，工业软件侵权纠纷多发，汽车行业涉基础零部件纠纷高发，自主创新能力亟待加强；通过分析被诉企业规模数据发现，涉中小微企业纠纷多，知识产权保护意识及诉讼能力有待提升。在对大数据分析研判的基础上，上海法院提出完善相关数据库、加强技术攻关、促进多元共治三方面建议，推动提高我国企业在涉外知识产权诉讼中防范风险、反制打压的能力。

二、开展司法大数据推送服务

数据推送类应用场景是指从海量司法数据中挖掘出蕴含社会治理价值的司法公共数据，以大数据中心为枢纽，实时推送至有关主管单位，根本性破除数据壁垒和信息不对称带来的社会治理盲点、难点、堵点的应用场景。数据推送类场景的功能实现方式主要分为三种：一是与主管单位的数据进行碰撞，精准发现需要采取处置措施的对象；二是推送主管单位自有数据无法掌握的治

① 包括美国337调查，数据来源于上海市浦东新区知识产权保护中心。

理线索、风险信息；三是完善充实其自身职能所需数据库。

按照治理方式进行分类，可分为治理线索提供和治理风险预警两类。前者为行政主管单位靶向提供治理线索，定位执法对象，促进执法的精准化、高效化；后者为行政主管单位预警管理风险，消除治理漏洞，提高治理的科学性、协同性。

（一）治理线索提供

行政主管单位通过数据推送渠道获取治理线索后，结合职能定位，主要通过三类方式进行执法治理：一是针对未依法履行法定义务的对象，查漏收缴，促进“应执尽执”；二是针对依法预先垫付的行为，补缺追偿，促进“应追尽追”；三是针对违法行为应当予以处罚的，健全监督，促进“应罚尽罚”。

1. 查漏收缴，促进“应执尽执”

（1）助力完善税收监管体系，提升依法诚信纳税意识。司法实践中发现，部分当事人存在故意逃漏税行为，主要有两类情形：一是民事诉讼胜诉后，当事人未主动申报纳税。例如，涉劳动争议纠纷案件中，企业原高级管理人员就解除劳动关系后的赔偿金问题产生争议诉至人民法院，胜诉后用人单位一般依据结案标的进行给付，不再对税款等进行代扣代缴，胜诉后的高管如不主动申报纳税，则会导致相应税款流失。二是诉讼对抗中发现当事人在市场交易时故意规避税收监管。例如，在涉房屋买卖合同纠纷、股权转让纠纷中，当事人通过订立“阴阳合同”的方式，故意使交易备案的合同价格低于实际成交价，以减轻甚至免除自身纳税义务。针对上述司法案件中折射出的偷逃税线索，上海法院研发“助力完善税收监管体系、提升依法诚信纳税意识”应用场景，对房屋买卖及股权转让“阴阳合同”、企业高管离职后追索劳动报酬等案件进行数字化抓取，精确发现涉嫌偷逃税的企业或个人相关线索，并推送至税务局，助力完善税务监管体系。某区税务局积极推进相关数据线索分批核查，已追缴涉企业高管追索劳动报酬类线索相关税款200余万元。

（2）用人单位不按时足额为劳动者缴纳社保、公积金的协同治理。社保、公积金作为社会保障制度的核心内容之一，是社会长治久安、经济健康发展的基石之一。实践中，部分用人单位不规范用工，未依法与劳动者签订书面劳动合同，进而未为劳动者依法足额缴纳社保、公积金等，在纠纷诉至人民法院后，经法院判决确认双方存在劳动关系。此种情况下，用人单位应当及时为劳动者补充缴纳劳动关系存续期间的社保、公积金。针对司法审判中发现的此类违法情形，上海法院研发“用人单位不按时足额为劳动者缴纳社保、公积金的协同治理”应用场景，通过劳动争议案件审判数据筛查，以诉讼案件确认“建立劳动关系”等为切口，准确发现不按时足额为劳动者缴纳社保、公积金的用人单位清单，并将相关信息推送给社保部门、公积金管理部门，提高征缴率。同时，对多次违法的用人单位进行重点预警，强化劳资纠纷源头治理协动联建。

2. 补缺追偿，促进“应追尽追”

（1）医保基金追偿信息共享与协调治理。医疗保障基金的安全事关社会稳定和民生福祉。根据法律规定，应由第三人负担的医疗费用不应纳入基本医疗保险基金支付范围，医疗保障基金先行支付的，有权向第三人追偿。实践中，因信息不对称，医保主管部门难以知悉是否存在侵权人、侵权结果的认定等信息，在统筹支付之后无法及时向实际侵权人追偿，挤占医保基金。为促进医保基金有效追偿，上海法院研发“医保基金追偿信息共享与协调治理”应用场景，对判决侵权行为成立的涉医保纠纷案件进行识别分析，将侵权人身份信息、侵权赔偿金额、侵权责任比例等信息推送至医保局，助力畅通医保基金回流渠道。

（2）助力工伤保险基金追偿。工伤保险制度旨在保障劳动者在工伤情况下依法从国家和社会获得物质帮助的权利，当工伤系因第三人造成时，职工同时具有工伤保险待遇赔付请求权以及向第三人提起侵权损害赔偿请求权。工伤保险基金依法支付工伤保险待遇后，社保经办机构有权按照规定向第三人代位追偿。实践中，社保部门因不掌握具体侵权信息难以进行后续追偿，部分职工隐瞒工伤理赔情况或侵权损害赔偿诉讼情况，利用信息差获得重复理赔。针对此类情形，上海法院研发“助力工伤保险基金追偿社会治理”场景，筛查分析存在重复理赔可能的案件，将职工信息、侵权人信息、已支持的不可兼得项目金额等向社保基金管理中心精准推送，助力社保部门向实际侵权人或职工追偿，避免工伤保险基金流失。

3. 健全监督，促进“应罚尽罚”

（1）社区矫正对象全流程监管衔接的监督治理。被判处缓刑、假释、管制、暂予监外执行的犯罪人员，在考验期内作为社区矫正对象受到公安局、司法局等部门联合监督，如发生违法行为、犯新罪或被发现漏罪，应当撤销缓刑、依法惩处。但实践中，由于信息衔接和共享机制的不完善，法院生效裁判数据与司法局社区矫正名单、公安机关所掌握的行政违法或刑事强制措施信息不能实时同步，存在信息传递滞后、监管信息不全等监管盲区，容易引发矫正对象脱管、漏管、未及时被撤销缓刑收监等风险。对此，上海法院研发“社区矫正对象全流程监管衔接的监督治理”应用场景，通过场景建模抓取数据，通过碰撞比对缓刑等案件信息、社区矫正对象信息、行政违法信息、采取刑事强制措施信息，构建公安、法院、司法局联通数据共享平台，健全完善社区矫正对象监管衔接机制，确保刑罚执行的严肃性和规范性。该场景上线以来，经数据碰撞，发现社区矫正对象在缓刑考验期内违反行政法规或社区矫正监督管理规定的 15 人，相关区司法局已及时提请撤销缓刑；发现社区矫正对象在缓刑考验期内犯新罪的 11 人，公检法已及时互通信息并依法处理；另有 76 条新增被判处缓刑对象信息被上海市司法局在纳入监管前先行获知，有助于做好缓刑对象报到前的监管衔接。

（2）生产、经营不符合食品安全标准食品行为的协同治理。食品安全关涉人民群众的身体健康和生命安全，确保广大的人民群众“舌尖上的安全”具有重要意义。实践中，网购进口食品、购买自产自销农资产品、购买预包装产品等引发的诉讼日益频发，未经投诉、举报而直接进入诉讼的食品安全纠纷较多，相关监管部门难以掌握情况、及时监管；部分人员以“知假买假”为业，主张惩罚性赔偿，存在恶意举报投诉风险。针对食品质量监管漏洞、潜在职业打假风险，上海法院研发“生产、经营不符合食品安全标准食品行为的协同治理”应用场景，类型化分析频发食品领域与产品类型、多次涉诉且判决责令商业主体以及潜在职业打假等情况，通过数据定位与推送，助力市场监督管理部门加强食品安全监管，维护市场运行秩序。

（二）治理风险预警

数据推送类应用场景亦能从审判大数据中查找和发现系统性管理风险，针对薄弱环节进行预警，发挥双重效能：一是补强行政主管单位数据库，便于行政主管单位协同联动，堵塞管理漏洞；二是为行政主管单位提供参考，立足前瞻视角，构建风险“防火墙”。

1. 信息补强

（1）对被宣告死亡人员户口未注销问题的协同治理。被宣告死亡人员户口注销登记是人口管理的重点环节，对于社会秩序的有序运转具有重要意义。实践中，法院宣告死亡信息与公安机关户籍管理信息间存在数据壁垒，如果死亡人员的近亲属等未在法院宣告死亡后及时进行注销登记，公安机关则难以掌握相关人口变化信息，不利于开展户籍人口管理及深入推进基层社会治理。对此，上海法院研发“对被宣告死亡人员户口未注销问题的协同治理”应用场景，将筛查出的被宣告死亡人员身份信息及宣告死亡日期等数据推送至上海市公安局，完善上海“一网通办”中“身故人员主题库”模块，便利公安局人口、户籍管理工作。经上海市公安局比对，已通过“公民身故一件事”平台核对并注销户籍 55 人，消除错误数据对社会发展带来的不安定因素和隐患。

（2）涉婚姻关系案件处理结果协同治理。婚姻关系的变更、解除由民政局或法院作出，但法院和民政局两方的婚姻关系变更信息未实现完全互通，民政局难以确认诉讼变更婚姻关系的结果，档案局难以记录诉讼变更婚姻关系的信息，造成部分公民对于婚姻状态查询结果产生质疑。针对婚姻关系数据管理存在的问题，上海法院研发“涉婚姻关系案件处理结果协同治理”应用场景，筛选婚姻关系经过诉讼被解除、被宣告无效、被撤销的案件信息，向民政局、档案局等部门推送，打通信息共享渠道，促进婚姻信息管理进一步完善。

2. 信息参考

（1）涉家暴信息沟通共享机制。家庭是社会的基本细胞，国家相继出台反家庭暴力、人身安全保护令等相关法律法规，回应社会关切，维护家庭安全与和谐。人身安全保护令、家庭教育指导令等制度的落实需要依赖多方发力，但实践中，妇联等有关部门无法全面获取相关信息，各方难以有效协作。为将相关制度落到实处，上海法院研发“涉家暴信息沟通共享机制”场景，将法院制发的人身安全保护令、家庭教育指导令、涉家暴风险案件等信息实时推送至妇联，便于妇联跟进实施效果，汇集社会合力，预防家庭暴力风险，共筑“司法 +”多重反家暴“防火墙”。

（2）资本市场证券虚假陈述行为协同治理。在复杂多变的资本市场中，上市公司披露的信息是投资者作出投资行为的重要依据。为保障投资者权益，国家制定了虚假陈述侵权民事赔偿制度，规定法院受理证券市场虚假陈述侵权民事赔偿案件后，应当及时向相关机构通报。在证券市场虚假陈述民事赔偿案件废除行政前置程序后，涉新主体、新类型证券虚假陈述责任纠纷数量激增，针对协同监管的更高要求，上海法院研发“资本市场证券虚假陈述行为协同治理”应用场景，建立健全相关案件准确通报和实时推送机制，便于证监部门强化上市公司监管，提前做好风险防控预案，加强金融司法规则与金融监管口径协同，推进证券纠纷多元化解，保障资本市场健康稳定发展。

三、提供司法大数据查询服务

数据查询类应用场景是指针对特定领域的社会治理需求，为相关主管单位提供相应司法数据查询服务的应用场景。这类场景通过在内部建立相关案件数据信息的全量数据池，并依托大数据中心建立查询接口，供主管单位接入，就特定对象进行查询，解决以往实践中存在的涉诉信息查询难、验证难等问题。

数据查询类场景存在以下几点特征：第一，数据体量较大。这类场景往往符合模型基础特征、存在潜在可能的对象范围广，全量数据可能达数万甚至更多，但实际成为特定领域治理对象的却十分有限，需通过将目标对象（主管单位需进行研判的对象）放入数据池中进行查询，确定最终治理对象。第二，数据精准度要求极高。查询结果可能直接影响社会主体的切身利益，故此类场景对数据的真实性、准确性提出了更高要求，必须在建模规则层面力求数据完全准确。第三，数据使用方式灵活。因体量的庞大和价值的基础性，数据查询类场景的受众也较为广泛，更加贴合服务对象实际需求，极具生命力。基于社会治理主体的需求和数据安全性考虑，查询类数据的分享和获取以市大数据中心为媒介，通过在大数据中心建立查询接口，相关单位可以申请接入，经审核通过后即开通查询权限。按照治理对象进行分类，数据查询类应用场景可分为个人涉诉数据查询场景和企业涉诉数据查询场景。

（一）个人涉诉数据查询场景

个人涉诉数据查询场景主要是针对与个人有关的信息查询，如网约车司机禁业限制风险预警、立遗嘱人行为能力信息共享、密切接触未成年人从业禁止监督预警等。

1. 网约车司机禁业限制风险预警

近年来，随着网约车行业的迅猛发展，乘车安全问题引起社会的共同关注，国家对从事网约车服务的驾驶员设定了禁业限制条件，将存在暴力犯罪记录或涉交通肇事犯罪记录的人员纳入从业禁止名单，保障公众的出行安全。审判实践中发现，有暴力犯罪记录或涉交通肇事犯罪记录人员仍违规从事网约车服务，并引起新的犯罪行为。对此，上海法院研发“网约车司机禁业限制风险预警”应用场景，通过建模筛选涉毒、涉交通及涉暴力犯罪人员犯罪记录，与无证从事网约车服务人员记录进行数据碰撞，筛查出违规从事网约车服务的司机名单，为交通主管部门提供数据查询服务，助力行业监管和消弭隐患，从源头推动网约车安全运营治理。

2. 立遗嘱人行为能力信息与公证部门共享机制

订立遗嘱属于单方法律行为，要求立遗嘱人具有民事行为能力。按照法律规定，公证处在办理遗嘱公证时，需要审查立遗嘱人民事行为能力。实践中，公证人员因对于法院宣告的无民事行为能力人、限制民事行为能力人缺少直接查询渠道，审核立遗嘱人行为能力时存在客观盲区，容易出现错漏。对此，上海法院研发“立遗嘱人行为能力信息与公证部门共享机制”应用场景，针对遗嘱经公证后发现立遗嘱人不具备相应的民事行为能力以致影响遗嘱效力的问题，从被法院宣告为无民事行为能力人、限制民事行为能力人的案件信息中自动筛选并准确识别出无民事行为能力人、限制民事行为能力人，形成公共数据池，并建立共享渠道方便公证处在办理遗嘱公证时查询，切实保障继承人与被继承人的合法权益。

3. 密切接触未成年人从业禁止监督预警

未成年人健康成长关系到亿万家庭的幸福安宁，关系到社会的和谐稳定，关系到民族的兴旺发达。为防范针对未成年人的犯罪，有关法律明确规定，实施性侵害、虐待、拐卖、暴力伤害等违法犯罪的人员禁止从事密切接触未成年人的工作。为将这一制度落到实处，上海法院研发“密切接触未成年人从业禁止监督预警”应用场景，针对涉未成年人行业的特殊从业要求和监管盲区，向教育主管部门等提供相关从业人员性侵、虐待、拐卖、暴力等犯罪记录数据查询服务，以审判数据反哺社会治理，落实从业禁止制度，合力筑牢未成年人保护安全屏障。

（二）企业涉诉数据查询

融资是企业顺利经营发展的重要条件。由于法院与银行等金融机构之间存在数据壁垒问题，银行难以完全准确掌握企业涉诉原因、标的额等具体情况。为保证信贷安全，一旦从网络上获取放贷对象涉诉的片段信息，银行可能会对相关企业采取停止贷款等措施，给企业特别是中小企业生存发展带来不利影响。针对金融机构和企业之间存在信息差、影响企业正常贷款融资的问题，上海法院研发“企业涉诉信息澄清协同治理”应用场景，为金融机构建立查询企业涉诉信息渠道，更精准呈现企业信用“画像”，避免金融机构采取与企业涉诉风险不匹配的贷款限制措施，积极缓解企业特别是中小企业融资难问题。本场景在市大数据中心上线后，已为上海市联合征信平台提供数据查询服务 1586 次，帮助 307 家企业获得约 8.4 亿元贷款，有效缓解了中小企业融资难困境。上海市人民代表大会常务委员会新修正的《上海市优化营商环境条例》专门增设了“中小企业涉诉信息澄清机制”条款。

四、制发司法建议书与审判白皮书

司法建议工作是人民法院践行习近平法治思想，落实“抓前端、治未病”理念，从源头上预防和减少类案多发高发的重要抓手，是人民法院充分发挥审判职能作用，积极参与社会治理，以审判工作高质量发展保障中国式现代化的重要途径，也是法律赋予人民法院的重要职责。

为进一步加强和推进司法建议工作，赋能社会治理，上海法院以数字法院建设为契机，充分发挥数字化手段的强大动能，增强司法建议制发的准确性与客观性，不断提升治理效能，积极为服务保障经济发展、促进社会治理创新、助推依法行政等建言献策。2023 年以来，上海法院针对类案多发高发的深层次问题，运用大数据技术进行深度分析，共制发司法建议书 1107 份、审判白皮书 175 份，其中综合治理类司法建议 58 份，反馈率 90% 以上。发布的金融审判、行政审判等方面的白皮书有效促进了社会纠纷的系统治理。

（一）服务保障经济发展

全市各级法院紧紧围绕中央关于上海当好全国改革开放排头兵、创新发展先行者的要求，积极服务上海“五个中心”建设和城市治理现代化，充分利用大数据分析方法，通过数据比对碰撞，深入挖掘、分析研判司法审判中反映出的影响经济发展的深层次问题，制发了一批高质量的司法建议书和审判白皮书。

例如，随着上海城市化进程的加速，租赁和管理国有房屋出现了许多新情况、新问题。据此，上海法院研发了“国有企业租赁房屋权属识别与监管”应用场景，通过数字建模，对 2021 年以来司法实践中存在权属问题的不动产相关线索进行筛选。该场景模型共发出40条预警提示，经过全市法院核验后，确认线索总数24条。通过司法大数据分析，发现国有企业租赁房屋权属存在如下问题：房屋权属性质不明确，登记信息缺失；下属企业情况不清晰，存续状态模糊；合同约定内容需规范，具体含义存疑；后续监管机制需进一步完善；承租主体资质需进一步审查。在对大数据分析研判的基础上，上海法院向相关国有集团公司制发《关于加快梳理国有性质房屋信息的司法建议书》，并就存在问题提出对策建议：严把“权属关”，履行告知义务；严把“招租关”，善尽管理义务；严把“合同关”，规范条文表述；严把“管理关”，掌握房屋信息；严把“维权关”，促进资产保值。涉案国资企业反馈积极，就司法建议逐条研判，制定工作方案，并与制发法院进行交流座谈，对办理落实情况及时复函。

又如，案件审理中发现，资管合同的法律关系定性、管理人信义义务的范围、卖方机构适当性义务的履行、刚性兑付条款的认定原则等问题存在认识上的分歧，有待进一步解决。为充分凝聚共识，上海市高级人民法院整理发布了《2019—2021年上海法院涉资产管理纠纷案件审判情况通报》（以下简称《通报》）。该报告深度应用司法大数据分析这一强大工具，从海量的案件数据中精准筛选、系统整合近3年涉资产管理纠纷案件的各项关键信息，全面剖析案件特点，研判相关发展趋势，提出加强监管政策协调性建设、统一资管行业监管体系、提升投资者风险防范意识和风险管理能力等有针对性和建设性的意见建议，推动资产管理行业更加健康规范发展。该《通报》得到金融监管机构和行业协会的高度评价。

（二）促进社会治理创新

司法建议是人民法院参与、助推社会治理现代化的重要路径和手段。全市各级法院坚持问题导向，依托应用场景及数据技术，深度利用、分析司法数据，深入揭示类案多发高发反映的社会治理深层次问题，探明问题症结，及时向有关主管单位提出改进工作、完善治理的司法建议，帮助堵漏洞、补短板，促进更高水平的社会治理。

例如，上海法院在审理婚介服务合同纠纷中发现，某婚介所在开展婚介服务活动时存在合同条款约定不合理、签约主体审核不清、客户档案管理不规范、违规“揽客”、诱导式销售等问题。上海法院研发“婚姻介绍服务机构经营乱象协同治理 ”应用场景，通过建立数字模型对近三年来受理的百余起涉婚介服务机构的服务合同纠纷进行筛选后，确定52起案件与某婚介所直接相关。经数据分析，发现存在如下问题：合同条款约定不规范、签约主体资格审核不规范、征婚者档案管理不规范、存在违规“揽客”及诱导式销售情况。对此，在大数据分析研判的基础上，上海法院制发了《关于婚姻介绍机构管理协会规范化经营的司法建议书》，对婚姻介绍机构管理协会以及该婚介所提出如下建议：规范行业合同范本，设定服务“冷静期”；规范合同订立流程，严格主体资格审核；规范服务流程，加强档案管理；加大行业培训力度，提升守法意识和执业能力；加大行业督导力度，设立行业“黑名单”“白名单”。婚姻介绍机构管理协会的主管单位对法院的司法建议高度重视，专门至法院就司法建议中反映的婚姻介绍服务行业相关问题开展专项调研，并达成共识，推动进一步打破数据壁垒，不断促进涉诉信息的互通融合，提升社会治理的信息化和规范化水平。

又如，随着人民群众对优质教育的需求不断提高，教育机构数量日益增多，安全管理风险也随之上升。为此，上海法院研发了“教育机构未尽安全保障义务风险隐患的协同治理”应用场景，通过司法大数据比对，从海量司法相关数据中精准筛选出全市范围内涉及教育机构安全风险的问题线索118条。经全市法院核验，最终确认有效线索达103条。经过深入的数据分析与研判，揭示出教育机构安全管理主要存在以下问题：一是部分校园建筑设施陈旧，不符合现行安全标准；二是部分学校安全管理制度不健全，应急处置不到位；三是校园安全教育形式较为单一，缺少相应分类。依据数据分析结果，上海相关法院向区教育部门制发了《关于教育机构完善安全保障制度的司法建议书》，提出三点针对性建议。区教育部门收到法院的司法建议书后，高度重视、积极响应，充分借鉴法院基于大数据分析得出的结论与建议，完善校园安全保障工作机制，强化校园安全管理，抓好未成年人安全保护工作。同时，教育部门积极商请法院加强沟通交流，共同构建更加安全、优质的教育环境。

（三）促进依法行政

监督和支持行政机关依法行政是司法建议的重要功能之一。近年来，上海法院积极运用数字思维，通过数据分析剖析行政执法现状及问题，向各级行政机关发送各类司法建议近百份，涉及国家、市、区等各个层面以及不同行政管理领域，对督促行政机关正确适用法律、规范执法程序、推进依法行政发挥了积极作用。

例如，上海市高级人民法院对2022年全市法院受理的7280件行政案件进行大数据分析后发现，少数行政机关在运用法治思维和法治方式的理念、公正高效的执法水平能力、各层级各区域各部门的依法行政均衡度、高效化解行政争议的配合度等方面仍需进一步加强。据此，为进一步推进行政执法规范化建设，助力依法行政水平提升，上海市高级人民法院于2023年8月制发了《2022年度上海行政审判白皮书》，从加强能力建设、强化执法规范、深化体系建设、提升出庭应诉水平、发挥政务诚信引领作用等方面提出建议。审判白皮书发布之后，上海市政府办公厅、市司法局、公安局、人社局、市场监管局、卫生健康委、规资局、住建委、交通委、城管执法局、房管局等部门积极参加上海市高级人民法院召开的行政诉讼情况通报交流会，进一步掌握行政执法总体情况及薄弱环节。

第四节 “数助治理”的发展方向

未来，“数助治理”应秉持“鼓励创新、强调质量、力求实效”的总体思路，充分依托区块链、人工智能、云计算等数字化手段和创新性司法工作理念推进履职职能延伸，以跨“域”协作的方式充分挖掘、利用信息数据，形成“以数为中心”的多元协同治理格局，绘就“良法善治”的新图景，为法治化营商环境建设、科技创新发展大局提供更优司法服务保障。

一、挖掘“数”的深度

在数字司法时代，随着海量司法数据不断生成、沉淀，人民法院参与社会治理的方式也日趋多元。在已有纠纷化解机制的基础上，充分激活、利用沉睡数据，形成体系化、动态化、实时化的司法数据挖掘与利用体系，进而发挥数字法院中“数助治理”的精准、高效优势，真正发挥司法大数据的“富矿”价值，并通过让纠纷化解在萌芽期，服务保障数字经济发展，维护社会稳定。

（一）将数据采集渠道从“案中”向“案前”拓展

除了传统分析、利用案件数据外，应当拓宽司法数据的采集渠道，将司法数据采集触角延伸至案前，进一步将纠纷化解在萌芽阶段，进而精准有效参与社会治理。

1. 数字化参与前端治理的可行性与必要性

所谓前端治理指的是在纠纷即将发生或已发生但尚未进入法院诉前调解阶段的诉讼风险防范化解。目前，人民法院主要依托各类法官工作室、人民法庭等工作机制，通过问诊式咨询、普法型授课等方式，送法进社区、进企业、进校园，助力纠纷预防、消除在萌芽状态。然而，上述活动的开展存在如下问题：往往与参与活动的法官、法官助理的主观能动性和本身的专业差异性密切相关；与人民群众沟通交流、咨询回复的信息未得到全面记录，相关信息的收集与分析存在欠缺，在纠纷萌芽状态进行提示预警、就地化解的整合效能尚显不足。此外，由于前往调研、咨询的法官大部分来自审判业务庭，若纠纷形成案件，往往还将存在因前期未陈述事实全貌而导致咨询结果与裁判结果不一致等司法程序或实体问题。

对此，在履行审判职能的基础上，人民法院在践行新时代“枫桥经验”、依法延伸审判职能方面，可运用数字化思维和技术手段来有效感知社会纠纷萌芽，及时、有针对性地采取措施进行破局。

2. 数字化参与前端治理的构建路径

运用数字化手段推动矛盾多元化解、促进前端治理，需要从两个方面着手：一方面，精细构建前端治理模式。根据区域重点工作、产业聚集特色，依托各类“法官工作室”、人民法庭，加强社会治理标准化、体系化、网格化建设，推进司法服务嵌入居民“生活盒子”、企业“办事盒子”，加强调查研究、摸清区情民意，坚持抓早抓小抓苗头、完善纠纷预防机制，推进前端治理实质化运行。另一方面，运用分析司法服务数据。研发司法垂直领域生成式人工智能大模型，引入虚拟数字人、人形机器人等技术，将模型嵌入前端治理精细化运行机制中，让居民、企业可打破时空限制，随时随地咨询法律问题及困惑，人民法院也可精准推送普法短视频，回应共性问题。同时，模型后台可全程记录咨询过程，分析特定区域咨询较多的问题类型并推送给法官工作室，形成区域纠纷潜在热力图谱，帮助人民法院及时掌握潜在纠纷并及时研判预警。例如，街道居民通过该模型咨询加装电梯方面的法律问题较多，人民法院即可通过提示主管部门做好政府信息公开来减少潜在行政案件，或进社区宣讲加装电梯法律知识课来解答居民困惑、纾解潜在矛盾，更精准地感知社会治理需求、防范社会治理风险。

（二）将数据利用从“固定沉淀”向“互联互通”进阶

未来，人民法院对司法大数据的深度应用将进一步打破数据壁垒，推动数据利用从“单一分析”向“多元碰撞”进阶。具体来看，包括两个维度的深度转化：打通数据交互物理屏障、实现不同类型数据有效串联。

1. 从“数据壁垒”到“数据智联”

尽管前期就数据互通做了大量工作，但当前数据壁垒仍是制约数字发展的重要阻碍。经济社会发展过程中形成的各类数据分别汇集于不同的管理者，数据标准不统一、数据质量差、敏感隐私数据保护、数据安全威胁以及数据分布碎片化等问题导致数据之间难以建立有效共享机制。[①] 有必要完善数据交互的法律法规、实施指引细则，在符合数据交互安全的基础上，进一步打通人民法院与不同职能部门间的数据传播、交互物理通道，将隶属于不同部门的数据进行结构化转译，解决数据间缺乏关联性、数据库彼此无法兼容的问题，实现不同单位数据间的智能联动。

2. 从“数字孤岛”到“数字矩阵”

推动“数字矩阵”，就是要将不同类型的数据进行有效串联，推动形成立体数字画像。单一类型的数据不能反映或只能片面反映可能存在的问题，类似于诉讼法中的孤证，不能充分证明待证事实的成立。将孤立的数据进行有机串联，通过不同类型的数据叠加运算实现数据内容的共享、数据采集的互通、数据结论论证方式的互补，可以有效形成数据闭环，进而形成完整的数字生产力。

在数字时代，人民法院应当在原有参与治理模式基础上，进一步拓展数据采集渠道，挖掘“数”的深度，有效感知社会治理风险并加以防范化解，促进构建“以矛盾纠纷前端预防化解为特

---

① 参见黄甄铭、魏娜、梁正:《跨部门数据共享源于机构变革还是动机转变？——基于浙江省 M 区的案例研究》，载《管理世界》2024 年第 5 期。

点”的前端治理体系，实现“抓前端、治未病”，助力社会治理体系和治理能力现代化。

二、拓展“助”的广度

法院的数字之治应该以何种方式、多大范围来参与社会治理？在司法规则层面强调司法程序启动被动性和裁判中立性的基础上，新时代人民法院应当拓宽数字化参与社会治理的广度，更新司法理念、提高政治站位，在防范风险、服务保障社会发展等方面发挥更大作用。

（一）强化社会风险预警

有效的社会风险预警是社会治理能力现代化的重要标志之一。传统社会风险预警体系主要是依赖各级网格上报的社会矛盾风险、热线投诉以及各类分析报告，存在时效性不足、反应时间较短、关联性不强的局限性，社会风险源头数据单一，风险数据之间缺乏数据链接，不利于决策者作出更全面和更具针对性的对策。人民法院作为社会矛盾的集中地，最有条件全面掌握社会治理各个领域的薄弱环节、瓶颈问题、矛盾焦点，在数据采集便宜性、数据分析客观性、数据结论输出效率性等方面具有天然优势，尤其在风险预警时间轴上更为靠前，在社会风险苗头出现时就可进行前端识别和分级预警，给决策者留足判断和决策的提前量，尽可能避免相关风险的发生。未来进一步推动“数助治理”，应当健全大数据实时动态预警机制，进一步拓展参与社会治理的广度，逐步将数字赋能的范围扩展到社会治理的各个领域。

（二）助力依法行政

法治是实现国家治理体系和治理能力现代化的重要依托，是社会治理的基础性保障。党的二十大报告对“坚持全面依法治国，推进法治中国建设”作出专章部署。依法行政是依法治国的关键任务之一。人民法院肩负着保障维护社会公平正义的重任，是促进依法行政的重要推动力量。在数字法院建设背景下，“数助治理”可运用司法智慧为推动依法行政提供助力，通过建立数据模型，排查发现司法数据中蕴含的法治政府建设中存在的问题不足，通过推送专题报告、统计分析、司法建议供职能部门决策参考。完善沟通交流机制，提升行政审判白皮书和司法建议质量水平，推动行政机关负责人出庭应诉，促进行政机关提升依法行政意识和依法行政水平，为法治国家、法治政府、法治社会一体建设作出积极贡献。

三、提升“治理”的效能

2020 年 11 月，习近平总书记在中央全面依法治国工作会议上强调：“要推动更多法治力量向引导和疏导端用力，完善预防性法律制度，坚持和发展新时代‘枫桥经验’，完善社会矛盾纠纷多元预防调处化解综合机制。”① 人民法院在开展“数助治理”的过程中，要坚持党对社会治理的集中统一领导，在法治过程中贯彻党的群众路线，积极融入社会治理大格局，将相关工作嵌入

① 胡建森主编：《法治政府建设：全面依法治国的重点任务和主体工程》，人民出版社 2021 年版，第 138 页。

到社会治理现代化的整体情境中检视，注重调研排摸社会治理需求，推动多元协同共治，引导激发基层组织治理活力，更好地释放社会治理效能。

（一）推动跨部门数据融通及过程协作

提升治理效能，首先要深入了解社会治理现状及需求，加强与职能部门的沟通联络。人民法院应当通过通用型区域风险评估数据模型，对原始司法数据进行初筛排摸，针对数据反映的潜在问题与职能部门共同进行研商，由各方共同评判问题反馈的真实性、紧迫性等。在确定反馈问题真实准确的基础上，人民法院应当进行专项问题建模评估，通过对数据集合的精细化分析，形成专报等材料推送职能部门供决策参考。提升治理效能，还要深化司法与执法协同善治，形成社会治理合力。坚持在党委的领导下加强与职能部门协同配合，借助各方力量，加强各类数据融合碰撞、互联互通；打好组合拳，健全完善信息互通、优势互补、协作配合的共治共享模式，形成同向发力、同频共振的工作格局，为区域发展提供强有力的法治支撑。

（二）强化效果反馈及治理趋势跟踪

提升治理效能，需要在数据推动或提出建议的基础上加强效果反馈，跟踪“数助治理”带来的变化趋势，如社区居民纠纷萌芽是否就地解决，未再产生社会矛盾或诉讼；园区企业内部规范化建设是否有所改进，类似诉讼案件是否体量下降；立法空白是否已填补、执法规范是否已细化；相关领域社会主体的法治观念是否已进一步提升等。当然，问题与矛盾的解决不可能一蹴而就。对成效尚不明显的社会治理问题，要继续聚焦党委统筹规划，加强多元协同联动，细化“施工图”，建立分阶段观察、按步骤推进的长效机制，以实干促实效，形成依法公正高效保护人民群众合法权益、构建和谐美好社会的强大合力，更好地服务保障区域经济高质量发展。

第六章 “数助政务”的建设与应用

司法政务与审判中心工作密切相关。推动司法政务工作的数字化改革既是优化法院内部管理的重要抓手，也是推动法院工作高质量发展的重要保障。“数助政务”作为数字法院建设的重要内容，围绕各级法院内部数据的纵向赋能、横向协同和智能突破，聚焦“线上办事、辅助决策、预警提示、工作展示”四大功能，打造集系统集成、集约高效、信息共享、融合贯通于一体的数字政务平台，有力推进司法政务工作现代化。

第一节 “数助政务”总体概述

一、“数助政务”的建设背景

（一）数字政务建设的延伸

建设数字中国是数字时代推进中国式现代化的重要引擎，是构筑国家竞争新优势的有力支撑。习近平总书记在中央全面深化改革委员会第二十五次会议上指出：“要全面贯彻网络强国战略，把数字技术广泛应用于政府管理服务，推动政府数字化、智能化运行，为推进国家治理体系和治理能力现代化提供有力支撑。”[①] 目前，数字化作为政务服务发展的趋势，已得到广泛关注和高度重视。2023 年初，中共中央、国务院发布的《数字中国建设整体布局规划》明确提出了“数字政务”这一概念，强调政府内部事务的线上集成化办理和一体化协同办公，进一步推动信息系统与服务平台建设以及数据的双向共享，实现数字化与业务的深度融合。[②] 推动数字政务建设向法院系统延伸，重点是结合现阶段人工智能发展成果，以数字技术助推法院政务工作转型升级，打造司法机关内部政务结构、形态和功能定位“智能 +”的政务处理底层逻辑，建设集数字型、平台型、协作型、简约型和智慧型多重特征叠加的“数助政务”体系。

（二）数字赋能内部管理的需求

政务数字化改革的本质属性是集成改革和制度重塑，要求通过各领域各方面流程再造、规则重塑、功能塑造、生态构建，重塑机关运行机制和制度链接，促进机关内各类主体高效协同，使每一项任务、每一个领域实现从宏观到微观、从定性到定量的精准把握，实现决策时运筹帷幄、落实时如臂使指。如果把司法机关看作一个场域，那么各功能部门、政务服务人员、涉及人工智能技术的相关主体就是政务服务智能化建设场域内的行动者。提升服务效率和质量，追寻工作效益就是这个场域追求的目标，而

① 《习近平主持召开中央全面深化改革委员会第二十五次会议强调 加强数字政府建设 推进省以下财政体制改革》，载《人民日报》2022 年 4 月 20 日，第 1 版。

② 参见高乐、李晓方：《发展高效协同的数字政务：数字中国整体布局视域下的政府数字化转型》，载《电子政务》2023 年第 9 期。

数字技术助推司法政务智能化则是实现改革的重要手段。数字赋能改革的需求主要体现在三个层面：一是内涵的拓展和升级。从数字赋能到制度重塑，使司法政务工作的运行和人员治理建立在网络化、信息化、智能化的基础之上形成闭环，是技术理性向制度理性的新跨越。二是领域的拓展和升级。以党政机关整体智治为引领，撬动全方位、全过程、全领域的数字化改革跨越，使得数字空间成为重塑物理空间与办公空间的新载体。三是价值的拓展和升级。从适应数字化浪潮，推动信息技术的逐渐渗透、广泛运用和充分融合，到树立数字思维、培养数字能力、构建数字治理体系，打开数据价值新空间。

二、“数助政务”的内涵

（一）“数助政务”的定义

“数助政务”是指以新一代数字技术为支撑，运用数字化技术、数字化思维、数字化认知，构建大数据驱动的政务新机制、新平台、新渠道，优化调整系统内部的组织架构、运作程序和管理服务，构建“全场景覆盖、上下级贯通、内外网联动”的现代化政务管理新模式，推动对人、财、物、事的融合管理，实现司法政务保障更加智能化、精细化。法院政务工作一般包括党建工作、干部人事、教育培训、绩效考核、公文流转、督查督办、档案管理、行政装备、法警管理等事项，涉及政工、办公、警务、行装等多个类别，内容十分庞杂。“数助政务”建设主要是围绕“数字政工”“数字警务”“数字办公”“数字行装”等各类管理需求，将司法政务中的管理要素和操作流程数字化、标准化，打造安全便捷、内外网联通、各级法院共享的立体化集约化平台，畅通内部数据对接，将其从分散、碎片化分布状态向一张网集成，最终做到“一网统管”，实现法院管理现代化。

（二）“数助政务”的建设重点

1. 数据纵向闭环

当下，人工智能在政务领域的应用主要侧重于完成特定的任务，如语音识别、图像识别和翻译，包括统计收集的数据，从中归纳出具体模型，推断个体喜好，进行人物画像等，仍属于“工具”的范畴。数字化改革便是在此基础上推动实现治理、服务量化闭环的主要手段。法院传统的政务办公系统尚未实现一网贯通、三级协同，涉及办公、政工、行装、警务等方面的信息化资源未能实现条线纵向上的有效融合，存在开放程度不高、系统兼容性差、数据交互性不强等问题，办文办会、在线事务审批等模块设置处于分散、割据的碎片化状态，不能实现部门间、地区间互通共享或共享程度不高，各模块之间的数据未实现互联互通，一定程度上影响了工作效率。推动纵向条线司法资源的集聚，打通各环节上的节点，充分发挥司法数据价值，从整体上提升法院的司法政务能力，需要通过数字法院建设实现各节点工作闭环。量化闭环体现了工作的成熟度，定性是治理、服务的初级阶段，量化就是治理和服务的深化，闭环是根本要求。实现数据纵向闭环，就是要紧紧围绕数字化“管人、管案、管事”这一重要目标，以互联网、大数据、人工智能等数字技术的运用和融合为基础，通过数据资源的开发利用，对业务进行流程再造，激发数据生产要素对政务运行与治理工作放大、叠加、倍增作用，更好运用数字化手段感知机关内部运行态势，全力打造可视、可感、可用的数字政务平台。这要求各级法院彻底转变思维方式，善于运用大数据思维、系统思维来重新审视并推进日常办公、队伍建设、政务管理等各方面工作。

2. 平台横向协同

在目前的数字政务平台深度应用中，数字化办公的一体化建设能够有效避免信息系统的重复建设，提升系统协同使用的效率，也能够从底层逻辑上优化数据的共享路径。但在实践中，一体化的系统开发方式面临个性化需求响应不够、司法政务的层级地域差异会大幅度降低系统适用率等问题。如何在横向包揽各司法政务条线一体化的研发规划中，更好地兼容各法院的个性化研发需求，成为人民法院要解决的重要问题。以上海市政府在推进数字化转型进程中的有益经验为例，其把“一网通办”作为组织变革的试验田，在压缩纵向组织层级数量的同时扩展了横向组织的职能范围，突破了部门和机构的“碎片化”，实现了政府组织的“一体化”和“精简化”。① 同时，上海市政府引入新一代信息技术实现了系统的一体化，进而促进了组织的扁平化。在大数据环境中，组织的扁平化发展趋势能有效缩减管理的层级，扩大管理的范围。这种精简的组织结构确保了快速且准确的信息传递，既能减少信息传输中的信息泄露，也有利于及时接收信息，并对此做出快速的回应。人民法院在构建“数助政务”深度应用体系时，可以参考政务平台一体化开发方式，着力解决司法政务中审批事项的常见问题，持续加强对事务性工作的节点化、要素化改造，实现任

① 参见崔巍、曹金容:《基层数字政府建设路径研究——以西部地区S省司法行政系统为视角》，载《中共四川省委党校学报》2021年第2期。

务清单“联动智管”、综合事务“一网智办”、移动办事“一触直达”、审批事务“一站智审”。推动“数助政务”建设，还需要结合各法院的特点，在一体化办公平台上增加个性化模块，从而满足各法院的工作需要。

3. 程序智能突破

在“数助政务”体系中，移动政务平台发挥着非常重要的作用。移动办公不仅可以充分利用法院人员的碎片时间，提高紧急办公事务的处理效率，也能突破线下法院办公条件的限制，实现核心司法政务工作的移动化应用。在应用数字技术对司法政务模式进行技术革新、打造政务一体化平台的同时，要大力发展智能化移动端政务处理平台，为协同办公的跨越式转型升级注入新动能。移动办公平台具有以下优势：一是实现数字办公、数字政工、数字行装、数字警务等司法政务工作模块的即时查看与办理。二是增强即时办公事务交流、通知推送等能力，并可以探索与其他第三方系统进行对接，融入司法政务处理的具体场景，增强“智慧办公”体系的协同办公及远程办公能力，着力提升法院干警的工作效率。三是在移动端引入当前最新研发的人工智能应用，在政务管理过程中促进政务流程的自动化、管理层级的扁平化和政务数据的整合化，真正实现打破时空限制，在资料收集、信息录入、政务咨询、事项接办等常规性和程序性的基础政务工作上实现全天候自动化处理，让法院管理更加科学化和高效化。

三、“数助政务”的目标定位

（一）实现管理平台一体化

科学规范的标准体系是顶层设计的重要组成部分，也是实现数据对接、保障平台融合、规范办事事项、减轻政务负担的基本前提和有效手段。由于司法政务工作的复杂性、早期系统的用户黏性、系统数据的格式协同等都大大制约了系统的整合力度，导致出现了多平台办公办事的情况。现有的零散化、碎片化的“急用先行”的标准制定模式已经无法适应数字法院对一体化政务服务平台的建设需要，暴露出了诸多问题，例如办公目录不统一、标准不一致，各平台底层代码混乱，系统故障频发且难以整合等，已然成为数字法院建设中的“堵点”问题。在此情形下，提炼司法政务工作日常场景共性，加快构建一体化政务平台是解决实际问题的关键与基础。坚持打通各条线办公“共性”，实现一体化政务平台建设，不是原有若干信息化系统的简单堆砌，而是要紧密围绕人民法院司法政务管理特点，运用数字技术开展顶层设计，绘制中长期的数字化推进蓝图并逐步实施。

（二）推动政务工作现代化

“数助政务”体系建设必须实现工具属性与价值属性的统一。以数字化建设助推政务工作改革具有工具属性，既是改善司法机关治理水平和提升工作绩效的外部工具，又是机关管理创新和服务优化升级的治理工具。同时，数字化改革也具有很强的价值属性，改革与助推的最终目标在于促进法院数据的高效利用，充分发挥数据效能，从而为法院科学决策提供优质数据支持，助力实现法院政务管理的高效化、自动化、精准化和智能化。此外，随着人工智能技术的蓬勃发展以及在管理领域应用的不断深入，人工智能给数据治理提供了新方法、新思路和新工具，使得大量数据的处理更加高效、政务办理流程更加优化、人员管理更加智能，助力全面开启“人工智能+政务”政务治理新模式，帮助法院实现“智慧办公、智慧决策、智慧监管、智慧服务”，为司法机关政务治理体系与治理能力现代化注入新动能。总而言之，“数助政务”是数据治理和政务办理结合发挥作用的新工具和新范式，司法政务数据治理旨在更好地利用数据和做好数据服务，人工智能背景下的“数助政务”体系要始终坚持工具属性与价值属性的统一，准确把握人工智能技术的特点与发展规律，防范人工智能技术在数据治理中的风险，确保人工智能技术在机关管理中的安全合规利用，确保公平与正义。

（三）保持可持续发展空间

数字法院依托平台化和数据化实现智能化治理，伴随着治理流程精简和治理模式优化，通过多元治理主体的共同发力，推动司法政务不断完善。推动“数助政务”体系建设，应当坚持以可持续发展的视角面对各种工作挑战。一是坚持需求导向。“数助政务”体系建设是为了更好地促进法院数据治理与运用活动，人工智能背景下的数据治理体系的框架构建是基于现实的数据资源没有充分开发运用问题及其治理需求而进行的。因此，人工智能背景下的“数助政务”体系的框架构建及其实践路径，要始终围绕司法机关数据治理的现实需求展开，以政务工作需求为导向寻找并选择合适的数据治理方案。二是确保系统完备。对内部数据涉及的各要素如数据资源、数据安全、个人隐私以及组织实施等进行统筹，发挥数据在助推司法政务工作改革中的作用，以及在数据开放中的指导、规范和协调作用。与此同时，要协调、处理好系统内不同要素之间的关系，加强各要素之间的衔接，形成共建共享共治的数据治理体系。三是做好动态调整。司法数据治理体系是一个从无到有且不断演变发展的过程，人工智能背景下的“数助政务”体系建设不可能一蹴而就，而是要随时地根据法院数据治理活动的实践情况以及法院人员对数据治理的诉求变化进行动态优化调整，特别是要结合人工智能技术发展及其在政务领域的应用情况，在充分把握现有数据治理体系现状的基础上，不断完善人工智能背景下的“数助政务”体系。

第二节 “数助政务”的主要功能

“数助政务”建设是实现人民法院队伍建设现代化的重要抓手，更是推动法院工作高质量发展的重要保障，具体包括数字政工、数字警务、数字办公、数字行装等内容，分别具有不同的功能。数字政工将干部队伍建设的理念、要求、标准等进行数字化解构并嵌入系统，加强对“人、案、事”的数据耦合共享，通过数据碰撞、智能比对，为干部“选”“育”“管”“用”等提供数字支撑，为队伍建设各项决策提供数字参考。数字警务、数字办公、数字行装也分别具有与各自职能相适应的功能，共同组成安全便捷、内外网联通、各级法院共享的立体化集约化平台，最终做到“一网统管”，推动实现法院管理现代化。

一、数字政工的功能

（一）数字政工的基础架构

数字政工建设以数字思维引领工作重塑，以数字赋能提升工作效能，统筹运用数字思维、数字技术、数字方法，推进平台建设，深化应用场景搭建，着力推动队伍建设工作流程再造、机制重塑、线上通办，为法院政治建设、干部选用、人才培育、文化创新、基层夯实、从严管理等提供数字支撑。数字政工建设的总体目标为：统筹运用数字化技术持续赋能队伍建设各方面、全过程，打造集系统集成、集约高效、信息共享、融合贯通于一体的“数字政工平台”，以“数字 +”产生“重塑变革”的聚变效应，打造人民法院“数字生态”的重要成果。

数字政工建设的重点任务如下：一是打造 1 个平台：即打造“数字政工平台”，使系统功能都在这个统一平台上整合协同，将其作为数字政工的核心中轴，突出一体集成、数字融合、贯通高效。二是实现 4 大功能：即具备“决策辅助、线上办事、预警提示、工作展示”四大核心功能，紧贴政治工作，旨在提供便捷、高效、智能的效率工具、管理工具、辅助工具，满足不同对象（领导干部、普通干警、政工干部、单位组织）的数字化需求。三是形成 N 个模块：即 4 大功能下，将开发“三张画像、数字伯乐、数智培育”等 N 个模块，根据具体工作研发专门模块，实现功能聚焦、使用便捷、管理智慧、质效提升。

（二）数字政工的核心功能

经过前期“移动端适配”“可视化呈现”“跨系统集成”等三个阶段的推进，上海法院数字政工建设已步入“智能化运用”阶段，聚焦“四大功能”加快推进数字政工平台各项功能场景的扩容、升级和整合。

1.“决策辅助”功能

“决策辅助”功能下设“干部画像”“数字伯乐”“人才管理”“典型智推”“全员智考”“基层智治”六大模块，重在为队伍建设各项决策提供数字化、可视化参考。“干部画像”模块聚焦干部“全景数据库”建设，坚持以人为中心，将分散于各系统“业绩数据”要素提取整合，与“评价标签”进行协同分析，实现全局性、智能化知事识人，为选、育、考、奖提供真实可靠的决策依据，并进一步成为数字政工平台的“数据中轴”，为平台其他功能提供数据支撑。“数字伯乐”模块聚焦干部之“选”“用”，通过“岗位地图”“岗位需求”“智能推荐”等六大功能，辅助各级领导实时掌握干部队伍总体结构、变化趋势和用人需求，通过岗位需求与干部“三张画像”等进行数据碰撞，自动推送适岗度高的人选建议，实现“一键智选”。“人才管理”模块聚焦干部之“育”，以“上海法院优秀年轻干部储备库”“上海法院领军人才、业务人才库”“上海法院先进典型库”三库为基础，辅助各级领导掌握干部人才储备厚度，形成结构合理、梯次接续的培养规划。通过将评选条件与三库、“三张画像”等进行匹配研判，智能推荐潜在的先进对象，同时标签化呈现其长板短板，精准化指引培养方向。“全员智考”和“基层智治”模块聚焦干部之“管”，将考核要求转化为可运行的数字模型，通过对数据的智能抓取、分析、评鉴，部分实现干警考核、单位考核结果的辅助生成；通过全方位、可视化、即时性地提示考核动态情况，为干警发展、法院建设精准问诊把脉、指明校准方向。

2.“线上办事”功能

“线上办事”功能聚焦为政治工作提供好用、易用、管用的辅助工具，并不是简单地将线下业务搬到线上，而是将工作标准、要求进行数字化嵌入，通过重塑流程、规则重构，解决长期以来依赖手工、管理分散的痛点堵点，实现工作的流程化、标准化、规范化，并将部分不涉密工作接入“移动端”，进一步提质增效。其中:“数字党建团建”聚焦提供规范工具，通过将工作要求转换成数字化规范，以刚性的系统约束促进党建团建工作的标准化建设，如通过提供基层组织人员上传、党建团建活动上传等功能，形成电子工作台账、提供交流平台的同时，自动检测支部人员缺配情况、换届临期情况、月度组织生活完成情况等，智能推送月度任务清单，通过节点提醒，让规定动作更规范、自选动作更科学、政治建设更有力。“人事通办”聚焦提供效率工具，通过提升人事工作的“网上可办率”，并引入批量录入、批量审批、智能抓取填写、光学符号识别等功能，着力优化办事流程，提高办事效率。同时通过过程全程留痕、信息公开，如遴选信息全程公开，进一步促进工作规范化透明化。将干警使用频繁的请假销假、事项报备、出入境审批等事项接入移动端实现“指尖办理”，使政工工作更加可触可达。“参训智享”聚焦提供管理工具，通过“智助学习、智汇学时、智推学管”三大功能为核心的架构，构建集参训报名、请假销假、在线学习、培训管理、统计分析、意见收集等培训事项于一体的培训“一站通办”系统，为干警提供全流程线上参训服务，为政工干部提供规范智管的得力助手。“奖励智助”聚焦提供辅助工具，通过对各类奖励的分类梳理，构建“奖励图谱”，给政工干部提供标准化、规范化、便捷化的奖励填写、申报、审批、管理等服务，并统筹调用政治部、纪检监察、审管办、研究室等部门的数据库，实现申报内容“智助”填写，相关要件“智能”审查，符合条件对象“智能”推送。

3.“预警提示”功能

“预警提示”功能聚焦激活数据的深度价值，以具体的工作场景的审查规则为抓手，通过建立场景模型，设立规则对数据的分析、处理、碰撞、比对、校验，发现潜在风险、督查工作规范、堵塞管理漏洞、提供决策参考，待运转成熟后再嵌入相关系统。目前建设主要有三类：一是“信息查纠类”，重在预警提示，定期智能核校是否存在重复录入、应变更未变更等信息差错，确保干警数据的准确性。二是“节点提醒类”，重在为时效性强的工作提供提醒，如任期交流、按期晋升、到期换届等，确保工作及时开展，避免错漏。三是“工作辅助类”，重在提示工作规范开展，如提示符合在职研究生名单、符合入额遴选报考条件人员名单、党员人数超过20人需设立党小组的支部等。

4.“工作展示”功能

“工作展示”功能聚焦集中展示各级法院政治工作成效，使优秀干部、先进组织、卓越成果“跃然屏上”。如，“红色图景”聚焦展示三级法院优秀“党建品牌”成果，展示各级法院的优秀红色文化教育活动经验做法，以党建促队建，呈现党建融合发展的全新图景；“院校合作”聚焦法治人才共育模式集聚化、可视化呈现，全方位展示理论研究成果、人员交流情况、专家教授履职情况、教学课程成果、实习法官助理情况等，全景展示院校合作的丰硕成果；“文化品牌”聚焦全景式呈现全市各方面文化品牌的建设成果；“先进风采”聚焦激发干警内生动力，通过展示先进集体和个人、优秀创新项目等，激励广大干警对标先进、担当作为。

二、数字办公的功能

办公工作数字化改革主要包含数字档案建设、数字化办文建设、数字化办会建设、事务集成管理等。

（一）以数字档案为抓手，实现单套智能的档案管理

电子档案单套归档改革是深化在线诉讼的基础性、前提性工作，也是倒逼电子卷宗随案同步生成、推动全流程网上办案的重要举措。2018 年，最高人民法院在全国部署智慧法院建设，推动“电子档案为主、纸质档案为辅”的归档方式改革，在上海等 8 个省（市）30 余家法院先行试点，上海市第二中级人民法院、上海市第三中级人民法院、上海铁路运输法院等首批试点法院开拓创新、敢于攻坚，实现了从无到有的突破，为上海市法院全面推开积累了宝贵的经验。2020 年 4 月，国家档案局、国务院办公厅电子政务办、国家电子文件管理联席办联合发文，确定上海市高级人民法院承担电子文件单套归档和电子档案单套管理试点任务。改革试点以来，上海法院基本实现了新收案件“单套制”归档改革全覆盖。在此基础上，上海法院全力建设数字档案平台，推进电子卷宗质量全流程智能监控和电子卷宗全生命周期安全管理，支持电子卷宗材料质量的智能识别修正，从源头保证电子卷宗材料完整合规、存储安全可靠，实现上海市法院电子卷宗质检中心和“电子库房”转型升级，推动创建“国家级示范数字档案室”。

数字档案平台设置卷宗完整性检查模块，为归档人员提供材料完整性的指引列表，归档人员可根据列表核实材料数据，对于缺失的材料进行智能提醒和标注，辅助归档人员快速归档，提高归档效率。数字档案平台设置卷宗扫描质量检查模块，针对证据材料的扫描质量进行检查，对可优化的进行自动优化，无法优化的提醒归档人员进行调整。同时，对电子卷宗编目目录顺序和文件命名进行检查，查看是否符合卷宗归档的规则，确保卷宗编目结果的准确性，防止因人为修改导致的编目归目错误。数字档案平台对电子档案中的图片、文件、视频、音频等非机构化数据进行结构化处理，通过光学符号识别技术提取图片中的文字信息，自然语言处理技术获取文件要素，语音识别技术提取音频中的文字信息，提取视频中的音频再进行语音转写获取文字信息，实现对电子档案非结构化数据的文字全文检索能力，同时为专业人员的数据分析工作和档案大数据分析提供数据支撑。

（二）以数字化办文为抓手，实现规范高效的文件管理

数字化办文包含发文管理、收文管理以及公文交换三大板块内容，主要完成法院内部文件起草和制发、文件传阅、批示处理、公文交换等各类公文文件的线上流转及处理，满足日常公文处理要求。数字化办文重点有三：一是优化公文管理流程。全面梳理以公文为主线的办公流程和办文场景，完善公文数字化审签、在线编辑、智能排版、发文以及公文线上流转办理规则。贯通公文管理系统与其他办公应用的办理流程环节与数据交互，并实现进度智能跟踪等。二是保障文件管理规范。以规范收文、办理为核心，对各途径的来文按照规定的标准纳入统一的系统管理，实现从收文、拟办、流转、批示、办理、结果反馈等全流程数字化办理，并与督办工作流程衔接，实现重要工作的智能督办。三是优化文件智能管理功能。实现文件类型自动识别和分类，有效提升文件管理质量。

（三）以数字化办会为抓手，实现规范有序的会议管理

数字化办会在司法政务管理中扮演着越来越重要的角色，是提升工作效率的关键。第一，在会务综合管理方面，全面梳理各类会议会务流程规范，明确不同会议的办会要求、审批权限，开发“数字会议”场景，实现对“会前、会中、会后”的全过程线上管理。在会务日程、议题、文档材料、相关流程等各个方面实现关联互通，实现线上线下一体化的联动会议体系。会前包括实现会议室等资源的管理，在线进行会议室预约，查看会议室使用情况；实现会议通知的起草和发送，发起单位可以方便查看到各个单位的回执情况。会中提供会议签到功能，实行在线会议签到，并借助移动互联网实现实时会议签到。会后形成的会议决议或会议纪要可以直接生成督办任务或会议发文，推动会议决议的跟踪、执行。第二，在无纸化办会方面，升级党组会等会议模块，将会务综合管理模块与移动终端设备互联，实现非涉密会议的无纸化办会；将各视频会议系统纳入管理范围，实现全面对接，保障系统办会功能全覆盖。

（四）以事务集成为抓手，实现综合智能的事务管理

数字化事务管理的功能包括：第一，在线事务审批。将现有分散于办公室、政治部、行装处、法警总队等的干警值班、事项报备、请销假、办公用品申领等管理模块，整合为统一的在线事务审批模块，并与移动应用程序（APP）衔接，实现法院机关全体干警用车、用物、办事等日常办公事务的在线提交、审批，提高事务办理效率，提升人、财、物管理效能。第二，督办管理。建设督办管理系统，按照生成、流转、办理、督促、反馈、通报流程，设计全流程线上运行、实时查看进程、按节点自动提醒督促、智能检索、生成统计报表等功能，实现对重点工作任务、督办案件等事项规范化、智能化督办，并全程留痕，有效提升督办事项办理效率和质量。第三，联络监督管理。建设代表委员联络系统，形成可动态管理的人大代表、政协委员信息数据库，并实现对各层级人大代表、政协委员和监督员履职活动全流程线上办理、活动经验全市法院共享；通过智能管理，实现全市法院协同组织联络活动，并将各联络活动与人大代表、政协委员专业领域精准匹配，切实提升活动效果；打通系统部分模块与全国法院联络工作管理平台、督办管理模块等功能对接，对人大代表、政协委员履职情况进行数字化存档。第四，外事管理。推动涉外委托送达、调查取证等各类司法互助事项以及边控、报备等事务的线上流转，提升全市法院办理涉外案件涉外送达、当事人出入境限制等事务的便捷性、规范性；将标准化外事接待流程进行数字化改造，实现接待标准智能推送、三级法院接待协同；通过与“数字会议”场景的对接，实现接待活动过程中会务的规范化、智能化；按照相关出访管理规定，对上海市法院出访活动实现全流程线上申报、审核等，规范出访活动。

三、数字行装的功能

数字行装主要包含网络安全体系、数字财务平台、服务干警数字平台等建设。

（一）搭建数字网络安全体系

围绕数字网络安全体系建设，配置移动专网配套安全产品软件、专网接入安全加固设备，内外网安全隔离数据交换平台、移动应用系统安全加固等，支撑法院泛在随行的办公办案安全需求。配置安全沙箱、杀毒软件等终端配套软件，为移动终端提供隧道加密、本地数据保护、远程数据擦除等安全防护功能，有效降低终端可能存在的身份冒用、数据明文存储、设备非法接入、系统后门、恶意应用程序（APP）、终端丢失等风险。通过接入网关（VPN）实现互联网接入安全，防止恶意应用窃取、篡改、互联网窃听等行为；部署移动终端安全管理平台，实现对终端设备、移动应用和移动内容进行全生命周期管理。建设法院专网安全集中管控平台，以全流量采集、日志集中收集，威胁情报中心为支撑，融合大数据、机器学习等新技术，进行建模分析和态势分析，实现网络攻击可视化，准确发现和确认攻击威胁。建立覆盖上海法院云、网、端的安全态势感知、安全威胁监测，日志集中分析，提升网络安全威胁发现、监测预警、应急指挥、攻击溯源能力，不断健全补强安全合规及主动安全防御能力。

（二）搭建数字财务平台

优化完善财务内控平台功能，规范会计核算流程和规则，增加附件上传功能，使功能更完善、报销流程更便捷，全面实现预算资金全流程下达、全流程监管。在上海市法院行装内控管理平台中设置采购管理、合同管理、固定资产管理等模块，搭建上海法院行装内控平台大框架。积极与银行沟通研商，设置诉讼费通知无纸化推送功能，诉讼费移库由线下改为线上无纸化流转，线上电子审签生成《诉讼费用更正通知》，有力提升案款随案件流转效率；实行诉讼费会计电子化管理改革，实现当事人案款二维码扫码缴费。设置采购平台数字化管理，开展全市法院同质采购价格提示应用场景建设，完善场景建设要素标准、业务规则，进一步打通数据交互、数字建模等技术壁垒。

（三）搭建服务干警数字平台

围绕服务干警搭建数字平台，重点有三项内容：一是设置网上“云医院”，采取由专业医院提供相关医疗设备、聘请专家定期上门坐诊的方式，对干警免费进行医疗咨询，干警通过在线视频问诊平台实现与医生零距离互动，让干警可以随时看病；通过视频问诊后，医生可根据病人情况在线开具电子处方，干警凭借电子处方前往医院取药，无须排队等待，把关心法官、爱护法官、维护法官权益落到实处。二是建立法院制服个性化配置系统管理平台，提供人员信息、制服品种、个性自选、单位审核、年度汇总、发放验收等功能，使法院制服配备更加科学、更加规范、更加便捷、更贴近干警实际需求，充分满足干警个性化制装需求。三是对食堂进行数字化管理改造，以数字化手段保障食堂收费、菜品、洗涤等工作全流程智能化，进一步加强食堂管理，提高用餐效率，满足干警多样化需求。

四、数字警务的功能

数字警务的功能主要包含日常警务数字化管理、法警人员和装备有效管理、进院人员识别管理等。

（一）实现日常警务数字化管理

围绕日常警务数字化管理，升级移动警务模块，新增警务工作台、任务管理、指挥连线、在线会议、执法记录等功能，推进日常警务工作场景向移动端拓展，实现办公业务泛在随行。第一，设置指挥连线功能，支持警员通过智慧警务 APP 向指挥中心发起指挥联系，支持接受指挥中心视频连线。第二，设置执法记录功能，支持司法警察外出执行时使用手机充当执法记录仪的功能，具有拍照、录音、录像、本地上传等功能。第三，设置警务笔记功能，支持警务笔记功能，警员可进入查看或记录笔记，自定义输入所选择案件及任务的任意内容，笔记支持添加图片、视频、录音机本地文件等附件。第四，设置移动定位功能，支持法警大队随时查看法警的实时位置，在地图中展示指挥中心及警员位置及状态；支持快速搜索警员信息；点击地图中警员、指挥中心标识点可查看状态信息、任务详情，支持快速发起指挥连线。

（二）实现法警人员和装备有效管理

法警人员和装备是警务工作的核心和重要组成部分，数字技术为二者日常管理和充分调动运用提供有效支撑。一是设置法警人员训练量管理功能，分为训练项目、训练内容、训练频率、训练时间和参训人员等模块，支持参训开始打卡和训练完毕打卡，自动统计并分析司法警察全员的参训项目、时长等，并可记录公布训练成绩，使全体司法警察业务能力、体能长时间保持军事化训练状态。二是设置法警数字装备优化功能，如数字单兵外骨骼、数字头盔等设备，着力研发配备数字化的单警防护装备，在提供更高规格防护水平的同时，提升单警的力量、负重、敏捷和态势感知能力。三是设置智能派车功能，法警大队可通过智慧警务 APP 提交公务用车申请，对申请用车进行在线审批，申请审批数据同步上传到车辆管理系统，进行车辆派发使用。四是设置装备管理功能，提供警械装备管控，汇聚申领、审核、归还等主要业务数据，实现装备动态实时可追踪，并支持对装备的分类、数量、保养周期、品牌等进行智能分析，实时统计库存状态，实现装备的精细化管理。建立告警触发机制，实现装备过期、装备维护、装备超期归还等告警信息的智能管理。

（三）实现进院人员智能管控

法警大队负责法院安检、进院办事人员管理、保障全院安全等工作，在实行数字警务之前，需要耗费大量人力物力完成该项工作。当前通过数字技术，可以实时掌握进院人员动向，减少人力物力消耗，消除人员安全隐患。首先，设置人脸识别功能，结合大数据中心人脸特征数据，对来访人员进行现场扫脸拍摄，并把比对结果立即推送至智慧警务 APP 端，方便警务人员查看信息后进行下一步工作。新增智能预警功能，强化法院信访预警功能，建立信访分析模型，分析重点区域、重点行业的信访态势，针对发现的苗头性、倾向性问题进行预警，支持重复信访识别，提供分级分类预警，及时消除信访问题隐患。其次，设置重点区域重点管控功能，审判业务区域与办公区域隔离控制、授权准入、通行记录、非法进入预警报警重点区域需采用 CPU 卡技术，或者增加生物识别技术保障。对参与诉讼人员位置准确定位、捕获行动轨迹、滞留、非法进入、路径偏离、人卡分离等异常情况的分析和报警。最后，设置“一键报警”功能。在数字警务模块内嵌“上海法院 110”一键报警功能，紧急情况下可呼叫警务指挥中心请求支援，达到快速响应、快速调取周边监控视频、紧急呼叫支援、分享现场情报、配合联动处置、协同行动等作用。

第三节 “数助政务”的发展方向

“数助政务”本质上是对司法政务管理方式的重塑，旨在构建全场景覆盖、上下级贯通、内外网联动的政务管理体系，全面实现司法政务集约互通、一网统管。面向未来，数字法院建设对司法政务数字化将产生更多需求、提出更高要求。“数助政务”实现纵深发展，重点是推动管理格局一体建构、应用场景深度拓展、数字运用能力提升。

一、政务管理格局一体建构

明者因时而变，知者随事而制。“数助政务”并非局限于对政务工作模式的数字化改造，更是在数据整合开放、数字技术应用、平台集成建设中重塑司法政务管理体系，最终形成内外多跨的政务一体化统管格局。

（一）建设一体化司法政务平台

无论对于哪个行业来说，平台化都是必然的发展趋势。[①] 要打通各政务条线壁垒、实现政务办公应用全面统管，加快建设一体化司法政务平台是必要途径，即以一体化司法政务平台为中枢系统，跨层级、跨业务、跨区域地整合政务数据资源，形成覆盖全市法院司法政务的数据中台，并打造高水平数据共享和数据应

① 参见北京大学课题组：《平台驱动的数字政府：能力、转型与现代化》，载《电子政务》2020 年第 7 期。

用集合系统，实现公文管理、会务综合、行政事务审批、交督办、数字档案等业务应用高质量建设，政工、办公、行装、警务等条线模块协调发展。

建设成熟稳健的一体化司法政务平台，要坚持制度规范引领，从数字化改造阶段“急用先行”过渡到将来可持续发展的建设思路，从顶层设计规划好一体化司法政务平台的体系架构和建设标准，明确总体目标、基本原则和具体要求，研究开发建设所需数据架构、业务架构、应用架构、技术架构及各自子体系，为一体化司法政务平台建设提供操作性强、框架准确、内容合理且可推广复制的规范指引。在技术层面，要推动政务数据、技术指令、模块软件、应用场景、内部端口等平台要素有效衔接，并与审判执行办案平台、外部职能部门政务平台等深度对接，实现多跨多维高效联动，进一步驱动司法政务工作高质量运行。

（二）促进政务主体协同配合

“数助政务”建设走深走实需要更深层次多跨协同，更加强调纵向、横向的信息数据共享、流程机制再造与职能归口整合，推动政务工作主体在数字政务中高度关联、紧密交互、有效配合，司法政务工作体制在数字层面从分散化迈入协同化。主要有以下发展趋势：一是政务数据更加丰富。政务工作主体间数据收集和交换的成本降低，数据覆盖面、存量进一步扩大。二是共享机制更加灵活。同一业务办理模块所需数据同步、页面一致，并且能够根据访问级别不同及协同事项需求，灵活框定和调整业务数据的范围，在共享格局中保留部分数据的独立性。三是分工界限更加透明。各业务工作在一体化司法政务平台中架构清晰、需求明确、留痕完整，能够对协同配合的效果实时跟进、及时反馈、适时调整，有效提升管理水平。

（三）推进政务全流程数字化

当前，数字化仍处于起步阶段，但已经展示了强大生命力。以往的司法政务信息化体现在通过信息化手段提升传统业务流程的质效，改善传统业务流程在工作效率、留痕、闭环等方面不足，而司法政务数字化则是在信息化基础上进一步系统集成、数据分析、流程再造、机制优化以促制度重塑，最终推动管理格局一体构建。[①] 这一数字化过程具体可由一体化司法政务平台提供基础应用和大数据集合仓，利用数字技术将存储的政务数据以及新抓取的政务数据碰撞、分析、解释，实现共享可视、辅助决策、协同办理等管理机制，并依托人工智能等手段降低人力、物力、算力，进一步细化管理颗粒度，完成数据要素从留痕可视到深度激活、技术手段从辅助办事到全流程运用、业务办理从信息化改善到数字化集约的多重蝶变。

（四）实现政务管理全员参与

传统政务管理模式受时空约束，数据和信息资源得不到广泛和高效地传播利用，司法干警的参与度不高。在一体化司法政务平台构建下，数据共享成本过高以及体验感不足的问题逐步消解，多元个体甚至全员参与管理成为可能。通过技术端口赋权下，海量个体能够同时共同参与政务管理工作，数据来源和信息反馈渠道更加丰富，司法政务决策方案落实更加顺畅，既承接了

---

① 参见陈越瓯、侯学宾：《大数据时代司法理论的变革与发展》，载《吉林大学社会科学学报》2024 年第 6 期。

科层式分工特点，同时又能吸纳政务相关个体参与到同一管理框架中来，有效弥补多向互动不足的问题，有效提升司法政务工作的包容度、参与度和实施效果。

二、政务应用场景深度拓展

政务应用场景的多样化、集成化、智能化是“数助政务”深入推进的内生需求，从问题导向出发到需求功能满足是政务数字化转型基本发展脉络。打造系统集成、集约高效、信息共享、融会贯通的司法政务模式，就是要满足多元的司法政务需求，让数字技术完成由辅助发展到全面赋能的角色转变。实现这一转变的关键，在于功能性应用场景的高质量创造。

（一）把握应用场景建设的全局性

深度拓展应用场景，必须把握好三个方面：一是强调建设目标服务大局。将政治引领、办公办文、干部选用、档案管理等方方面面纳入“数助政务”应用场景建设视野，从促进政工、办公、行装、警务等全面数字化转型和现代化发展出发，结合办案、监督等板块场景，推动对人、案、财、物、事的融合管理。二是确保建设过程全局统筹。积极发挥各级人民法院“一盘棋”推进优势，协调组织横向关联单位部门配合，各应用场景专班成员负责推进落实，建设所需数据资源、基础设施、技术支持、端口权限可统一调配。三是确保建设成果全局共享。打破干部人事、人才培育、业绩考核、个人事项、禁业限制等各方面数据壁垒，引导建成更多实用好用的司法政务应用场景样本典范，以越来越完备的应用软件和应用场景体系促成数据、信息、方案等各方面共享共益格局。

（二）坚持司法政务需求导向

要全面审视司法政务工作实际需求，挖掘队伍建设管理、综合办公等各种场景与数字技术融合的切入点和连接点，切实解决政务工作难点、堵点问题。从纵向发展维度看，司法政务需求来源于工作总结、落实推进和设计规划，应当激发广大干警以历史和发展的眼光观察司法政务工作，从既往、当下、未来中发现应用场景需求端的“增长点”。从横向领域维度看，司法政务需求来源于政工、办公、警务、行政等以及与政务工作相关联的外部合作领域，必须推动应用场景与各需求领域精准匹配，形成“政务需求—数字供给”的良性互动机制，推动应用场景效能和价值释放。从功能维度看，政务需求来源于错误矫正、机制完善和服务拓展，应当将司法政务工作中可能出现的瑕疵、疏漏转变为应用场景研发的创新点，并在应用场景推广嵌入使用中形成反馈、补充、优化机制。同时，要不断健全“数助政务”场景应用各环节论证机制，确保各类应用场景必要性、合理性、可操性，避免过度开发供给侧引发的供需错配、使用率低、资源浪费风险。

（三）重视广大干警获得感

“数助政务”建设的出发点在“需”，落脚点在“用”。全体干警是司法政务应用场景的亲历者、检验者，有效识别、分析、实现干警需求，建设越来越多能用、好用、管用的应用场景，不断提升干警获得感是数助政务建设的题中应有之义。促进愿意用的情绪价值生成，需要全面了解、切实契合广大干警的现实需求。要根据不同职务、岗位等条件开发有针对性的应用场景，根据目标群体、后台使用频次等建立常驻用户实时反馈渠道和应用场景改进闭环流程，更好激发广大干警对"数助政务"建设的积极性，改进干警对司法政务工作的体验感，营造共同参与、共同使用的良好生态。

（四）协调发展司法政务移动端

妥善协调应用场景向移动端拓展，论证并明确电脑（PC）端应用场景在移动应用程序（APP）、政务微信、小程序等移动端的接入范围，大力发掘移动端在办公方面的潜能价值，开发与移动端高度适配的软件和应用场景，引导建构真正可行便利的"指尖"数字政务系统。

三、数字运用能力广泛提升

数字人才既是数字政务建设的实践者、受益者，也是发展的内生动力。推动数助政务高质量发展，必然要求具备更高水平的数字运用能力，确保队伍成员都能够养成数字思维意识、熟练运用数字政务各项功能，最大程度激活司法政务效能。

（一）养成数字思维意识

数助政务是运用数字技术对司法政务管理模式的改变，必然会对既有政务流程产生影响和冲击。培养广大干警的数字思维意识，就是要提升对数助政务理念价值的认识，强化对政务数字化发展趋势、数字赋能作用的理解，积极主动地将数字技术融入日常政务工作中。只有形成最广泛、最深刻的数字层面思想自觉，才能发挥数助政务的最大效能，避免因对数字化进程不理解、不认同、不愿用导致数字赋能滑向数字"缚"

能的另一端。同时，要筑牢数字政务安全思想防线，时刻绷紧数字安全思想弦，夯实数助政务建设的安全根基。

（二）增强数字应用能力

上海市高级人民法院针对新形势下法院队伍的新发展需求，提出了新时代上海法院队伍建设现代化“1+6+X”工作体系，其中强调要坚持以数字思维引领系统重塑、以数字赋能提升工作效能，将数字化全面、彻底贯通到队伍建设各方面。数字应用能力是发现收集数据、分析解释数据并据此总结决策的能力。培养和储备具有数字应用能力的政务人才，对打造队伍管理现代化的优秀范本和实践高地至关重要。增强数字应用能力，应坚持理论研究和实践教育并重：一方面要广泛开展理论研究，紧扣数助政务问题导向、实际需要，增加高质量理论资源供给；根据人员结构和现实需要，开设差别化的数字应用实践课程；用好院校合作机制和资源，加强数字法院理论指导。另一方面要重视实践养成作用，以数助政务应用场景的开发为直接检验方式，实战实效开展岗位练兵，将数字应用能力践行融入日常政务工作。

（三）完善能力评价机制

近年来，人民法院将业绩考评作为实现科学管理的主要抓手，充分发挥业绩考评的风向标、指挥棒作用，要求把全员绩效考核作为重点工作任务抓紧抓实。数字运用能力既是数字法院建设的内生动力，也是数字法院建设背景下衡量干警综合素质的重要指标。将数字运用能力纳入考核范围，具有现实意义和内在价值。完善数字运用能力评价机制，要坚持“考核是手段，提升是目的”，以评价结果引导建设高水平的数字人才司法队伍。要细化评价指标权重体系，强调理论研究和实践表现同等重要，将数字运用能力表现成果和考核体系挂钩，引导干警学会用数据分析、用数据决策、用数据管理，全面提高对政务数字化转型的把握能力、引领能力和驾驭能力，逐步提升队伍整体数字运用水平。

第七章　数字法院的建设路径

数字法院建设没有现成经验可循。从实践情况看，推动数字法院建设既要数字技术平台支撑，又要遵循自下而上的建设路径和一整套独特的操作规程，并辅以相应的配套机制。[①]

第一节　数字法院建设的技术平台

数字法院功能的实现，需要打造司法大数据中台、研发模型平台和自动运行平台“三大平台”，将数据、应用场景、法官这三个核心要素融合起来，最大限度汇集利用数据，最大限度降低应用场景建设所需的专业技术门槛，最大范围调动法官参与数字法院建设积极性。

一、建立大数据中台

获得尽可能多的数据是数字法院建设的前提。近年来全国法院通过全流程网上办案系统、电子卷宗随案同步生成、庭审语音

---

① 参见贾宇:《论数字法院》，载《法学研究》2024 年第 4 期。

自动转换等智慧法院项目，形成了源源不断的司法数据资源。但储存于这些系统中的数据的结构化程度低、颗粒度粗，除系统设置的信息采集点外，大部分数据无法被机器直接提取利用。为进一步释放数据资源效能，需要从两方面入手：一是对裁判文书以及起诉状、答辩状等电子卷宗进行全面解构，将原始数据转化为机器可读的数据，打碎数据颗粒，为数字法院建设提供可直接抽取利用的数据资源；二是打通外部数据壁垒，对接政府大数据中心，线上实时调取使用公共数据。目前，上海已将实有人口、企业注销、车辆信息、社保等 140 余类数据用于法院场景化建模，实现内外部数据共享共用。

建立大数据中台就是要构建非结构化数据识别机制，全面释放数据资源效能。数据中台通过运用小样本训练引擎、人工智能语义理解、自然语言处理技术等，提炼数据要素，拆解数据关系，形成大量的解构数据点，为数字法院建设提供机器可读的有价值数据资源。上海法院通过对上海市过去六年来 483 万份裁判文书以及起诉状、答辩状等电子卷宗材料进行解构，在不增加人工工作量的前提下，形成 13.4 亿多个解构数据点，平均每份判决书可以解析出当事人信息、案由、诉讼请求、争议焦点、判决责任承担方式等 400 多个数据点。以非结构化数据为主的数据利用方式，既唤醒了海量的“沉睡”数据，又有效减轻了法官的负担。

二、打造研发模型平台

数字法院建设的关键步骤，是根据司法实践中发现的常见问题梳理提炼筛查规则，置入研发建模平台上进行数字建模，经过反复核验测算，形成相对准确可靠的应用场景模型，到大数据库中进行筛查比对，最终发现问题线索。数字建模以一线法官在日常审判工作中发现具体问题为起点，大部分场景开发由基层发起并最终完成建模。为让一线法官能够充分参与到场景模型研发中，必须建立向全体法官开放的“研发模型平台”。该平台能够提供灵活的数字化模型配置功能，最大程度减少技术壁垒，让全体法官均可通过该平台高效便捷地实现应用场景模型的构建。

为让一线法官可以直接参与和操作，最大程度减少对专业技术人员的依赖，研发模型平台的设计必须遵循“简易可行”的应用导向，通过利用数据关联、数据筛查、数据建模等大数据技术，依托数据中台的数据资源和测试计算、离线计算等组件，搭建起模型运算中心和模型生成中心。研发模型平台通过可视化界面、拖拉拽组件，将传统编码过程化为图形化设计过程，形成“数据 + 模型”的数字化应用开发模式，大幅度降低场景模型研发的技术门槛，让一线法官可以直接在平台开展自主研发，高效便捷地实现应用场景模型的构建。

不同于传统“自上而下”指令式传导模式，数字法院建设以一线法官的经验为基础，必须采取“自上而下”的推进路径与“自下而上”的建设路径相结合的研发策略。上海市三级法院法官均可在场景申报平台上自主申报，实现一平台调度、一张网管控，确保从申报、建模到反馈的整个流程的顺畅和高效。一线法官和技术人员协力加强平台配套技术研发，对现有的和新增的数据、算力、算法和模型等智能要素进行整合梳理，形成协同高效的模型构建和运维服务体系，确保研发模型平台的稳定运行。

三、搭建自动运行平台

模型一旦构建完成，即意味着可以在司法数据中筛查比对、发现问题线索、监督纠正问题。但场景化数据运用的最终目标是嵌入办案系统，实现提前预警、防患于未然。嵌入运行需要搭建自动运行平台，利用区块链等自动执行技术，将已验证成熟的应用场景嵌入到网上办案系统的立案、庭审、结案等节点，案件办理至指定程序节点时即触发模型规则，自动预警提示可能存在的质量隐患，起到事前防错功能。为防止办案系统挂接应用过多、影响自身运行，应用场景自动运行技术平台采取“松耦合”[①]方式与办案系统并轨运行，既实现与办案系统的数据交互、信息提示，又不影响办案系统自身运行。

第一，搭建自动运行平台，推动办案系统实时预警。自动运行平台利用机器人流程自动化（RPA）和智能合约技术，将应用场景模型中蕴含的业务规则嵌入全流程网上办案系统的立案、庭审、结案等70多个节点，在法官办案过程中自动触发模型执行。在审判人员办案过程中，自动运行平台能够实现对办案系统操作的精准捕捉，根据业务规则的规定动作触发模型运行，从而实时向法官提示预警，实现把控关口前移，审判全流程监管。

第二，采取“松耦合”模式嵌入，提升模型灵活性和可移植性。在嵌入技术设计上，为减少对既有办案系统的影响、方便模型的快速移植与规则优化，数字模型嵌入技术采用“松耦合”方

① “松耦合”是一种软件设计原则，旨在降低系统各组件之间的依赖程度，使得系统更加灵活、可扩展和易于维护。

式，使数字法院运行模式可直接在任一系统进行复制推广。全国法院“一张网”上线后，“松耦合”嵌入模式可以实现快捷高效地拆装组合与移植嵌套。在软件设计上，构建微服务应用软件，采用“通用业务服务 + 领域业务模型 + 流程编排”的“松耦合”服务模式，对业务功能、数据和技术能力进行整合，构建统一的、可复用的服务集合，形成消息中心、签章中心、身份认证、文书初拟、阅卷、电子送达等通用型系统或业务服务软件，提升系统的灵活性和可扩展性。

第二节　数字法院建设的操作规程

数字法院应用场景建设过程中，经过实践探索形成了一系列标准化的步骤或程序，包括两种操作规程：一是场景建设的通用操作规程，“数助办案”“数助监督”类场景建设均严格遵循这一操作规程，“数助便民”“数助治理”“数助政务”的操作规程建立在通用操作规程的基础上也表现出个性化的特征；二是复杂大场景建设的新型操作规程，无论要素式场景还是改发点场景都大量运用人工智能技术，具有完全不同的新型操作规程。

一、场景建设的通用操作规程

上海法院自 2023 年开启数字法院建设，截至 2024 年 11 月，全市推广应用场景七百多个，其中四百余个已被嵌入办案系统，实现前端预警和辅助审判治理。在建设过程中，上海数字法院建设路径逐步优化，已基本形成“六步走”闭环工作模式（如下图7.1所示）。

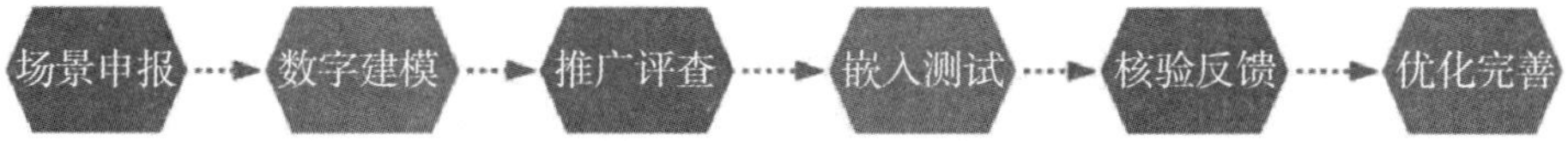

图 7.1　上海数字法院“六步走”闭环工作模式

（一）场景申报

应用场景申报在申报平台上进行。在平台提交申报前，各院数字化专班就该场景建设的可行性、必要性及重复性进行初核。对各院在平台上新增的申报场景，由高院数字化建设专班会同业务指导部门审核。场景审核通过的，进入数字建模阶段；审核未通过的，经项目组优化规则后可再次提交审核。

1. 申报主体

场景申报主体一般为一线法官。由一线法官与技术人员共同研发技术产品，形成“法官需求提出→共同设计研发→跟踪使用反馈”的良性循环。成立场景建设项目组，负责场景的设计、申报、数据核验、材料撰写、跟踪优化等工作，一线法官和技术开发人员均属于项目组工作人员。

2. 平台申报

申报平台是应用场景申报信息的载体，法官可在该平台自主申报。平台贯彻信息开放与共享理念，所有场景申报信息均开放查看权限。在申报平台新增应用场景时，须正确选择场景类型，审慎确定选题方向、业务规则，填写场景描述、数据范围等其他信息。选题方向应体现场景类型，主要类型包括提示预警、甄别预警、类案监督、适法统一等。场景描述应包括线索来源、法律依据、建模思路、应用设想等内容。业务规则内容应简洁凝练、明确细致、逻辑清晰，技术上具有可实现性。业务规则一般需经申报法院业务部门项目组和信息技术部门会商研判后确定。模型算法系对业务规则的技术语言转译，是场景建模的前提，一般应在应用场景被审核同意建设后由申报法院信息技术部门在系统中填报。

（二）数字建模

发起场景建设的项目组在数字模型研发平台上建立模型后，进入初步核验环节，从本院的历史数据中筛查出存疑线索，逐条核验存疑线索是否符合应用场景建设目的、数据是否精准。如本院的存疑线索核验精准度低于要求，则需要进一步调整业务规则、优化数据模型，再次核验数据，直至精准度达到预设水平。

1. 建模方式

应用场景经审核同意建设后，由高院信息处组织建模，亦可报信息处同意后由各院自行建模。应用场景模型建设应在数字模型研发平台进行。

2. 存疑线索

应用场景模型筛查出的案件清单为存疑线索。存疑线索可以通过限缩筛查区间、细化筛查规则等方式调整优化。

3. 初步核验

项目组应对模型筛查出来的涉及本院存疑线索逐条核验，重点核验存疑线索是否符合应用场景建设目的及数据筛查是否全面、精准。涉及本院存疑线索过少的，可视情扩大核验范围。

4. 建模优化

场景模型导出的线索中，本院存疑线索核验精准度应不低于50%。如精准度未达到要求，项目组应结合场景建设目的，调整业务规则与模型算法、优化模型，再次筛查数据，直至模型精准度达标且难再优化。

（三）推广评查

场景模型经过核验且精准度符合要求后，形成应用场景评查报告，经数字化建设专班集中核准后进入全市核验阶段，即对全市的历史数据进行筛查，并将存疑线索交由所涉法院逐条核验。项目组根据存疑线索核验精准度情况，继续调整优化数据模型，经专班会同业务部门确认后成为评查模型。

1. 评查报告

项目组在完成本院线索核验且符合精准度要求后，应结合线索来源、数据分析情况、类案监督情况、对策建议、法律法规依据等内容撰写应用场景评查报告。

2. 推广审核

评查报告递交高院专班后，由高院专班会同业务指导部门研判是否符合推广要求。经研判符合推广要求的，与建设法院会商一致后，通过“一事一通知”的形式向全市推广；经研判不符合推广要求的，建设法院可在结合高院专班审核意见优化规则、修改报告后，再次提交审核。

3. 全市核验

场景推广后，该场景模型筛查出来的存疑线索应由所涉法院进行核验。线索核验应重点核查线索是否与业务规则、筛选目的等相符。各院应及时核验相关线索，对于核验不准确的，应具体说明理由，并提出相应的优化建议。高院业务指导部门监督指导存疑线索核验工作，可结合线索核验情况对核验结果进行抽查。

4. 评查模型

场景推广后，该场景模型经高院业务指导部门会同高院专班确认为评查模型，纳入评查模型库。

（四）嵌入测试

场景建设项目组申请场景嵌入办案系统，应当经过工作专班及业务指导部门的集中论证、评查，在满足核验期限并实现精准度要求后，方能进入嵌入测试阶段。场景嵌入办案系统后，如符合场景业务规则，系统将向预设提示对象如院庭长、承办案件的法官等发送预警提示。

1. 嵌入申请

项目组申请场景嵌入系统的，应提交嵌入系统申请表及应用场景嵌入论证报告等材料，经高院业务指导部门、信息处审核同意后，由高院专班会同高院业务指导部门进行论证。嵌入论证报告应包含场景嵌入业务规则、嵌入模型算法、推广业务规则、推广模型算法、核验情况概述等内容。

2. 预警提示

经论证符合嵌入系统要求的场景，由高院信息处组织嵌入系统测试。对于符合场景业务规则并在嵌入节点触发的情形，将向预设提示对象发送预警提示。预警推送信息仅供参考，干警收到系统推送信息后，仍应结合个案具体情况作实质审查及判断，审慎核实后依法处理，不应将应用场景推送情况等写入裁判文书。

（五）核验反馈

收到预警提示的法官在一定期限内进行反馈后，项目组结合预警提示数量、有帮助率等反馈情况进一步优化嵌入系统规则。在嵌入情况、命中情况等均良好的前提下，试运行达到一定时长后方可通过场景验收。

1. 提示反馈

收到场景预警提示的干警，应在规定期限内反馈提示效果。反馈提示效果需阐明具体情况，协助项目组后续优化嵌入规则。各院专班及项目组应定期查看本院场景嵌入反馈情况，并根据反馈情况研判是否需要进一步优化嵌入规则。

2. 嵌入验收

项目组应持续跟踪嵌入效果，结合嵌入命中情况、反馈情况，全面分析反馈无帮助的具体内容和原因，明确是否需要修改嵌入规则，同时注重收集具有代表性的应用场景实效案例，起草嵌入后的办案指引建议稿，撰写嵌入验收报告。高院专班会同业务指导部门，结合嵌入验收报告、场景嵌入后的反馈情况，决定场景是否验收。

3. 阶段成果

验收后，该模型即正式以松耦合形式嵌入办案系统常态化运行。（如下图 7.2 所示）

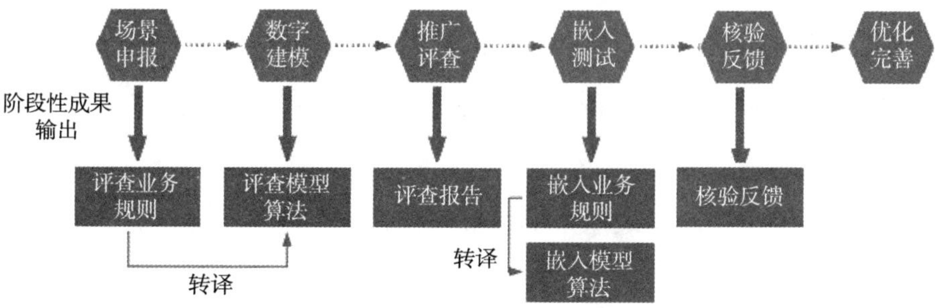

图 7.2　上海法院审判管理监督应用场景阶段性成果示意图

（六）优化完善

场景验收后，如出现触发过于频繁或反馈有帮助率过低、长期未触发等异常情况，项目组需进一步优化相应规则。未采取有效措施或者不需要继续嵌入的，则撤回嵌入。

1. 验收后优化

应用场景嵌入系统后，因场景所涉法律法规等依据调整、触发线索量波动、反馈中建议模型优化等情形，高院业务指导部门或高院专班认为规则需要优化的，应及时组织场景规则优化以确保应用实效。

2. 评查模型应用

各院结合本院审判业务实际、案件质量评查需求，在评查模型库中选用评查模型开展常态化案件质量评查。高院审管办定期组织对重点场景的专项评查，并将评查结果与法官绩效考核、法官惩戒等工作相衔接。

3. 撤回嵌入

应用场景嵌入系统后，出现触发过于频繁、反馈有帮助率过低、长期未触发等嵌入异常情况的，经高院专班提示，建设法院应及时优化规则。建设法院在规定期限内未提交规则优化申请的，由高院专班会同业务指导部门决定是否撤回嵌入。

4. 终止嵌入

应用场景嵌入系统后，场景预警提示效果已经达到，或触发后长期未再有触发，或不需要继续嵌入的，由高院专班会同业务指导部门决定是否终止嵌入。

值得注意的是，上述操作规程是数字法院“五大板块”场景建设的通用规程。由于“数助便民”“数助治理”“数助政务”板块更多聚焦不同的社会面需求，包括公共服务需求、公共决策需求和政务管理需求等，且其数据基础种类更加丰富，故其操作规程在通用规程的基础上也表现出一定的特殊性。

“数助便民”场景建设事关当事人的诉讼服务需求和提供公共法律服务的质量。为保证该板块场景建设质量，需要具备丰富便民工作经验的立案部门主持开展，设置“数助便民”工作小组，具体负责推进“数助便民”场景建设的各项工作。“数助便民”场景区别于通用操作规程的特殊性主要表现在：一是申报要求聚焦便民需求。便民场景申报应结合日常工作经验，着眼于便民服务，注重利用司法大数据形成高质量便民场景，并能取得“数助便民”实效。二是场景审核特别注重符合可行性、必要性、实效性。便民小组既负责场景初审，也负责组织相关部门进行复审论证。在初审阶段，从场景可行性、必要性、实效性等方面进行审核，初步筛选出拟建设场景。在复审论证阶段，进一步论证拟建设场景的可行性与必要性。

“数助治理”场景聚焦于外部治理主体需求，充分依托数字化手段提升司法服务保障大局工作水平。“数助治理”场景操作规程的特殊性集中体现在要对外积极建立沟通反馈机制，包括定期联络会商、共同督促落实、注重社会反馈等，需要各基层法院主动与区有关职能单位进行对接，开展数据推送或提供数据查询服务，并建立反馈机制。高院“数助治理”专班及条线业务指导部门积极与市、区单位对接，持续跟进场景的应用情况，与相关单位就深入数据共享共治达成共识，后续围绕相关单位的需求针对性推进场景研发。

“数助政务”场景致力于通过数字化手段提升内部管理效能，

涉及上海市法院政工、办公、行装、警务等多个部门，覆盖面广。“数助政务”场景建设需要组建跨部门跨层级的数字政务工作专班，表现出较强的组织管理和业务保障复杂性。“数助政务”场景操作规程具有以下特征：一是注重组织管理一体化。上下级法院开展数字政务管理联动化建设，共同推进内部事务集成化办理与一体化办公，确保标准统一、流程统一。二是强化审执业务协同保障。积极推进与审执业务的协同，如在协助取证、调阅信息、协助查封扣押等方面有针对性地内嵌对应“数助政务”场景，充分发挥政务服务保障效能。

二、复杂大场景建设的新型操作规程

复杂大场景的建设更加突出高质量要求，注重运用场景解决法官办案、审判管理、案件质量监督中真正的难点、堵点、卡点问题，以提升法官“感受度”为导向，必须确保做到好用、多用、管用。复杂大场景具有复杂性和规模大的特征，所要解决的问题比“小切口”场景更多、更加集成，必须深入案件审理内部，重点解决法官判断和法律适用问题；复杂大场景所采用的大语言模型技术，相比“小样本”学习技术，所需训练周期更长、成本更高。复杂大场景经常通过场景叠加或者跨板块场景融合的方式产生集成效应，操作规程相比“小切口”场景的通用操作规程更加复杂严格。

（一）复杂大场景建设必经“九阶段”

为准确把握时间节点，按时完成节点任务，根据复杂大场景建设实际，需要在借鉴通用操作规程的基础上，将复杂大场景建设过程设定为九个阶段：一是项目启动，二是建设方向调研，三是建设方向论证，四是业务需求梳理，五是技术需求梳理，六是嵌入论证，七是技术实现，八是嵌入测试，九是嵌入验收。其中，第三、六、九阶段均须通过集中会商方式开展，确保建设质量。推动复杂大场景建设，必须在各阶段推进建设中压实责任分工，形成工作合力，确保每一个场景建设都能够按期推进并取得实效。

（二）复杂大场景建设要求更高标准

复杂大场景在申报立项、实施开展以及技术保障方面都有不同于“小切口”场景的更高标准：一是充分做好立项论证。上海市高级人民法院专班通过拟定《复杂场景建设立项论证提纲》，与上海市高级人民法院各业务部门紧密会商、充分研判，就场景的必要性、可行性与有效性进行讨论，确定复杂场景建设清单，并逐一制定建设计划。二是仔细打磨业务规则。复杂场景的技术实现周期较长，每个复杂场景都要对业务规则进行充分打磨，不断优化、细化，确保高效推进。三是加强业务与技术的沟通，通过场景项目专班周例会形式，聚各级建设法院业务骨干、技术骨干之力，共同研判形成符合技术部门要求的场景建设业务需求。

（三）复杂大场景建设突出更高质量

由于复杂大场景涉及业务复杂、涉及部门广泛，在组织形态方面需实行“一场景一专班”。专班由高院、中院、基层法院组成，高、中院业务部门负责人与建设法院院（庭）长、业务骨干、技术骨干应作为专班成员，高院审判管理办公室、信息处派员参加专班，组织开展深度开发。为保证场景建设质量，在专班组成人员中，必须由高院条线负责人、建设法院院庭负责人作为领导骨干进行场景审核和过程监督，确保场景质量和效果。

第三节　数字法院建设的配套机制

数字法院建设作为一项系统复杂工程，亟须构建与数字法院建设发展相适应的配套保障制度，推动实践经验固化为制度成果，进而规范和指导数字法院建设。为实现应用场景建设的高水平谋划，推动数字法院高质量发展，需要坚持系统思维和创新驱动，围绕组织架构优化、监测结果处理、数据安全保障和法官数字化能力提升等方面构建全面高效的配套机制，确保数字法院安全、稳定和高效运作。

一、全员参与机制

（一）全员性参与

数字法院建设中，应选取与组织目标相适应的组织策略，才能顺利实现建设目标。数字法院建设的总体架构、技术平台、组织推进均高度集中，但具体应用场景开发高度依赖一线法官的审判经验，这就决定了数字法院的开发方式不能沿用传统的“开发与使用分离”模式，而必然是跨部门跨业务的全员参与、全员建设、全员共享，形成条块结合的矩阵型组织结构，实现“技术融合、业务融合、数据融合”[①]。在具体推进过程中，上海市三级法

① 参见《习近平主持召开中央全面深化改革委员会第二十五次会议强调 加强数字政府建设 推进省以下财政体制改革》，载《人民日报》2022年4月20日，第1版。

院需要自上而下一体部署、协商谋划、全力推进，确保各项建设任务的有效协调和高效落实。

（二）系统性推进

数字法院建设作为一项长期的系统工程，与阶段性的信息化项目不同，必须坚持将系统化思维观念贯穿并指引数字法院建设的全过程。要对数字法院建设核心任务进行拆解，将任务细化到最小关节，把责任落实到最小单元，通过跟踪问效、督查督办，形成有效的落实机制。[①] 数字法院应用场景的开发建设呈现鲜明的“系统推进”特征，在一线法官自下而上开展智能辅助审判应用场景建设基础上，遵循先易后难、分步推进的思路，逐步探索与实践需求相契合的建设体系、运转方式和推进路径，构建起数字法院建设的“四梁八柱”。

（三）制度性保障

数字法院的建设成效需要相配套的规章制度来保障。由于不同业务领域存在固有差异，必须建立规范性的制度机制，打破不同部门间的信息壁垒，推动形成与数字化改革相配套的工作体系和评价体系，有效回应多跨协同的建设需求。在具体工作推进中，需要构建起一整套与数字法院建设需求相适应、相匹配的体制机制，为数字法院规划、建设、运行等提供制度保障，并成为各部门在参与和推动数字化改革过程中的行为指引。例如，严把应用场景申报、审核、推广、校验、嵌入每道质量关口，根据场景建设类别和建设特点制定相应的工作规程，通过明确工作原

① 参见贾宇：《论数字法院》，载《法学研究》2022 年第 4 期。

则、推进方式和建设流程等加强对数字法院建设规划、验收评审评估等工作的指导，构建覆盖建设全周期的管理制度体系，引领更深层次的改革。与此同时，为有效调动建设研发力量，激活干警参与度和创造力，必须构建可量化的指标体系、工作体系、政策体系和评价体系，把数字法院建设纳入法院整体考核中，充分发挥制度机制的指挥棒和风向标作用。

二、监督处置机制

（一）闭环式监督管理

有力的落实离不开健全的监督管理制度。上海法院通过加强监督管理，为数字法院的推进保驾护航。在实行任务分解、明确工作进度、压实责任主体的同时，采取“责任制 + 清单制 + 销号制”的方式，倒排工期、顺排工序、狠抓落实。及时总结工作推进中的经验做法，注重查找难点和瓶颈问题，及时协调解决。在各基层法院建立开发建设情况对接反馈机制，定期向上海市高级人民法院反馈建设成效。统筹建立有效的跟踪问效、督查督办、制度落实机制，按照数字改革赋能考核评估体系，明确量化目标和评价指标，形成有部署、有落实、有验收的工作闭环，确保各项规划任务落地见效。

（二）实时性评估整改

在数字法院建设过程中，为保证场景建设实效，必须定期开展效果评估，根据实际情况及时调整和改进工作方法。首先，要建立起评估整改机制，确保应用场景建设契合司法实践需求。上海法院在实践探索中逐步构建起一整套覆盖全面、衔接顺畅、运行有效的评估和整改机制，在场景建设过程中通过用户反馈、数据分析等方式，对模型输出结果进行全程动态监测和全面核验，根据核验反馈结果对模型动态调参，及时调整建设思路；在场景嵌入运行后，实时根据掌握场景建设的实际效果，对于反馈效果不佳的场景及时分析其原因并进行调整优化，促进系统预警提示更加准确，确保达到预期效果。其次，为节约研发资源、避免重复开发，要制定相配套的查重和熔断机制。数字法院建设作为一项长期系统性工程，必须借助于“识别问题→改进方案→验证效果→持续跟踪”的评估整改闭环，推动场景建设实效不断提升。随着数字法院向纵深推进，既往的场景建设成果也成为新创场景的研发基础，通过不断地完善升级，应用场景从提供程序性、事实性、预警性提示，逐步转向解决复杂的类案判断、法律适用等问题。

（三）依法依规开展建设

数字法院建设工作涉及资金保障和人事运转，必须依法依规做好监督工作，预防廉政风险。上海法院加强对建设项目的全周期管理，严格落实法律法规和制度规范要求，组织预算立项、建设实施、测试测评、工程验收、绩效评价等工作，加强对信息服务供应商的统筹管理和对信息服务技术人员安全保密管理，督促落实安全保密管理制度，全面提升建设质量和应用质效。同时，健全数字法院建设廉政防控机制，强化管理和制度监督，对于重大项目坚持集体讨论制，针对立项、采购、招标、评审、验收、资金使用等环节严格落实项目管理和监督审计制度；建立健全数字法院建设工作监督留痕机制，项目执行部门严把关口，主动接受监督，执行过程全程留痕并纳入纪检监察监督范围，营造风清气正的建设环境。

三、数据安全保障机制

（一）数据管理体系

数字法院建设围绕数据的高效收集、存储和传输而展开，必须具有安全稳定的运行环境。在司法工作中获取和形成的司法数据资源，不仅涉及国家秘密、个人隐私和商业秘密等不适宜公开的数据，也会涉及个人身份信息、生物识别数据、财产信息、征信信息等敏感数据。为了保障数据供给安全可控，在数字法院建设过程中必须建立涉密数据处理工作流程，对数据采集、清洗、编目、治理、共享、开放实行严格规范化管理，防止相关数据被篡改、泄漏和滥用。目前，上海法院已探索形成覆盖物理设施、网络、平台、应用的数据安全体系，通过完善数据管理、加强技术防护、建立应急处置机制和加强监管，构建起数字法院的信息数据安全屏障。

（二）常态监测体系

随着数字法院建设向纵深推进，数据在应用过程中面临被篡改、泄漏和滥用风险。以数据运用为核心的算法技术也存在相当风险，技术的过度渗透和依赖可能会导致司法决策陷入简单化和机械化的泥沼，从而引发司法公正与效率价值的失衡，甚至对裁判权的公正行使构成威胁。为实现风险主动防御、数据安全可控，对数据存储、云计算、网络传输等应用链路进行常态监测，成为数字法院建设不可或缺的部分。为此，上海法院开展数据源头管理，规范数据录入和审核流程，在数据应用过程中对数据完整性、准确性和一致性进行定期检查和评估；通过常态化监测实现风险排查和矫正修复，力求实现数据应用安全态势精准预警、安全事件协同处置、跨网交互安全有序；注重发挥人的专业性和判断力，组建专业运维团队，对任何可能影响司法公正的应用风险及时处置。

（三）风险防范体系

数据的开发应用与数字技术迭代发展，在发挥集成效应提高效率的同时，也放大了风险发生种类、数量和危害后果。数据风险可能存在于数据收集、训练、处理和应用的任一环节中。加之技术运行复杂，数据交互频繁，数据安全风险随之被放大，且存在极强隐秘性和流动性，往往难以在第一时间被发现。数字法院的特点在于聚合和共享不同维度的信息，在应用过程中必须实现对隐私数据、敏感信息等重要信息进行系统性防护，必须确保在将司法数据提供给技术人员使用前不发生信息泄露、隐私侵犯的风险。与此同时，审判人员作为技术使用者，必须确保数字技术的使用能够在可控范围内，思考和避免技术与司法交互过程中可能引发的算法歧视、算法不透明等伦理风险。为实现数据风险的系统防范，人民法院需要提升数据开发应用过程中的主动防御能力，通过技术手段与制度建设相结合，构建起全方位的数据安全防护网，有效预防和应对可能的数据安全威胁。同时也要加强数据安全意识教育，建立健全的数据安全风险防范体系，确保数据的完整性、可用性和保密性。

四、数字化能力培养机制

（一）培养法官数字思维能力

与信息化建设不同，数字法院建设更加依赖法官的经验。无论打造场景、建立模型还是核验数据、反馈体验，都离不开法官的直接参与。法官不应该成为数字化排斥的对象，[①] 更不应该被数字化鸿沟隔离。培育与数字法院建设相适应的“专业＋技术”复合型法官队伍，需要深化“技术即业务、业务即技术”理念，推动业务能力和技术能力的融合，提升法官以数字化方式解决案件办理中问题的能力；要以数字化要求重塑法官的知识结构，让法官养成“让数字说话、用数字办案”的习惯，真正理解数据的价值、接受数据对发展的战略作用并为获取数据能力而投入精力；[②] 要对法官进行定期培训，使其熟练掌握数字化办案知识，进而实现关联分析和深度挖掘，提升履职效能。[③]

（二）培养法官实践应用能力

数字法院的建设最终需要落实到一线法官的实际工作中，技术与司法的融合必须实现研发与应用的紧密结合。法官在此过程中既是用户，也是需求和研发的主体。在审判工作高质量发展的语境下，实现司法体制改革和现代科技应用结合，必然要推动法官业务能力和技术能力的深度融合，形成“需求提出→设计研发→个体使用”的良性互动。相较于研发人员确定业务方向、对业务需求进行内容转译、定期回溯与反复修正，更加行之有效的方式是法官直接参与研发，以需求导向从源头引导应用开发。上海数

---

① 参见［英］理查德·萨斯坎德:《线上法院与未来司法》，何广越译，北京大学出版社 2021 年版，第 217 页。

② 参见张建锋、肖利华、许诗军:《数智化：数字政府、数字经济与数字社会大融合》，电子工业出版社 2022 年版，第 61 页。

③ 参见张军:《深入学习贯彻党的二十大精神，以“数字革命”驱动新时代检察工作现代化》，载贾宇主编:《数字检察办案指引》，中国检察出版社 2023 年版，第 4 页。

字法院建设就是在遵循司法规律的前提下，广泛发动一线干警参与建设，以“需求提出”牵引“研发应用”，秉持“技术即业务、业务即技术”的理念，全面提升法官实践应用能力，构建全业务平台“一站通办”、全周期数据“深度连接”、全链路融合“数字生态”，确保场景研发的功能设计能够真正契合法律规范、回应实践需求、解决实践难题。

（三）加强复合型人才队伍建设

数字法院建设需要大批复合型、应用型法治人才。培养既懂司法审判又懂数字技术的人才，不仅是推进数字法院建设的力量源头，更是赋予数字法院生命力的关键所在。在数字化时代背景下，实现对法官知识结构的数字化重塑尤为重要，只有让法官养成数字化思维、擅长数字化办案，提高数字素养，才能真正实现全面数字赋能。加强与数字时代发展相适配的人才队伍建设，需要通过实践探索和知识提炼，构建内容完整、逻辑清晰、符合实际、体现特色的数字法院理论体系，推动改革实践上升为理论成果，并以此指导改革实践。为破解数字技术发展日新月异与技术掌握应用相对滞后的困境，法院数字化改革还要注重发挥专家学者的智识支撑，深化院校合作，多渠道加强数字法院理论研究和人才培养。要通过定期培训、业务指导等方式，提高法官对司法工作高质量发展、数字化的把握和引领能力，进而实现“数字+司法”在更宽领域、更深层次的关联分析、深度挖掘和创新应用，形成法院数字化人才队伍体系。

第八章　数字法院建设的未来图景

大数据、人工智能、区块链等新兴数字技术的发展日新月异，与司法的融合越来越深。目前，数字法院的建设体系、运转模式、推进路径等已经基本成型，应用场景数量不断累积，效能逐步显现，实现了全流程自动预警提示，也契合了“以数字革命驱动司法审判整体提质增效”的要求。随着数字法院建设的不断深入，除了要推动应用场景数量不断增加、覆盖面不断延伸外，势必要沿着当前数字法院 1.0 版，稳步迈向 2.0 版、3.0 版乃至更高层级。

第一节　数字法院建设的近期展望

一、主动融入全国法院“一张网”建设

推进“一张网”建设的总目标是要打造统一集约、数据准确、敏捷高效、运行稳定、自主可控的一体化四级法院信息化办案办公平台，让全国法院在“一张网”上办案办公。“一张网”建设使得各级法院之间能够实现资源共享、信息互通，极大地提高司法工作的协同性和效率。数字法院建设与“一张网”建设存在着密切的协同关系。数字法院的建设为“一张网”提供了大数据基础

和应用场景，而“一张网”的构建又为数字法院提供了基础和底座。通过“一张网”建设，数字法院技术能够在全国法院系统中得到推广和应用，数字法院的服务可以覆盖到更广泛的区域，数字法院收集的大量司法数据通过“一张网”的数据分析平台进行深入挖掘和分析，为全国性的司法政策提供数据支持。总之，数字法院与“一张网”的协同建设，能共同推动司法高质量发展，促进司法效率与公正，是司法系统数字化转型的重要组成部分。

依托正在建设的全国法院“一张网”，数字法院的建设广度、深度将得到充分拓展，数据基础、设施基础和应用覆盖范围将会全面升级。数字法院建设由此进入体系化建设阶段，加快形成人民法院数字化运行体系，实现法院工作从理念到制度再到实践的改变。具体来说，人民法院数字化运行体系应包括高质量的基础设施体系、开放的数据资源共享及应用体系、深度的司法人工智能应用体系和可信可控的数字安全体系。

高质量的基础设施体系是数字法院建设的基石。在硬件方面，要推进重要场所的标准化数字化改造，利用人工智能、5G、物联网等技术实现重要业务场所各类终端的泛在化接入，提升诉讼服务大厅、科技法庭、会议室等场所基础设施数字化水平，实现基础设施与业务系统协同应用。在软件方面，要不断升级各类业务系统数字化水平，围绕诉讼服务、审判工作、司法政务、审判管理等法院事务建设数字化运行体系等。

推动数字法院融入“一张网”建设，需要在全国法院范围建立开放的数据资源共享及应用体系，通过数据资源扩增和融通共用，为数字建模提供数据支撑，充分发挥其在办案、办公、管理等方面的辅助价值。要建立全国统一的司法大数据平台，利用技术手段对全国法院的裁判文书以及起诉状、答辩状等电子卷宗进行全面解构，将非结构化数据转化为机器可读的结构化数据，形成海量解构数据点，为应用体系建设提供可读可用的数据资源。

推动数字法院融入“一张网”建设，需要建立深度的司法人工智能应用体系，运用当前已经成熟的人工智能技术，在一定范围内模拟人类推理过程，辅助或者替代部分人工的司法应用体系。例如，将深度学习和大模型技术运用于数字法院建设，通过对人类思维进行模拟，充当知识图谱角色，完成认定事实、归纳争议焦点及适用法律等司法论证步骤，实现类案推送、规则提示、案件预判、关联分析等辅助办案功能，推进类案的精准识别以及参考信息的精准推送，以数字技术推进法律适用统一，提高办案效率和裁判质量。

推动数字法院融入“一张网”建设，还要建立可信可控的数字安全体系，构建综合性、多层次的网络安全架构，确保全国司法数据在存储、处理和传输过程中的安全可靠。要完善法院司法可信基础能力，强化区块链数据存证及核验能力，运用敏感数据加密存证、非结构化数据存证等技术，满足法院对电子数据和电子材料的特殊安全存证需求，加强智能合约处理及可信执行能力。又如，建设人民法院司法可信业务中台，为各类可信应用场景提供统一数字身份管理、应用管理、智能合约管理、可信执行管理、核验示证服务及成效分析。

二、拓展应用场景建设新路径

数字法院应用场景的建设一开始着重于反向应用，逐步发展到正向辅助和反向应用并行的阶段，难度不断加大。在研发过程中，应当不断拓展思路，围绕提高审判质量和提升人民群众司法获得感，探索建设新路径。

（一）夯实基础，持续推进小切口场景建设

当前，智能辅助审判应用场景建设整体趋于成熟，成效不断显现，但与高质量审判的实际需求相比，场景建设的覆盖面和质量效果还需要进一步提升。智能辅助审判应用场景是数字法院建设的基础，应当加大研发力度，持续推进、不断深化，形成规模效应，从而实现对审判执行工作的全面覆盖、对法院工作的全面赋能。当然，应用场景建设的生命力在于运用，最终成效还是要体现在司法工作的提质增效和人民群众获得感的提升上。应着重发挥小场景的优势功能，突出其辅助和监督约束作用，确保“小场景”真正发挥“大作用”。更加注重质量把控，持续优化小场景建设验收标准和程序，加强应用场景效果闭环管理，确保应用场景的质量效果经得起实践检验。同时，要进一步完善应用场景的退出机制，对长时间无触发、反馈数量少、帮助率较低的场景及时予以撤回，形成优胜劣汰的良性局面。对于场景提示发现的问题，应结合司法责任制相关配套机制，督促干警积极采纳、及时防错，强化场景提示预警的刚性约束。

（二）融合增能，深入推进复杂大场景建设

复杂大场景建设是推进数字法院建设的重要内容，是数字法院能否实现更高质量发展的关键。[①] 随着嵌入办案系统的各类智

① 参见贾宇：《数字法院建设路径研究》，载《数字法治》2024年第3期。

能辅助审判应用场景不断增多，为发挥各类场景对司法办案的融合增能效应，建设高质量复杂大场景成为近期的重要任务，主要表现为：将之前的小场景叠加合并，探索集成式大场景建设，进一步提升审判效能；深度利用人工智能、大数据等技术，对小场景进行串联合并，实现数字化转化，发挥复杂大场景的多方位辅助功能。通过叠加合并形成的集成式大场景能够整合多个小场景的应用功能，形成一体化、全方位的推送预警提示，避免出现多头提示、重复提示问题。通过串联合并形成的复杂场景以“大应用”理念为指导，可有效发挥数字法院建设的整体联动效应，推动各个场景板块的协调、融合发展，切实提升法官和当事人对司法场景的感受度。除此之外，复杂大场景建设高度依赖前沿数字技术的发展。在数字法院推进过程中，一些技术上的瓶颈一定程度上制约了应用场景的建设进度和效能发挥。未来有必要融合运用大数据、大模型、可视化平台等新的技术手段，从而为复杂大场景建设提供更加强大的技术支撑。

（三）提档升级，创新推进审判精准智能辅助

当前数字法院应用场景已实现了对审判常见易发错误的提示预警，有效减少了审判质量瑕疵、提升了审判效率。但在高质量推进法律适用统一方面，尚有待发力。从司法实践看，还存在不少法律适用分歧，包括刑法中罪与非罪、此罪与彼罪的问题，民法中合同效力、违约金高低的问题等。将统一的法律规则、指导性案例确立的裁判规则，通过数字化手段适用到具体案件中，是提升案件质量、统一法律适用的关键举措。进一步推动数字法院建设，应当更加注重法律适用中的核心问题，将审判指导工作进行数字化升级，推动从宏观业务指导、知识培训指导向实时需求指导、精准个案指导、智能系统指导转变，解决法律适用分歧，提升审判质量。要将各类司法解释、会议纪要、审判指引、指导性案例等系统转化为数字化智识资源，利用应用场景精准识别个案特征，抓取对应的法律适用，真正实现类案精准推送，辅助法官把正在办理的案件与权威指导意见或案例结合起来，辅助实现办案质量的进一步提升。

深化数字法院建设，将重心放在法律适用问题上，还应当聚焦解决"机械司法、就案办案"痼疾，以常见纠纷案由为切入点，对每一案由的疑难复杂法律知识点进行拆解分析、场景建模，将实务审判专家、法学专家的智慧镶嵌于法官的办案系统中，形成数字化智能辅助办案体系，让法官正确把握法律条文背后的原则或精神，作出符合情、理、法的裁判，推动实现高质量审判。

第二节　大数据在数字法院建设中的应用前景

司法是大数据最为重要的应用领域之一。我国在司法数据的体量和数据利用方面具有明显优势，不仅收集、生成了海量的司法数据，还产生了一批大数据应用场景。数字法院建设充分利用此种优势，以数据收集汇总为基础，以平台建设为载体，以数据应用为支撑，必将推动法院各项工作发生质的飞跃。未来，随着大数据技术的发展，必将进一步融入数字法院建设过程中，进一步打通外部数据壁垒，充分释放司法大数据辅助审判、助力管理和促推治理的价值。

一、以数字法治为导向充分发挥大数据的赋能价值

建设数字法治离不开大数据技术在司法领域的深度运用。进入数字时代，数据成为新型生产要素，塑造了经济社会面貌。国务院《“十四五”数字经济发展规划》（国发〔2021〕29号）明确指出，“数字经济是继农业经济、工业经济之后的主要经济形态，是以数据资源为关键要素，以现代信息网络为主要载体，以信息通信技术融合应用、全要素数字化转型为重要推动力，促进公平与效率更加统一的新经济形态”①。在既有法治国家建设不断加速的同时，数字法治被纳入国家治理体系和治理能力现代化的进程，成为一种时代发展趋势。然而，数字法治的推进并不仅仅是数字法律规范体系的构建，也包含各种数字化司法基础设施和系统的构建，尤其利用大数据技术对司法工作模式进行重塑。与人工智能、区块链技术相比，大数据技术是推进数字法治建设最具代表性的技术。数字法院建设应当将大数据技术置于数字法治的框架下，以促进数字法治进步为导向，推动实现更深刻的法治进程。

加强大数据技术与审判工作的深度融合，让数字法院根植、运行于数字法治建设的实践之中，才能真正推动实现法治现代化。从大数据运用的前期经验看，数字法院建设还应在数据汇聚、共享和应用等方面持续发力。例如，建立汇聚全国四级法院的司法大数据库，构建数据关联和融合分析机制，为发挥大数

① 参见《“十四五”数字经济发展规划》，网址：https：//www.ndrc.gov.cn/fggz/fzzlgh/gjjzxgh/202203/t20220325_1320207.html，2024年5月14日访问。

据战略保障作用奠定资源基础。完善公共数据交互共享，完善与政府、社会组织等公共事务部门的数据对接，加强数据资源跨地区、跨部门、跨层级的统筹管理、整合归集、共享利用，不断提升人民法院与外部单位的数据协同治理水平。

二、继续深化数字法院“大数据＋应用场景”建设

数字法院建设所依托的核心就是大数据。前期应用场景的建设主要是通过挖掘、比对、碰撞司法办案流程中的大数据来发现问题，是对程序事务的数据化处理，所遵循的是形式逻辑思路。应用场景若要更加智能化、发挥更加实质性的辅助作用，就必须进入法官推理的实质逻辑领域，将实体判断能力转化为一种机器可识别的大数据分析和处理能力。未来应用场景的发展，主要表现在以下几个方面。

（一）应用场景建设以“人”的需求为导向不断深化拓展

数字法院建设的最终目的是满足人的需求，也必然要围绕人的需求不断深化拓展。就法院内部而言，必须关注法官、法官助理等在特定组织架构下运行是否顺畅，是否在办案中真正得到帮助；就法院外部而言，必须关注当事人的司法需求和诉讼体验，以及社会治理主体的需求。可以预想，未来数字法院应用领域应该会大致沿用当下基本的主要模块，并进一步向枝节逐步细化。如在“数助办案”中界定和区分法官、法官助理的权责范围，实现协同效果的最大化；在“数助监督”中完善各个层次监管主体的具体权限和管理流程；在“数助治理”中完善数据联通后机制调整的“后半篇文章”等。

（二）应用场景从以程序化诉讼事务建模为主转向以实体化法律关系建模为主

前期的数字法院应用场景主要是围绕诉讼中的程序化事务和硬性规定进行设计建模，例如当事人诉讼主体资格是否丧失、是否存在程序空转、是否存在超期送达等。随着大数据技术的进一步发展，围绕实体法律关系的设计建模成为重点，必将推动数字法院建设迈向更加深入、更加开阔的领域。法律作为一般性的行为准则，旨在进行类型化的判断，个案的特殊性没有摒除其性质上归属于某一类别的可能性。[①] 无论何种法律关系，无论案件具体情形有多大差异，都可以归入类型化的场景之中。“先将事实和规范都化整为零，在确定了事实要素和规范要素之间的一一对应关系后再化零为整，体现的正是人工智能技术背后的认识论基础，即整体主义的还原论假设：一切认知和智能活动的复杂系统都可以通过各个组成部分的动态行为和整体交互作用来解释。”[②] 从技术角度而言，计算机通过分析海量数据，将同质或相似内容归类，实现有序化处理；或按照设定规则及奖惩适用解决之法，寻找最优解决之法；甚至通过示例及输入—输出的对应关系进行学习，从而归纳从输入到输出所需的函数。在逻辑三段论下，法律与事实要素的涵摄为类案识别及其自动处理提供了基础和可能，当下的智能辅助审判应用场景已经在简单规则模型中找到有

---

① 参见陈景辉:《同案同判：法律义务还是道德要求》，载《中国法学》2013 年第 3 期。

② 郑戈:《在法律与科技之间——智慧法院与未来司法》，载《中国社会科学评价》2021 年第 1 期。

效实现路径，下一步就是让具有类别化、体系性的复杂场景形成全面覆盖的态势。

（三）应用场景的效果评价更加注重多元化标准

数字化应用效果如何，要看案件质量是否真正得到提高，当事人是否真正感受到公平正义。前期对应用场景的评价更多来自法院系统内部对于办案是否“有帮助”的判断，而这种判断可能受到建设者主观期待等因素影响，尚缺少来自案件诉讼参与人的评价，也缺少技术完成度的评价机制。数字法院建设要行稳致远取得更大成效，还需要把数字法院建设与审判质效等贯通起来，建设完善多元评价机制和考核体系，充分发挥好考核评价“风向标”的作用。

第三节　人工智能在数字法院建设中的应用前景

随着人工智能技术加速发展，数字法院必然会发生更加深刻、更加广泛的变化。以深度学习和大模型技术为代表的新一代人工智能技术的跨越式发展已经成为现实，数字法院的发展亦不可能止步于如今的大数据监督、纠错、预警、提示阶段，超智能化的类人仿生抑或人机耦合的交互必然是未来的方向之一。

一、人工智能在司法领域的应用

在数字技术领域，人工智能无疑是最受瞩目的焦点。人工智能与法律的融合有着深远的历史渊源。早在20世纪70年代，就有学者提出将人工智能技术应用于法律领域，开发能够执行法律推理和论证的计算机程序。然而，由于当时知识表示和法律文本解析技术的局限性，加之可用于学习的法律文书资料相对匮乏，研究者难以实现法律推理和论证的计算模型与实际法律文本的有效衔接，司法人工智能的发展在很长一段时间内仅停留在理论探讨和实验室研究阶段。

近年来，随着互联网、大数据、云计算等信息技术的飞速发展，深度学习算法的提出，以及计算机算力的不断突破，以ChatGPT、DeepSeek等为代表的生成式人工智能进入蓬勃发展的阶段。人工智能正广泛地与社会生产生活融合，形成“人工智能+”工作模式，赋能传统工作形态。随着数字法院的纵深发展，未来除了要推动现有场景应用不断扩大覆盖面外，人工智能技术与法院工作的深度融合无疑将是重要的发展趋势。

就目前的技术机理而言，人工智能是引导机器进行学习从而完成相关任务的一种技术。当前人工智能技术的主要内容有自然语言处理、知识图谱和机器学习等。① 其中，自然语言处理是通过识别、处理等智能方式，将以自然语言呈现出的文字和文本转化为机器易识别、读取的语言。该技术是辅助办案的核心技术。人工智能技术通过学习海量的裁判文书、法律法规等，识别、提取某类型案件的关键特征，为后续类案的识别、生效类案的准确推送、裁判文书初拟等提供了技术支持。知识图谱则是将机器学

① 参见季卫东：《人工智能时代的司法权之变》，载《东方法学》2018年第1期。

习的知识通过可视化的手段进行呈现，比如，有效汇集并梳理特定类型案件的法律法规、类案裁判等内容，形成直观的知识图谱，对正在审理中的案件进行匹配推送，发挥指引案件审理方向、精准个案法律适用、纠偏案件审理结果、避免适法不统一等作用。机器学习是机器运用算法功能对已经学习的数据和新数据进行对比，从而实现一定程度的结果预判。运用到“数助办案”中，最重要功效是裁判文书初拟。

二、未来强人工智能时代数字法院的发展

（一）强人工智能时代数字法院建设的三个向度

随着人工智能的迅速发展，智能化水平不断提升，最终势必趋向强人工智能。在未来的强人工智能时代，数字法院将呈现怎样的具体样态，目前尚无法准确预知，但至少会在如下三个向度上带来巨大提升。一是司法公正的可视化水平大大提升。人和机器在解决法律问题时各有优势，人的优势是能够作价值分析和判断，而机器的优势是强大的数据检索、比对和关联能力。[①]“机器能不能代替人类法官”这一质问的本质是机器无法像人类一般具备常识、常情以及人工理性，但是相较于人类思维，人工智能法律系统所特有的自然理性，更契合“法律是没有激情的理性”标准。人工智能法律系统虽不能作价值判断，但它拥有排除人情、关系、金钱等不正当因素影响的优势，利用好，可增强公众

① 参见雷磊：《司法人工智能能否实现司法公正？》，载《政法论丛》2022 年第 4 期。

对司法公正的信任感。二是法律适用的统一性大大提升。不同于现阶段已嵌入自动运行的预警提示系统，在数字法院高阶阶段，人工智能不会限于事实输入和结果输出，而是在对人类思维模拟的基础上完成法律推理过程，[①]其中包括认定事实、寻找法律以及法律适用等司法论证步骤，能够最大程度克服不同法官知识结构、个人经历、获取信息上的不同，避免执行统一标准时产生的差异性结果，促进司法标准的统一化，尽可能实现同案同判、类案类判。三是司法的可预测性大大提升。确定性和稳定性是法治的基本价值追求，也是可预测性的前提。从社会“可感知”的层面增强裁判的可预测性，是构建司法公信力的社会基础。随着人工智能逻辑判断和推理能力的不断提升，最终必将具备对案件走向的判断预测功能，进而在社会层面发挥规范行为方式、维护社会秩序、解决社会纠纷、实现安定生活等方面的预期作用，从源头上减少纠纷。

（二）强人工智能技术运用于数字法院的具体表现

第一，研发强人工智能法律系统，实现动态辅助办案。不仅是人们对未来人工智能赋能法院工作的畅想，还是对法律与数字技术深度融合的追寻，拥抱司法人工智能已成为数字法院建设不可回避的前景之一。“将法律代码化，开发出能够通过疑难案件级别‘图灵测试’的强人工智能法律系统，是很多学者包括司法实务部门的期望和努力方向。”[②]将经过符号化、数字化的法律概念

---

① 参见张保生:《证据法的理念》，法律出版社2021年版，第108～110页。

② 贾宇:《论数字法院》，载《法学研究》2024年第4期。

和逻辑运用于计算机系统，从而实现标准化、算法化、自动化的裁判结果输出，供法官参考，必将提升法律的品质和司法公信力。

第二，应用生成式人工智能技术，提升人机交互的司法体验。随着以ChatGPT为代表的生成式人工智能技术的发展，具备自然语言处理能力的可对话机器人技术越发成熟，也越来越多地被运用于司法领域。未来，生成式人工智能可能逐步进入法院咨询系统，利用先进的自然语言处理能力提供24小时咨询服务，也可利用CG制作技术打造AI数字法院形象，在当事人申请网上立案、在线保全等自助办理场景时，提供更具亲和力的互动服务。待未来技术成熟时，可探索构建虚拟法庭，利用虚拟现实和数字孪生技术，模拟现实法庭环境，为诉讼参与人提供沉浸式的庭审体验，实现审判过程的数字化和智能化。法官和法官助理可在虚拟环境中提升庭审技能，提高司法专业化水平。

第三，构建法院知识图谱，提高法官法律检索效率。知识图谱（Knowledge Graph）又称科学知识图谱，本质上是一种揭示实体之间关系的语义网络，可以对现实世界的事务及相互关系进行形式化描述。知识图谱可以被看作是一张图，图中的节点表示实体或概念，而图中的边则由属性或关系构成。每一条知识都可看作一个主谓宾元组，例如故意杀人罪（主语，实体）——刑期（谓语，属性）——死刑、无期徒刑或者十年以上有期徒刑（宾语，属性值）。知识图谱在逻辑上可分为模式层和数据层，对事实关系及规则关系都可以进行储存。数据层主要是由一系列的事实组成，以事实为单位进行储存。模式层建立在数据层之上，本体是结构化知识库的概念模板。知识图谱所关注的重点也仍然是数据中的概念、实体、属性等。[①] 未来，法院知识图谱可以在纷繁错杂的法律条文、法律概念中构建关系，也能对常见的事实关系进行储存，形成法院知识服务引擎，极大提升法官检索效率。知识图谱技术还能够推进案件阅核智能化，通过对案件证据的图谱提取以及裁判文书的图谱提取，提升院庭长阅核效率。

第四节　数字法院建设可能面临的挑战与应对

相较于域外国家和地区的法院建设经验，我国的数字法院建设无疑更具创新性，是新时代中国特色社会主义法治体系建设的生动实践，也值得打造为世界范围内的标识性概念。[②] 然而，创新也意味着无现成先例可指导、无成熟经验可遵循。在数字法院建设过程中，会遇到很多前所未有的复杂问题，需要未雨绸缪、提前研判、应对解决。

一、警惕技术理性对法官主体地位的消解

“接近正义的司法本质决定了技术是手段，公正是目的。”[③] 无

---

① 王昊奋、漆桂林、陈华钧:《知识图谱：方法、实践与应用》，电子工业出版社 2019 年版，第 460 页。

② 参见刘品新:《论大数据法律监督》，载《国家检察官学院学报》2023 年第 1 期。

③ 洪冬英:《司法如何面向“互联网 +”与人工智能等技术革新》，载《法学》2018 年第 11 期。

论人工智能发展到何种地步，机器计算和人脑思考存在本质差异，人工智能技术体现的形式理性无法完全取代个案裁判中必须由人脑完成的实质理性。[①] 如果过于依赖技术作出司法判断，就会带来以下问题：一是司法结果的公平正义难以保障，导致司法公信力被挑战。二是司法责任难以认定，对于由机器作出的裁判结果，司法过错的认定难以量化。司法判断包含有一定的价值判断和利益平衡，具有一定的主观性。相比较而言，技术理性则追求客观统一判断，在个案裁判中的利益衡量难以通过数据计算得出符合当下社会价值体系的裁判结论。应当明确，无论技术发展到何种程度，人工智能仅能作为法官裁判的辅助工具。即使是在数字法院的终极阶段，数据算法提供的也并不会是最终答案，只是参考答案，更好的方法、答案抑或是人们所追寻的公平正义仍需倚重法官们的专业智慧，司法的最后一道防线仍需法官来坚守。

人类试图通过人工智能的运用去除法官主观偏向和情感的干扰，以保证司法裁判的客观公正性。但人工智能不可能取代法官，这一点也在人类学的研究中得到了证实。

首先，法院裁判离不开人的智慧。裁判的过程主要是事实认定和法律适用，离不开人的认识判断活动。在感性方面，人类通过外感官接受外在对象的全部呈现，为认识提供内容。人工智能则只能接受对象的部分呈现，例如计算机视觉和语音识别，但也只是对人类感官的模拟，与人类感官根本不同。在理性方面，人类通过一些概念范畴统摄感官对象来获取有关经验世界的知识，

① 参见魏斌：《论法律人工智能的法理逻辑》，载《政法论丛》2021年第1期。

例如依存性与自存性、原因性与从属性、可能性与不可能性、存有性与非有性、必然性与偶然性等概念是人类所具有的逻辑范畴，十分复杂。人工智能不可能模拟全部逻辑范畴，即使人类为它设计算法模型，但顶多是相关性的概念，对其进行全部模仿目前来说是不可能的。这并不是说人工智能的任何产物都是没有价值的，虽然它不具有人类的认知能力，不可能产生真正知识，但是确实能为人类提供知识素材。这就决定了人工智能只能处于辅助人类获得知识的地位。这种辅助地位在司法裁判领域表现为对某些审判辅助事务的分担，凡是属于司法判断权的事务则只能由法官负责。

其次，司法判决离不开裁判者的法律观。法律观是人们对法律活动的看法或心理态度，是一国民族精神的组成部分。法官在裁判时大体上秉承三种法律观，即规范的、事实的和价值的法律观。在案情简单、规则明确的案件中，规范法律观发挥主导作用，倾向于严守规则；在自由裁量领域，事实法律观发挥主导作用，重心是利益衡量；对于法律漏洞或空白领域，价值法律观发挥主导作用，借助正义法理和道德理念来作出评判。人工智能在作出法律判断时反映的是规则主导的法律观，本质上并无相应的心理活动。人工智能的“法律观”不能反映动态复杂的社会利益，不能表达民族的道德价值追求。过分推崇它在司法审判中的作用，就可能造成对司法公信力的慢性腐蚀。

最后，司法判断的形成过程，离不开法官的创造性推理。法律推理的过程就是把一般的法律运用到具体的案件中的过程。法官在众多的法律条文中发现针对个案的法律，本身也包含着“创造性”的思维活动，并非简单套用法律。任何法律都不可能自动与案件结合。[①] 法律推理本质上是法官调动自己的一切智识资源进行判决的艺术创造的过程。在疑难案件中，法官的创造性更明显，也具有更多的意义。但是人工智能封闭式的数据思维，无法替代法官的创造性推理，在数字法院的运用应有一定的边界，只能应用于审判辅助事务，核心审判事务只能由法官进行，法官的地位不可取代。

二、审慎认识算法权力对司法的潜在威胁

随着算力的提高、算法技术的成熟、人工智能应用覆盖面的不断扩张，对于算法的掌握逐渐演化为一种权力，即运用算法的主体可以通过算法进一步强化对其他主体的影响力和控制力。[②] 在数字法院建设过程中，人工智能技术势必嵌入办案、监督、决策的各个环节。在这一融合过程中，算法权力可能给现有审判权的归属及行使带来挑战。

其一，审判权面临被科技公司介入的风险。由于人工智能技术具有极高的专业性，法院工作人员难以完全掌握其运行原理与嵌入规则。科技公司的人工智能产品正逐步成为审判行为的组成部分，人工智能技术的应用会深刻改变法院的办案模式，并实质参与到案件审理中。

其二，法官裁判易受到算法决策的不当影响。算法基于机器

① 陈金钊:《法律方法的主要任务是重塑法律推理的大前提》，载《复旦大学法律评论》2015 年第 2 辑。

② 周辉:《算法权力及其规制》，载《法制与社会发展》2019 年第 26 期。

优势、架构优势与嵌入优势，同时对个人、科技公司以及运用人工智能算法进行治理的公共机关进行赋能，但这种赋能存在明显的不对称与失衡，在监管缺位的情况下，作为数据使用主体的个人包括法官在内，容易遭遇来自算法优势方提供的“信息茧房”“算法歧视”等问题，吸收错误信息，造成错误判断。从使用主体能动性的角度来说，人工智能算法的便捷性可能造成法官对人工智能产品的过分依赖。若对人工智能应用的边界不加限制，可能会导致法官的裁判受到大数据判决方案的不当影响，案件的审理不再基于个案特征，而是建立在多数判决的平均值上，影响司法公正。

数字法院建设有必要引入人工智能算法审查机制，对人工智能算法系统的应用范围、机制机理以及开发主体进行审查，确保人工智能算法不会影响法院审判权的行使。算法审查应坚持以法院审判权为核心的算法设计原则：一方面，明确人工智能算法的辅助性定位。数字法院建设要始终坚持人工智能系统中的各环节可解释、可测试、可验证，不能因技术介入、数据或者模型偏差而导致“算法霸权”，确保司法公正的价值追求始终不发生偏离。另一方面，明确以审判逻辑作为程序的底层逻辑。人工智能算法在法律推理中的底层逻辑应尽可能遵循法院审判权的运行逻辑来构建，避免算法权力代替审判权力。

三、防范司法数据安全受到侵害

数据作为人工智能技术重要的资源，其价值愈发凸显，同时，数据是隐私和个人信息的物质载体，数据安全和个人信息保护是数字法院建设的应然之理。[①] 法院人工智能数据含有大量的不公开信息，数据泄漏会损害当事人个人隐私、商业利益，乃至对国家安全造成损害。例如，在技术快速发展的今天，针对人工智能模型的窃取、攻击等技术手段日益成熟，如果语料库暴露了用户的隐私数据，则大模型很容易被攻击者套出其原始的训练数据，造成数据泄漏。又如，人工智能的训练、验证、测试需要用到大量的语料，知识图谱的建设也涉及大量事实文本的收集，在此过程中如果没有严格的数据使用监管机制，可能会造成人为的数据泄漏，损害当事人利益。欧洲议会于2024年通过的欧盟《人工智能法案（AI Act）》[②] 对数据和数据治理进行了专门规定，要求用于训练、验证和测试人工智能的数据集应遵守与高风险人工智能系统预期目的相适应的数据治理和管理实践，并确保数据集的相关性、代表性、无错误。数字法院与人工智能技术的融合也应当建立起完善的数据管理机制，通过对不同类别数据进行分类分级管理，在确保数据安全的前提下，为人工智能训练、测试、应用提供优质的数据保障。

第一，建立语料审查机制。语料是人工智能技术开发的关键，其有效性决定了人工智能模型输出的结果是否准确、有效。对语料进行筛查有助于数字法院高效利用人工智能技术，也能够防止错误语料对审判权的偏移。具体而言，语料审查可分为以下

---

① 参见王锡锌：《个人信息国家保护义务及展开》，载《中国法学》2021年第1期。

② 参见陈小鼎、刘洋：《数字外交对国际话语权博弈的影响及中国应对》，载《吉林大学社会科学学报》2024年第5期。

两个方面：一是语料准确性的审查。为防止错误语料“误导”人工智能模型，必须对裁判文书及其对应的案件节点数据进行审查，确保案件的事实陈述、焦点归纳、法律论证以及相关的案件标签是正确的。二是语料价值的审查。审判不仅是事实的查明，还包括价值的判断，一方面要审查案件文书是否存在价值偏颇，防止因审判人员、技术人员的个人偏见使人工智能产品出现道德风险；另一方面要审查语料库的类别是否平衡，文本语料不充足的领域更容易造成算法的隐性歧视。

第二，建立语料脱敏机制。法院案件信息包含了大量的当事人个人隐私，面对越来越发达的攻击手段和大量训练产生的潜在内部泄漏风险，在数字法院的建设过程中，一方面，要建立可靠的技术标准，防止攻击者套取原始的文书训练数据。例如，将文本提交给大型语言模型之前使用较小的模型对文本的敏感方面进行局部脱敏，混淆潜在的识别信息。另一方面，要避免信息复原为初始数据，[①] 建立数据分级脱敏机制，对不同类型的数据分类处理：对于一般案件数据，抹去可追溯至当事人信息后，可作为训练语料；对于因个人隐私不公开的，在抹去当事人信息后，可作为训练语料；对于因商业秘密不公开审理的，需对商业秘密内容进行脱敏处理后，确保无法还原具体的商业秘密内容；对于因国家秘密不公开审理的，一般不宜作为训练语料。

第三，建立语料标注机制。法院语料具有内容长、对应关系不明显以及表述多样化的特征，若不加标注地提供给大语言模型

① 参见许皓、刘婧:《论生成式人工智能语料库数据收集风险与法治进路》，载《福建江夏学院学报》2024 年第 5 期。

学习，所得结果往往是难以被解释和利用的，必须对训练语料进行详细的数据标注（Label），对案件的事实部分、系争焦点、法律论证以及其中的对应关系进行准确的标注，建立法院语料库标注机制。

第四，加强人工智能法律产品安全性评估。对于人工智能产品在法院内部场景的使用，由案件的承办人员评估其有效性、价值中立性；在外部场景的使用，建立由审判人员、学者和诉讼参与人多主体参与的抽查机制，定期审查面向公众的场景，如“数助便民”“数助治理”等，以确保其准确性。

四、加快形成数字法院理论体系

在数字时代，数字科技不仅重新定义了生产力和生产关系，而且推动了经济社会发展的新式逻辑，孕育出不同于工商业时代的数字社会形态，也对法学学科发展产生了深刻的影响。在此背景下，建立在工商业社会基础上的现代法学必然要面临空前严峻的挑战，而数字法学将成为新时代的发展主角。2020 年 11 月，在教育部新文科建设工作组主办的“新文科建设工作会议”上，众多高校联合发布了《新文科建设宣言》，标志着新法学的研究建设的讨论正式开启。数字法学是新法学研究的重要内容，涵盖了法律与科技的交叉领域，包含了理论与实践的深度融合。数字法院的理论研究是数字法学极具前沿价值的重要组成部分，为数字法院的建设提供了理论基础和指导原则，也为数字法学发展增加了实践性内容。近几年，数字法学领域的科研成果产出呈井喷态势，成果丰硕，但多偏重于法理方面，对实践领域的数字法院建设的关注度较为有限，有关数字法院的理论研究成果更是阙如。

虽然本书对数字法院的内涵、理念、总体框架和建设路径进行了理论总结，提供了初步的理论体系，但从实践中的建设需求来看，还有待进一步深化提升。具体表现在：一是数字法院的实践方兴未艾，正处于迅速的发展变化中，需要相适应的数字法院理论。数字法院建设是利用前沿技术的一次实践探索，建设内容和发展方向无先例可循、无现成经验可学习，要在探索中不断前进。数字法院的建设内容会不断延展，发展方向也会随着实践需要进行调整，这就需要提炼概括的理论概念更加具有前瞻性、指导性，准确描述实践发展情况，跟上时代步伐。二是数字法院的技术面向与法学理论研究面向需要更加有效地结合。数字法院建设不仅仅是技术层面的革新，更涉及司法理念、思维模式以及审判工作机制的深层次变革。数字法院的理论研究既包含法学研究又包含数字技术研究，如何将两种研究方法进行融合，形成一套既符合技术发展趋势又满足司法需求的理论体系，值得进一步深入思考。三是与数字法学相关的学科建设与人才培养尚处在初级发展阶段。数字法院建设需要既懂法律又懂技术的复合型人才，更需要法学理论界与司法实务界共同参与，加快建设与数字法院建设相匹配的数字法学学科，培养更多适应数字化司法需求的专业人才。

理论是实践的先导，但中国的数字法治则是实践先行的。[①]

① 参见马长山:《数字法治的理论吁求》，载《人民法治》2021年第10期。

数字法院的深入建设以及数字法治的整体推进，离不开高质量的理论支撑。面对现代法治向数字法治的转型升级，提炼数字法院的理论命题、研究数字法院的建设规律，是当代法学理论应当持续关注并着力研究的重要课题。时代发展需要加强对数字法院基本概念、基本理论、基本体系、基本功能、基本规律的归纳提炼和理论研究，及时总结经验做法，将数字法院建设的实践经验深层化、系统化、全面化，开创一整套完备的理论体系，反哺引领数字法院建设水平进一步提升。要加强对数字法院理论体系的跨学科研究，将其放在互联网法学、信息法学、数据法学、人工智能法学、计算法学等交叉学科的视野下，不断追寻技术革命的发展逻辑开展深层次的法学研究。要进一步深化院校合作，充分发挥专家学者的智力支撑作用，加强法学教育、法学研究工作者和法治实际工作者之间的交流，培养一批既懂技术又精通法律的复合型法治人才，更好推动数字法院理论建设。

主要参考文献

一、著作

［1］陈甦、田禾主编：《中国法院信息化发展报告 No.5（2021）》，社会科学文献出版社 2021 年版。

［2］傅郁林、［荷］兰姆寇·凡瑞主编：《中欧民事审判管理比较研究》，法律出版社 2015 年版。

［3］贾宇主编：《数字检察办案指引》，中国检察出版社 2023 年版。

［4］姜伟、龙卫球主编：《数字法学原理》，人民法院出版社 2023 年版。

［5］刘艳红、王禄生等：《大数据与审判体系和审判能力现代化研究》，人民法院出版社 2023 年版。

［6］马长山主编：《数字法治概论》，法律出版社 2022 年版。

［7］茆荣华主编：《全流程网上办案体系的探索与实践》，人民法院出版社 2021 年版。

［8］齐爱民：《数据法原理》，高等教育出版社 2022 年版。

［9］王昊奋、漆桂林、陈华钧：《知识图谱：方法、实践与应用》，电子工业出版社 2019 年版。

［10］习近平：《论坚持全面依法治国》，中央文献出版社 2020 年版。

[11] 习近平:《习近平谈治国理政(第四卷)》，外文出版社2022年版。

[12] 张保生:《证据法的理念》，法律出版社2021年版。

[13] 张建锋、肖利华、许诗军:《数智化：数字政府、数字经济与数字社会大融合》，电子工业出版社2022年版。

[14] 邹碧华:《要件审判九步法》，法律出版社2010年版。

[15] 左卫民:《数字司法的中国图景》，法律出版社2023年版。

[16] [美] 刘易斯·A. 科塞:《社会学思想名家》，石人译，中国社会科学出版社1990年版。

[17] [美] 海伦·尼森鲍姆:《场景中的隐私——技术、政治和社会生活中的和谐》，王苑等译，法律出版社2022年版。

[18] [美] 凯西·奥尼尔:《算法霸权——数学杀伤性武器的威胁》，马青玲译，中信出版集团2018年版。

[19] [美] 理查德·波斯纳:《法律的经济分析》，蒋兆康译，法律出版社2012年版。

[20] [英] 理查德·萨斯坎德:《线上法院与未来司法》，何广越译，北京大学出版社2021年版。

[21] [英] 维克托·迈尔-舍恩伯格、肯尼思·库克耶:《大数据时代：生活、工作与思维的大变革》，盛杨燕、周涛译，浙江人民出版社2022年版。

二、论文

[1] 北京大学课题组:《平台驱动的数字政府：能力、转型与

现代化》，载《电子政务》2020 年第 7 期。

[2] 卞建林:《论数字检察改革》，载《华东政法大学学报》2023 年第 5 期。

[3] 曹磊、刘晓燕:《类案检索应用的困境与破解——以助力法官裁决及文书撰写为视角》，载《中国应用法学》2021 年第 5 期。

[4] 陈金钊:《法律方法的主要任务是重塑法律推理的大前提》，载《复旦大学法律评论》2015 年第 2 辑。

[5] 陈金钊:《司法过程中的法律发现》，载《中国法学》2002 年第 1 期。

[6] 陈景辉:《同案同判：法律义务还是道德要求》，载《中国法学》2013 年第 3 期。

[7] 陈罗兰:《论法院数字共同体的构建：以人工智能辅助司法为视角》，载《法学》2024 年第 1 期。

[8] 陈小鼎、刘洋:《数字外交对国际话语权博弈的影响及中国应对》，载《吉林大学社会科学学报》2024 年第 5 期。

[9] 陈越瓯、侯学宾:《大数据时代司法理论的变革与发展》，载《吉林大学社会科学学报》2024 年第 6 期。

[10] 陈姿含:《司法算法决策中的权力逻辑》，载《中共中央党校学报》2022 年第 3 期。

[11] 程琥:《从案结到事了：行政争议实质性解决的法治建构》，载《中国应用法学》2024 年第 4 期。

[12] 崔巍、曹金容:《基层数字政府建设路径研究——以西部地区 S 省司法行政系统为视角》，载《中共四川省委党校学报》2021 年第 2 期。

[13] 樊传明:《被敞视的法官：数字司法对审判权运行的影

响》，载《法制与社会发展》2024年第3期。

[14] 范明志:《论司法信息公开的“三重属性”及规则体系》，载《法律适用》2024年第6期。

[15] 高乐、李晓方:《发展高效协同的数字政务：数字中国整体布局视域下的政府数字化转型》，载《电子政务》2023年第9期。

[16] 谷佳慧:《数字时代正义的内涵变迁及法治保障》，载《北方法学》2023年第5期。

[17] 顾培东:《人民法院改革取向的审视与思考》，载《法学研究》2020年第1期。

[18] 郭烁:《法院信息化建设二十二年：实践、问题与展望》，载《浙江工商大学学报》2019年第1期。

[19] 洪冬英:《论虚假诉讼的厘定与规制——兼谈规制虚假诉讼的刑民事程序协调》，载《法学》2016年第11期。

[20] 洪冬英:《司法如何面向“互联网+”与人工智能等技术革新》，载《法学》2018年第11期。

[21] 胡玉鸿:《以人为本的法理解构》，载《政法论丛》2019年第1期。

[22] 黄文艺:《数字法治是现代法治新形态》，载《数字法治》2023年第2期。

[23] 黄先雄:《行政诉讼“程序空转”现象的多维审视》，载《法治研究》2023年第1期。

[24] 黄甄铭、魏娜、梁正:《跨部门数据共享源于机构变革还是动机转变？——基于浙江省M区的案例研究》，载《管理世界》2024年第5期。

[25] 季卫东:《人工智能时代的司法权之变》，载《东方法学》2018 年第 1 期。

[26] 贾宇:《检察机关参与网络空间治理现代化的实践面向》，载《国家检察官学院学报》2021 年第 3 期。

[27] 贾宇:《论数字法院》，载《法学研究》2024 年第 4 期。

[28] 贾宇:《论数字检察》，载《中国法学》2023 年第 1 期。

[29] 贾宇:《数字法院建设路径研究》，载《数字法治》2024 年第 3 期。

[30] 江苏省高级人民法院课题组:《中国式现代化视野下审判管理的路径构建》，载《法律适用》2024 年第 7 期。

[31] 雷槟硕:《类案判断的方法论》，载《现代法学》2022 年第 6 期。

[32] 雷磊:《司法人工智能能否实现司法公正?》，载《政法论丛》2022 年第 4 期。

[33] 李江蓉:《智能管控审判流程节点的实践与探索》，载《人民司法》2022 年第 13 期。

[34] 李晓倩:《信息公开与审判流程管理的转型升级》，载《法律适用》2018 年第 17 期。

[35] 梁迎修:《理解法治的中国之道》，载《法学研究》2012 年第 6 期。

[36] 刘品新:《论大数据法律监督》，载《国家检察官学院学报》2023 年第 1 期。

[37] 参见刘伟:《审级制度下民事案件提级审理标准的路径研究——以提高审级效能和参与社会治理互构共生为视角》，载《〈法治实务〉集刊》2024 年第 1 卷。

[38] 刘智铭、王晓利:《人机协同视域下的民事案件繁简分流智能化模式构建》,载《数字法治》2024年第1期。

[39] 龙宗智、孙海龙:《加强和改善审判监督管理》,载《现代法学》2019年第2期。

[40] 马昆:《检察机关案件质量智能化评查的路径研究——以江苏省昆山市人民检察院为实践样本》,载《中国检察官》2023年第21期。

[41] 马龙:《"司法+大数据"控制视域下失信被执行人信用修复研究》,载《法律适用》2023年第2期。

[42] 马长山:《数字法治的理论吁求》,载《人民法治》2021年第10期。

[43] 邱昭继:《人工智能、法律解析与未来法律实践》,载《政法论丛》2022年第4期。

[44] 屈茂辉:《基于裁判文书的法学实证研究之审视》,载《现代法学》2020年第3期。

[45] 施鹏鹏:《为职权主义辩护》,载《中国法学》2014年第2期。

[46] 孙海波:《反思智能化裁判的可能及限度》,载《国家检察官学院学报》2020年第5期。

[47] 孙晓勇:《司法大数据在中国法院的应用与前景展望》,载《中国法学》2021年第4期。

[48] 孙跃:《类案智能裁判中的人机协同及其改进》,载《学术交流》2023年第7期。

[49] 田海鑫:《论民事虚假诉讼的类型化体现及规制》,载《法律适用》2018年第23期。

[50] 王福华:《民事司法公共服务论》，载《司法智库》2022年第2卷。

[51] 王锡锌:《个人信息国家保护义务及展开》，载《中国法学》2021年第1期。

[52] 王锡锌、彭錞:《个人信息保护法律体系的宪法基础》，载《清华法学》2021年第3期。

[53] 魏斌:《论法律人工智能的法理逻辑》，载《政法论丛》2021年第1期。

[54] 魏斌:《司法人工智能融入司法改革的难题与路径》，载《现代法学》2021年第3期。

[55] 魏斌:《智慧司法的法理反思与应对》，载《政治与法律》2021年第8期。

[56] 吴子越、陈泽鑫:《论“智慧法院”在线诉前调解的合力建构》，载《湖北科技学院学报》2021年第3期。

[57] 习近平:《坚定不移走中国特色社会主义法治道路 为全面建设社会主义现代化国家提供有力法治保障》，载《求是》2021年第5期。

[58] 徐骏:《智慧法院的法理审思》，载《法学》2017年第3期。

[59] 许皓、刘婧:《论生成式人工智能语料库数据收集风险与法治进路》，载《福建江夏学院学报》2024年第5期。

[60] 杨咏梅、吴双、吴迪:《回顾与展望：新民诉法背景下小额诉讼程序适用研究——以C市法院民事诉讼程序繁简分流改革试点为视角》，载《法治现代化研究》2023年第1期。

[61] 张保生:《人工智能法律系统：两个难题和一个悖论》，

载《上海师范大学学报》(哲学社会科学版)2018年第6期。

[62]张军:《往心里做、往实里做、往深里做 以高质量党建引领推动人民法院工作高质量发展》,载《旗帜》2024年第4期。

[63]张凌寒:《数字正义的时代挑战与司法保障》,载《湖北大学学报》(哲学社会科学版)2023年第3期。

[64]张凌寒:《智慧司法中技术依赖的隐忧及应对》,载《法制与社会发展》2022年第4期。

[65]张骐:《再论类似案件的判断与指导性案例的使用——以当代中国法官对指导性案例的使用经验为契口》,载《法制与社会发展》2015年第5期。

[66]赵淼、鲍静、刘银喜:《从赋能到包容:数字政府建设非均衡困境生成机制及化解路径》,载《中国行政管理》2022年第12期。

[67]赵杨:《人工智能时代的司法信任及其构建》,载《华东政法大学学报》2021年第4期。

[68]郑戈:《司法科技的协调与整合》,载《法律适用》2020年第1期。

[69]郑戈:《在法律与科技之间——智慧法院与未来司法》,载《中国社会科学评价》第1期。

[70]郑智航:《人工智能算法的伦理危机与法律规制》,载《法律科学(西北政法大学学报)》2021年第1期。

[71]周辉:《算法权力及其规制》,载《法制与社会发展》2019年第25期。

[72]周尚君、罗有成:《数字正义论:理论内涵与实践机制》,载《社会科学》2022年第6期。

［73］周媛、张晓君:《人工智能司法的可解释性困境及其纾解》，载《财经法学》2023 年第 2 期。

三、报纸

［1］白龙飞:《最高法召开党组扩大会议传达学习习近平总书记在全国两会期间系列重要讲话精神和全国两会精神 张军强调抓实抓好公正与效率 为大局服务为人民司法》，载《人民法院报》2023 年 3 月 17 日。

［2］李少平:《正确处理放权与监督坚定不移全面落实司法责任》，载《人民法院报》2018 年 3 月 28 日。

［3］单志广:《数字化催生市域社会治理模式变革》，载《法治日报》2021 年 3 月 17 日。

［4］《习近平主持召开中央全面深化改革委员会第二十五次会议强调 加强数字政府建设 推进省以下财政体制改革》，载《人民日报》2022 年 4 月 20 日。

［5］杨炎辉:《让司法公开发挥全方位倒逼效应》，载《人民法院报》2014 年 1 月 29 日。

［6］最高人民法院审判监督庭:《关于审级职能定位改革背景下民事审判监督机制创新问题的调研报告》，载《人民法院报》2023 年 8 月 21 日。

后 记

数字化是现代社会变迁的重要驱动力，为推进国家治理体系和治理能力带来了前所未有的机遇和挑战。党的十八大以来，习近平总书记高度重视数字中国建设，多次作出重要部署。党的二十大报告明确提出，要加快建设数字中国。2023 年 2 月，中共中央、国务院印发《数字中国建设整体布局规划》，为“数字引擎”助推中国式现代化作出了顶层设计。面对数字化改革的机遇和挑战，人民法院如何回应时代之变、理念之变、技术之变，把数字化意识、思维、认知、技术统筹贯穿到审判工作全部流程实践，在更高层次更高水平上释放司法生产力、推动审判业务系统性变革，是当前人民法院面临的一项重大课题。最高人民法院高度重视数字法院建设，明确提出要大力推进数字法院建设。

当前，上海市委市政府正在加快推进城市数字化转型，着力打造具有世界影响力的国际数字之都。上海法院在信息化建设和智慧法院建设中形成了很好的基础。在此基础上迭代升级进入数字化时代，可谓天时、地利、人和兼备。2023 年初，上海市高级人民法院党组经过认真调研，确定了“政治建设引领、司法质效为本、数字改革赋能”的工作主线，率先推进数字法院建设。

经过一年多的探索，上海数字法院集中建成了大数据中台、研发模型平台、自动运行平台“三大平台”和数助办案、数助监督、数助便民、数助治理、数助政务“五大板块”的体系架构，数字法院的建设体系、运转模式、推进路径已经基本成型。截至目前，上海市法院已经建立模型1600多个，推广应用900多个，嵌入系统500多个，累计推送提示信息50多万条，干警反馈对案件办理帮助率超过88%，成效持续显现。上海市委、最高人民法院等相关领导对上海数字法院建设给予了充分肯定。中央政治局委员、上海市委书记陈吉宁多次在法院数助治理报告上作出批示，并在上海市委依法治市大会上给予高度评价和充分肯定；2024年10月初，最高人民法院党组书记、院长张军到上海法院调研，对上海数字法院建设给予肯定和鼓励，指出上海数字法院建设走在了全国法院前列，并要求上海法院在“政治建设、审判执行、审判管理、队伍建设”四个方面作全国法院的表率；上海市委副书记、市长龚正要求把数字法院建设成为上海数字化转型的重要品牌；国际货币基金组织和世界银行的评估专家对上海数字法院建设提升审判质效的做法给予高度评价。

本书致力于将上海数字法院建设的理论创新、制度创新和实践创新取得的阶段性成果系统梳理出来，对数字法院的价值理念、内涵特征、目标方向、总体框架、建设路径以及重点领域的改革创新实践进行总结提炼，尝试形成集理论、制度、实践创新于一体的成果体系。作者编写本书的目的，一方面是凝聚数字法院建设共识，锚定数字改革方向，深化数字改革实践，不断推动数字法院建设向纵深发展；另一方面是为社会各界专家学者理论研究提供素材，推动各界对数字法院开展更加广泛深入的研究，共同将数字法院建设的实践经验予以升华，形成数字法院理论体系，反哺数字法院建设实践。

本书从数字法院的基础理论、总体框架、应用功能、建设路径、未来图景五个维度展开，努力突出三个特点：一是时代性。提炼梳理出符合数字时代背景的新观点、新认识、新思路，展示数字技术在司法领域的最新应用成果，阐述数字技术如何重塑人民法院的工作流程、审判方式和管理方式以及提升诉讼服务和社会治理效能，回应数字赋能的时代需求。二是系统性。既有对数字法院建设深层动因的分析，又有对数字法院理念与内涵的论述；既有对数助办案、数助监督、数助便民、数助治理、数助政务各板块建设应用的展示，又有对数字法院建设路径的梳理；既有对数字法院发展现状的归纳，又有对数字法院未来发展的展望，是对上海数字法院建设经验的系统总结。三是实践性。立足于服务审判、管理、社会治理等实践，坚持以“回应社会关切问题、解决一线实际需求”为导向，反映上海法院数字法院建设的创新情况及实践成果，剖析数字法院建设具体应用场景案例，详细解析数字法院建设的技术路径和操作规程，具有较强的实操性，希望能为全国法院同行在数字化建设方面提供一些帮助。

最高人民法院党组、院长张军部署推进全国法院“一张网”及数字法院建设，始终大力指导、推进上海数字法院建设实践。张军院长同意将发表于《数字法治》2025 年第 1 期的《充分发挥司法职能作用　促推人工智能健康发展》一文收入本书，是对上海数字法院建设工作的充分肯定和莫大鼓舞，也是对本书研究方向和研究方法的具体指引。

发展无穷期，改革不止步。我们将深入贯彻习近平新时代中国特色社会主义思想和习近平法治思想，积极融入全国法院“一张网”建设，纵深推进、持续升级数字法院建设，努力为全国数字法院建设贡献上海司法力量。

贾宇

二〇二四年十二月